불교복지, 행복과 대화하다

대한불교조계종사회복지재단 편

오세근 · 유승무 · 이병욱 · 이정호
임승택 · 최경구 · 허우성 공저

학지사

머리말

행. 복.

이 책의 가장 큰 화두는 바로 행복이다.

그것도 현대인이라면 누구나 자신의 삶 속에서 고민하고 직면하는 '생활세계' 의 문제, 즉 욕망과 고통에 대해 그리고 이를 극복하기 위해 끊임없이 스스로에게 되뇌는 행복이란 무엇인가의 문제를 '연기' 와 '중도' 라는 불교적 가르침에 근간하여 참구하는 불교적 행복이다.

부처님의 삶이 길거리에서 민중과 부대끼며 자신을 베풀어 내는 고행으로 점철되었듯이, 불교는 그 성립 이래로 항상 어려운 이들과 함께해 왔다. 물질적인 어려움뿐 아니라 정신적인 괴로움을 호소하는 이들에게 길을 보여 주었으며, 그 아픔을 함께 나누었다. 이는 오늘날 전문 영역에서 말하는 사회복지와 크게 다르지 않을 것이다. 그리고 분명 여기에 불교사회복지가 나아가야 할 실천 방향이 있을 것이다.

현재 불교계에는 사회복지시설 및 법인이 600여 개, 불교계에 종사하는 사회복지실천가가 7,000여 명인 것으로 파악되며, 대한불교조계종 자원봉사자로 활동하는 인원만 2만여 명으로 추산하고 있다. 이 시점에서 불교의 사회(복지)적 위치와 그 정체성을 확보하기 위한 질적 제고의 노력이 필요하다.

이제까지 불교계 사회복지활동의 정당성은 주로 부처님의 중생구제 원력과 자비사상 등의 교리에 기반한 당위적이고 규범적인 측면에서만 논의되어 이 가르침을 어떻게 현실에 풀어내고 어떻게 펼쳐 갈 수 있을 것인가에 대한 구체적이고 실천적인 방향이 분명히 제시되지 못하였다. 게다가 불교를 잘 모르는 일반 대중에게 '불교' 는 편안하고 좋긴 하지만 다가서기 어렵고, 그래서 더욱 이해하기 힘든 난해한 종교로 여겨져 온 것도 사실이다.

그런 불교가 이 한 권의 책을 통해 삶의 현장 혹은 복지 현장에서 부딪히는 일상적 삶 안으로 조금이나마 들어서고자 한다. 이 책은 우리들이 삶 속에서 늘 만나고 그로 인해 고뇌하는 욕망, 소외, 불평등, 사회적 외압(스트레스), 진정한 행복 등의 문제에 대해, 불교가 어떠한 해법과 감동을 줄 수 있는지를 찾아 나서고자 한다. 마치 선재동자가 소를 찾아 나선 것처럼…….

이는 지금까지 양적 확대에 집중적 에너지를 투여했던 불교복지활동에도 새로운 생명력을 불어넣을 수 있는 계기가 될 것이다. 또한 이를 통해 우리의 삶과 불교가 결코 분리된 것이 아니라 유기적으로 연결되어 있고, 현대인의 삶의 문제에 불교가 새로운 해법을 제시해 줄 수 있는 대안적 실천 원리가 될 수 있다는 점을 공유했으면 한다.

끝으로 이 책이 나오기까지 오랜 시간에 걸쳐 원고 작업에 매진하여 주신 일곱 분의 집필진과 대한불교조계종 총무원장 지관 스님, 조계종사회복지재단 상임이사 대오 스님, 재단 부설 불교사회복지연구소 이용권 소장님 이하 재단 식구들 그리고 책 출간을 흔쾌히 수락해 주신 학지사 김진환 사장님을 비롯한 관계자 여러분들께도 깊은 감사를 드린다.

2009년 7월

대한불교조계종사회복지재단 불교사회복지연구소

차례

1부

욕망과 고통 그리고 불교적 행복

욕망을 바라보는 불교적 시선
-욕망은 물질에 대한 욕망이다

불교도의 삶: 최소한의 물질생활을 위해

부처님은 우리 중생이 욕망을 가진 존재이고, 욕망에는 커다란 고통이 따른다는 점을 자각하고, 거기에서 완전히 벗어나 지혜와 자비에 이르는 길을 가르쳐 주었다. 그런데 욕망은 무엇인가? 그것은 주로 물질(色)에 대한 욕망이다. 불교는 물질의 삶에서 벗어나 정신의 삶으로 나가는 길을 보여 준다. 물론 석가모니 부처님이라고 해도 생전에는 몸을 지니셨으니, 먹고 마시는 물질적인 행위가 필요했다. 하지만 그분은 깨달음 이후에는 생명 유지와 교육에 필요한 최소한의 음식을 먹고, 더위와 추위를 가릴 만한 옷을 입고, 무소유 정신으로 살아가면서 어떤 생명도 해치지 않으셨을 것이다. 그렇다면 불교에서 말하는 욕망론과 그 현대적 의미는 과연 무엇일까?

* 허우성 | 경희대학교 철학과 교수, 비폭력연구소 소장

욕망의 나무와 범부의 세계

다음의 그림을 보자. 이른바 욕망(애증)의 나무라는 것인데, 바로 우리 자신이다.

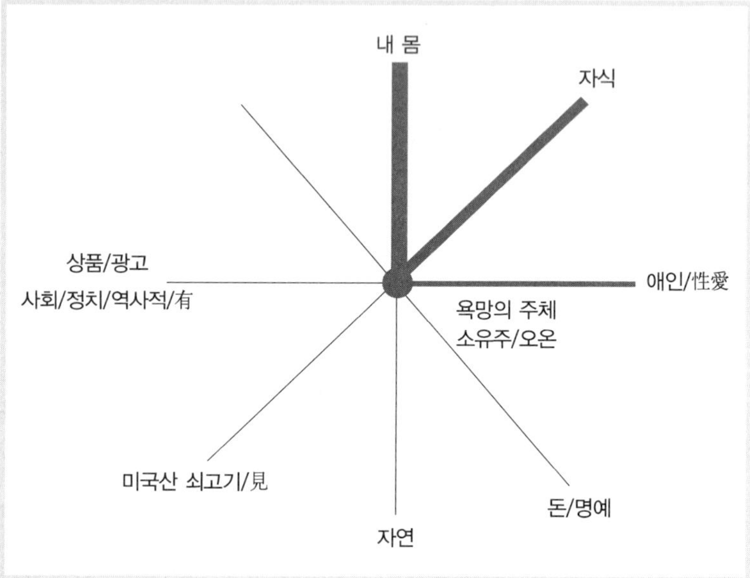

〈욕망(애증)의 나무〉

우리는 모두 욕망의 나무를 한 그루씩 기르고 있는데, 그 나무는 상당히 무성하다. 욕망의 대상 하나 하나가 각각 가지를 이루기 때문이다. 가지의 굵기는 욕망의 강도에 따라 각양각색이다. 그중에서 제일 굵은 것은 아마도 내 몸을 이루는 가지일 것이다. 죽음이란 나와 내가 가진 모든 것(我 · 我所)의 종말이므로, 이를 수용하지 못하는 사람에게는 아주 큰 고통을 준다.

욕망의 나무 중앙에는 욕망의 주체, 곧 소유주가 있다. 이 나무의 가장 큰 문제는 가지가 언제든지 꺾일 수 있다는 점이다. 가지 하나가 꺾기거나 가늘어지면 소유주가 불안, 동요, 고통을 느끼게 된다. 실연이 가장 좋은 사례다. 애인에게 차이는 것은 나뭇가지 하나가 단박에 사라지는 것과 같다. 내 의지에 상반되게, 그것도 마음으로 준비할 시간도 주지 않고 사라질 수 있다. 자식의 죽음은 어머니에게는 자신의 죽음에 비할 정도의 고통을 주기도 한다. 그 가지가 잘려 나간 자리는 평생 생피가 뚝뚝 떨어질 것이다. 앞에서는 주로 애착의 대상을 가지로 표시했지만, 증오의 대상도 가지를 이루기는 마찬가지다. 증오심, 분노, 원수도 욕망의 나무의 일부, 곧 내 것이다. 그래서 욕망의 나무는 애증의 나무이기도 하다.

욕망의 나무는 언제나 역동적인 과정에 있다. 모든 가지들이 형성, 유지, 상실의 과정 속에 있기 때문이다. 주식 투자자라면 시장이 출렁일 때 가슴이 출렁인다. 애인도 마찬가지다. 애인의 변심은 때로 예측할 수도, 통제할 수도 없다. 이렇게 통제할 수 없는 대상의 역동성은 우리를 항상 동요와 불안 속으로 빠져들게 한다. 소유주는 욕망의 대상을 소유한다고 하지만, 욕망의 대상은 거꾸로 소유주를 옭아맨다. 가지의 수와 굵기에 비례해서 소유주는 자유와 자재를 잃게 된다.

그럼 (욕망의) 세계가 어떻게 발생하는가를 초기 경전에서 살펴보자.

> 눈과 색에 연(緣)하여 안식(眼識)이 생긴다. 이 세 가지의 결합이 촉(觸)이다. 촉에 연하여 수(受)가 있고 수에 연하여 애(愛)가 있으

며, 애에 연하여 취(取)가 있다. 취에 연하여 유(有)가 있고 유에 연하여 생(生)이 있다. 생에 연하여 노사, 슬픔, 비탄, 고통, 고와 절망이 생긴다. 이것이 세계의 발생이다.[1)]

여기에서는 눈과 색에 대해서 말하지만, 이어서 다른 감각들과 그 대상 영역들, 즉 귀와 소리, 코와 냄새, 혀와 맛, 신체와 접촉의 대상, 내적 감각으로서의 뜻(mano 또는 manas)과 정신적 이미지(法)의 영역에 대해서도 같은 구절이 되풀이된다. 그런 다음 세계가 멸(滅)해 가는 과정을 설명하고 있다. 그 설명의 순서는 앞의 것과 같지만, 그 내용이 역전되어 "수가 완전히 멸함으로써 애가 멸하고, 애가 멸함으로써 취가 멸한다. 취가 멸함으로써 유가 멸한다."라고 말하고 있다.

지각에 대한 연기론적 설명을 담은 이 구절을, 욕망의 주체 A가 B라는 대상(사물이거나 인간)과 만나 AB의 세계를 만들어 가는 과정에 대입해 보자. A가 B를 만나 세계를 형성하는 데 동원된 수단은 육근 또는 육입처다. 뜻(意)조차도 감각기관으로 보는 것은 이것이 무슨 특별한 기관이 아니라, 다른 오관에서 받아들인 자료 위에서 움직이는 것임을 의미한다. 서로 만나게 되면(觸), 즐겁다 하고(受), 사랑하고(愛), 집착하고(取), 그 집착을 성장시키고(有), 어떤 결과를 낳는다(生).[2)] AB 세계의 형성에 동원된 육입처는 다른 말로 하면, 인간의 신체, 곧 감각기관이다. AB의 세계는 눈, 귀, 코 등의 신체와 대상 사이의 접촉을 통해 형성된 것이므로, 접촉을 그

1) *Saṃyuttanikāya*(*SN.*). *II*, 73쪽; 『남전대장경』 제13권, 『상응부경전』 제2권, 107쪽.

2) 성적 행위 등

만두면 AB의 세계는 무너지게 되어 있다(老死).

경전의 어떤 곳에서는 범부가 감각기관을 통해서 얻은 색성향미촉이라는 오감의 영역에 대해서 말하고 있다. 지각된 세계는 애욕의 대상, 즉 오감의 영역과 동일하며, 중생이 그것에 유혹받고 사로잡힌다고 말하고 있다.

> 이러한 다섯 가지 애욕의 대상이 성자(聖者)의 율(律)에서 세계라 불린다. 무엇을 그 다섯이라 하는가? 눈에 의해 알려지는 색, 열망되고, 유혹적이고, 즐겁고, 사랑스럽고, 애욕과 관계를 맺고, 탐염하게 된다. 귀에 의해 알려지는 소리, …… 냄새, …… 맛, …… 접촉이 …… 그 다섯이다.[3)]

성자의 계율의 입장에서 보면 색성향미촉으로 이루어진 세계는 중립적인 것이 아니다. 이미 애욕과 무지 위에서 자라는 세계이며, 애욕이 없으면 시드는 세계다. 애욕으로 이뤄진 오감의 세계는, 사랑스럽긴 하지만 범부를 속박하고 고통을 야기한다. 또한 이런 세계는 사람이 성장하면 대체로 증가한다고 했다. 불교에서의 세계는 심리적 · 물리적이다. 인간의 뜻이 부단히 그 발생에 관여하고 있다는 점에서 심리적이며, 신체라는 감각기관과 육경(六境)이라는 대상 세계를 인정한다는 점에서 물리적이다. 『증지부경전(增支部經典)』에서 석존은 다음과 같이 말하고 있다.

> 생각(sañña)과 뜻(mano)을 갖추고 있는 이 육척의 신체 속에, 세

3) *Aṅguttaranikāya*(*AN.*). *IV*, 430쪽.

계가 존재한다고 나는 선언한다. 마찬가지로 세계의 발생과 세계 지멸(止滅), 그리고 세계 지멸로 이끄는 길도 함께 이 육척의 신체 속에 존재한다.[4]

『숫타니파타(*Suttanipāta*)』는 "세계는 여섯(六根)에 의해서 발생하고, 세계는 여섯을 통해서 알려진다. 여섯에 근거해서 건설된 이 세계는 여섯 속에서 멸한다."[5]라고 말하고 있다. 그렇지만 이 말은 외계의 존재를 부인하는 것이 아니다. 우리의 신체와 뜻이 외계의 존재만큼이나 세계 구성에 필수적인 요소라는 것이다.

범부의 세계를 구성하는 내용물에는 농토, 집터, 황금, 마소, 노비, 고용인, 부녀, 친척 등[6]의 부동산, 동산, 인간 등이 전부 포함된다. 견해와 계율도 여기에 포함된다. 요즘 범부는 고대 인도에는 없었던 매체를 통한 광고의 내용도 자신의 세계의 일부로 삼는다. 세계의 구성물이 매우 다양하지만, 정작 중요한 것은 세계 전체를 오욕락의 장소로 규정하는 태도다. 남녀가 짝을 짓고 집과 방을 만들고 땅을 사유화하며 삶을 살아가는 목표도, 결국 오욕락의 향유와 깊은 관계가 있다. 범부의 세계는 오욕락과 고통을 반복하는 장소다. 그가 욕락을 얻으려고 하지만 마음의 평안을 깨뜨리고 동요를 경험하는 장소이며, 봉사라는 이타애를 명분으로 내걸지만 은밀히 자기 이익을 추구하기도 하는 장소다. 세계가 오욕락의 장소라고 했을 때, 그것은 주관이 세상의 일부만을 오욕락의 장소로 만

4) *AN. II*, 48쪽.
5) *Suttanipāta*(*Sn.*), 169쪽.
6) *Sn.*, 769쪽.

든다는 의미가 아니다. 세계 전체를 오욕락의 대상으로 만든다는 것을 폭로하고자 했던 것이다.

한 번 보고 두 번 보고 자꾸만 보고 싶네: 가지가 형성되는 과정

이 제목은 유행가의 가사이고, 여기서 보고 싶어 하는 대상은 애인일 것이다. 그런데 '애인'도 분석해 보면, 그 대부분은 물질이다. 애인 스스로 육신의 존재이기도 하지만, 관계를 형성할 때 동원하는 수단이 우리의 오관이기 때문에 애인은 물질(色)적인 존재다. 애인을 반복해서 만나 그 모습을 보고 그 목소리를 듣게 되면 애인에 대한 이미지의 축적이 일어난다. 축적이 일정한 정도 이상이 되면 마음 또는 의식이 물질화되어서 동일한 색(色)이나 성(聲)을 요구한다. 그때 "자꾸만 보고 싶네."라고 노래하게 된다. 이 단계에 도달하면 욕망의 나무에 가지 하나가 더 추가된다. 나뭇가지 하나의 추가는 자재와 자유가 그만큼 상실된다는 의미다. 그러므로 선정(samādhi, 참선), 눈을 약간 감고 규칙적으로 호흡하는 것으로, 물질적인 자극을 최소화해서, 물질적인 것이 내 몸에 축적될 기회를 주지 않으려는 훈련이 필요하다.

물질에 대한 욕망

중생에게 정상적인 것으로 보이는 행위의 대부분은 부처님에게는 과도하고 불필요한 행위다. 연애하고, 성애하고, 결혼하고 자식을 낳는 일, 돈을 버는 행위, 소비하는 행위, 눈과 귀로 세상에 떠도는 온갖 색깔과 소리를 받아먹는 행위 전부가 과도한 행위일 수 있다. 그 행위의 동기가 욕망이나 무지이기 때문이다. 그리고 과도한 물질 행위는 인간 사이에 갈등, 공격, 전쟁을 낳고 자연에 고갈과 파괴를 초래한다.

물질생활과 갈등, 폭력, 전쟁 사이에 깊은 관계가 있음은 우리의 몸이 하나가 아니라 별개라는 사실에 기인한다. 내가 먹으면 내 배가 불러지지, 남의 배가 불러지는 것이 아니기 때문이다. 배고픔, 갈증 등 육신의 요구는 우리를 개별화하는 원리다. 그래서 욕망은 '나' 또는 '우리'라는 소유주, 또는 욕망의 주체가 대상을 소유, 독차지(專有), 착취하는 삶이다. 오늘날의 소유물에는 사람, 상품, 자연, 줄기세포, 미국산 쇠고기, 민족, 이에 대한 견해 등 우리가 입으로 먹고, 눈으로 보고, 귀로 듣고, 생각하는 것 모든 것이 포함된다. 『숫타니파타』에 나오는 다음 구절이 욕망과 견해의 관계를 잘 보여 주고 있다.

> 욕망(chanda)에 끌리고 좋아하는 것에 붙들린다면, 어떻게 자기의 견해를(sakaṃ diṭṭhiṃ) 초월할 수 있을까. 그는 스스로 완전한 것이라고 완결지어 아는 것처럼 말할 것이기 때문이다.[7)]

최소행위와 자비행에 대한 가르침: 세계사적인 사건

부처님은 자신의 생명을 유지하고 교화하기 위해서만 먹고 움직이는 분이지만, 중생은 많이 움직이고 과식하는 자다. 현대 사회에

7) *Sn.*, 781쪽; 전재성 역주. 2004. 『숫타니파타』. 한국빠알리성전협회, 398-399쪽.

서 사람이 필요 이상으로 많이 비축하고 움직이는 것은 반드시 생명을 유지하기 위함이 아니다. 특히 과도하게 비축하는 행동방식(특히 음식물에 대해)은 인간 진화의 과정에서 보다 많이 비축하는 습관에서 나왔다. 아주 과거에는 가뭄에 대비하고, 추운 겨울을 나기 위해서 비축하지 않을 수 없었기 때문에, 이런 것이 몸에 박혀 습(習)이 된 것이 축적의 욕구다.

부처님은 과도한 비축과 소비, 다른 생명에 대한 폭력은 그것이 아무리 자연스럽고 본능적으로 보이는 행위일지는 몰라도 그 안에 심각한 문제가 있음을 보여 주었다. 그의 출현은 인류 진화 과정에서 획기적인 사건이라고 할 수 있다. 이런 사건은 어떻게 가능했을까? 부처님은 전생에 쌓은 공덕으로 금생에 큰 깨달음(大覺)을 이루었다는 말도 있다. 최근 불교와 생물학, 의식의 관계를 연구한 한 학자는 부처님의 지혜와 자비는 인간에게만 가능했던—동물에게는 불가능한—자기반성(self-reflection)이 그 극점에 도달한 결과라고 했다. 석존과 같은 인물은 갑자기 출현한 것이 아니라, 진화의 결과라는 것이다.[8)]

독일의 철학자 야스퍼스(Karl Jaspers)에 따르면, 비슷한 시기에 인도의 고행자 부처님만이 아니라, 인류의 스승이라는 공자, 희랍의 철학자들이 모두 자기반성에 도달했다. 야스퍼스는 대략 기원전 800년에서 기원전 200년 사이의 수백 년을 세계 역사의 기축(基軸, axial age)의 시기라고 명명하고 있다. 과거의 온갖 지혜가 이 시기로 모이고, 그 이후 2,000년 동안의 인간 사유도 여기에서 흘러

8) Cooper, R. 1996. *The Evolving Mind: Buddhism, Biology & Consciousness*. Windhorse, 122쪽 이하 참조.

나온다는 의미의 기축이다. 이러한 기축기의 등장인물로 야스퍼스는 중국의 공자와 노자, 인도의 우파니샤드 철학자와 부처님, 페르시아의 자라투스트라, 팔레스타인의 예언자들, 희랍의 호머와 철학자들 그리고 비극작가들을 꼽고 있다.[9] 이들은 모두 역사적으로 아무런 관계 없이 출현했지만, 위대한 세계 문명의 기원이 되었고 우리 사상의 기원이 되었다. 그렇다면 이들의 공통분모는 무엇인가? 그에 대해 야스퍼스는 다음과 같이 설명하고 있다.

> 이 시기의 새로운 요소는 다음과 같은 점이다. 즉, 어디에 사는 인간이든 모두 존재를 하나의 전체(being as a whole)로서 자각하고, 자신과 자신의 한계를 자각하게 되었다는 점이다. 그는 세상의 공포와 자신의 무력함을 경험하게 되었다. 그는 근본적인 질문들을 던지고, 해방과 구원을 향한 추동력으로 심연에 접근했다. 그리고 그는 그의 한계를 의식하면서 스스로 최고의 목표를 설정했다. 그는 자아의 심연(深淵)에서 그리고 명료한 초월 안에서 절대를 체험했다. …… 역사상 최초로 철학자들이 등장했다. 사람들은 개인으로서 자신의 발로 우뚝 서려고 했다. 중국에서는 은둔자와 주유(周遊)하는 사상가들, 인도에서는 고행자들, 희랍에서는 철학자들, 이스라엘에서는 예언자들을 하나의 집단으로 묶을 수 있을 것이다. 물론 그들은 신념에서, 이념에서 그리고 내면적 태도에서 아주 달랐지만 말이다. 사람은 자신의 내면성으로 이전 세상에 반대했다. 그는 자신과 세상을 초월할 수 있는 시원적 원천(primal source)을 자신 속에서 발견했고, 그것을 통해 자신과 세계를 넘어갈 수 있었다.[10]

9) Jaspers, K. 1954. *Way To Wisdom: An Introduction to Philosophy*. Yale University Press, 99-100쪽.

부처님이나 공자는 모두 존재를 하나의 전체로 인식하고 인간의 한계를 자각하여, 무엇보다도 자신들이 소속된 사회를 넘어서 자신의 깊은 내면으로 들어가 시원적 원천을 찾고 그것으로 전 세상과 대결하면서 자신과 세계를 초월했던 현자들이다. 야스퍼스는 세계에서 네 개의 문명권을 연 사상가들을 하나의 집단으로 묶어 공통점을 지적하고 있는데, 이런 작업은 대가가 아니면 흉내 낼 수 없는 작업으로 보인다. 이제 '고행자'로 불리는 부처님에게만 주목해 보자. 그에게 자신과 한계를 자각했다는 말은 무엇을 의미하는가? 싯다르타 태자가 생로병사를 자각했다는 것도 한계의 자각일 수 있다. 다음의 경전이 그것을 말해 준다.

> 비구들이여, 이와 같이 부유하고, 이렇게 지극히 고통 없었음에도 불구하고, 생각했다—무문(無聞)의 중생은 스스로 늙음을 면할 수 없으면서도, 다른 노쇠자(老衰者)를 보고 자기(도 늙는다는 것)를 잊고, 싫어하고 부끄러워하고 혐오한다. 나도 또 늙어야 할 것, 아직 늙음을 면하지 못했다. 나도 늙어야 할 것이고, 아직 늙음을 면하지 못했는데도, 다른 노쇠(老衰)를 보고 싫어하고 부끄러워하고 혐오해야 할 것인가, 이것은 나에게 적절하지 않다. 나는 이렇게 관찰했을 때, 모든 장년기에 대한 장년의 교만은 모두 끊어졌다.[11]

경전은 태자가 늙음에 이어서 질병과 죽음이라는 한계에 대해서

10) Jaspers, K. 1954. *Way To Wisdom: An Introduction to Philosophy*. Yale University Press, 100-101쪽.

11) 『남전대장경』 제17권, 『증지부경전』 제1권, 235쪽.

도 반성하게 되었다고 전하고 있다. 늙음, 질병, 죽음 등은 인간이 몸을 지니고 있는 한 어느 누구도 피할 수 없는 운명이다. 태자라고 해도 피할 수 없었다. 이런 '비극적인' 운명을 자각한 사람이 어떻게 교만할 수 있겠는가? 부처님의 자각에는 모든 인간, 모든 생명체가 포함되어 있으므로, 그의 자각은 실로 개인적, 실존적인 것이면서도 아주 보편적인 진리에 대한 자각이었다.

야스퍼스는 자기반성이 기축 시기의 현자들의 공통점이라고 하면서, 부처님을 다른 현자들과 달리 '고행자'라고 부르고 있다. 고행자라는 말의 의미를 더 이상 설명하지는 않았지만, 최소한의 물질 행위와 최대한의 정신생활을 영위한 것을 두고 고행자라고 불렀으리라. 이렇게 부처님은 물질성을 극복하는 데 최고의 경지에 도달하였으며, 욕망이 결국 몸(색)의 욕망이고, 물질(색)에 대한 욕망임을 가장 소리 높여 외친 것으로 보인다. 바로 이 때문에 불교는 현대의 물질문명, 무엇보다도 시청각 자극에 대해 가장 섬세하고 신랄하게 비판할 수 있다.

정신생활을 위한 수행법: 계율과 선정

계율과 선정

계율의 가장 기초적인 의도는 외부의 자극으로부터 육근(六根)을 잘 지키고 선정을 이루기 위함이다. 계율에는 불살생(不殺生), 불투도(不偸盜), 불음(不淫), 불망어(不忘語) 등이 있다. 이 중에서 가장 중요한 계율은 성관계 금지 조항인 불음이다. 음행하지 말라는 음계(淫戒)는 비구 4바라이(波羅夷) 법 중 첫째에 해당되는 것으로, 이를 범하면 승단으로부터 쫓겨난다. 『십송율(十誦律)』에는 수제나 비구의 음행을 적고 있다. 그는 후손을 낳아 달라는 속가의 어머니의 꼬임에 빠져서 출가 전의 아내와 음행을 하여 아이를 갖게 된다. 이 사건을 보고받은 석존은 다음의 말로 그를 꾸짖고 승단에서 축출하고 말았다.

> 네가 저지른 짓은 사문의 법이 아니다. 도에 따라서 쾌락을 바라는 마음을 없애지 않고 부정한 짓을 하다니, 출가인으로서 할 바가 아니다. 어리석은 사람아! 내가 갖가지 인연을 들어 애욕(欲)·애욕에 대한 생각(欲想)·애욕에 대한 욕망(欲欲)·애욕에 대한 느낌(欲覺)·애욕에서 생기는 열기(欲熱)를 꾸짖고, 갖가지 인연을 들어 애욕을 끊고 애욕에 대한 생각을 버리고 애욕에서 생기는 열기를 없애는 것을 찬탄하는 줄을 모르느냐? 나는 항상 설법하여 사람들에게 애욕을 떠나라고 가르쳤으니, 너는 이러한 마음도 내어서는 안 될 터이거늘 어찌하다가 애욕과 성냄과 어리석은 마음(欲恚癡)을 일으켜 사람을 얽매는 데 근본이 되는 깨끗하지 못한 나쁜 짓(結縛根本不淨惡業)을 했는가?

그리고 그는 곧 이어서 비구들에게 이렇게 말씀하셨다.

> 이 어리석은 사람은 모든 번뇌의 문을 열어 놓고 말았다. 차라리 신체의 일부분을 독사의 입속에 넣는 한이 있더라도 끝내 이것을 여인의 몸에 접촉해서는 안 된다.[12)]

12) 『대정신수대장경』 제23권, 1쪽, 下; 『십송율』 제1권, 1994. 동국역경원, 22-23쪽 참조.

성행위가 여기서 '결박근본부정악업(結縛根本不淨惡業)' 으로 불리고 있다. 사람을 결박하고 부정하게 하는 행위가 여럿 있겠으나, 성행위가 그중에서도 가장 근본적인 것이라는 뜻이다. 출가자의 부동(不動)을 방해하는 최대의 적이 바로 그것이다. '근본 악업' 이라는 말에는 성행위가 오관을 동원하여 오욕을 누리는 행위 중 가장 종합적이고 격렬한 행위라는 의미도 포함되어 있을 것이다. 출가 이후의 성행위가 만들어 내는 관계는 한 사람과의 관계만이 아니라 버린 세계 전체와, 그것도 전면적으로 연루될 위험을 안고 있다. 그래서 성행위가 '모든 번뇌의 문' 을 열어 놓는다고 보았다.

부처님이 고도의 정신생활을 영위하고, 최소한의 물질생활의 길을 연 데에 인도 전통의 영향이 확인되기도 했다. 이런 사실은 싯다르타 태자가 출가 이전에 이미 참선을 했다는 술회에 잘 나타나 있다.

> 악기베싸나여, 이런 생각이 떠올랐습니다. '나는 석가왕의 행사 중 장미 사과나무 그늘에 앉아서 욕(kāma)을 떠나고, 불선(不善)의 법을 떠나, 심(尋) 있고 사(伺) 있고, 리(離)에서 생기는 희락 있는 초선(初禪, pathamam jhānam)을 성취했습니다. 이것이 보리(bodhā, 깨달음)에 이르는 길일까요?' 악기베싸나여, 그런 나에게 기억에 따른 수념지(隨念智)가 생겼습니다. '이것은 보리에 이르는 길이다.' 라고.[13]

13) 전재성은 수념지를 '새김에 따른 의식' 으로 옮겼다. 전재성 역주. 『맛지마니까야 2』. 한국빠알리성전협회, 129쪽. 한역경전에는 없음. 『남전대장경』 제9권, 『중부경전』 제1권, 430쪽.

이것은 부처님이 정각을 이루고 난 다음 제자들에게 술회한 것이다. 초선(初禪)이란 가장 초보적인 명상 단계다. 까마(kāma)라는 육욕을 떠나고, 계를 지킨 다음 도달한다는 단계다. 심(尋)과 사(伺)라는 것은 뭔가를 찾아 헤매는 생각이 있다는 것, 그래서 물질에 대한 상이 아직 남아 있는 단계다. 그런데도 태자는 초선이 깨달음으로 나아가는 길임을 직감하고, 물질적인 삶에서 정신생활로 갈 수 있는 가능성을 본 것이다. 태자가 출가 이후 찾았던 스승이 선정을 가르치던 사람이었음을 감안하면, 태자는 출가 이전에 이미 인도 전통 내부의 고행 전통에 접했음에 틀림이 없으리라.

출가한 부처님은 당시의 여러 정신적 지도자에게서 배웠다. 초기 불교도들은 부처님의 가르침을 받아 그것을 체계화하여 선정의 여러 단계를 정리했다. 단계가 상승할수록, 욕망의 힘(行, 업의 형성력, 생명의 추동력)이 줄어드는 것을 보여 주고 있다. 이는『상응부경전(相應部經典)』제4권 217쪽에 언급되어 있는데, 선정의 단계에 따라 나타나는 욕망의 작용들이 순차적으로 멈추는 과정을 묘사하고 있다.

1단계에서는 발화(發話, vācā speech)가 멈춘다.

2단계에서는 생각(尋究, vitakka)과 추론(伺, vicāra)이 멈추고

3단계에서는 기쁨(喜, pīti)이 멈추고

4단계에서는 들숨(入息)과 날숨(出息)(에 대한 생각)이 멈추고,

5단계 공무변처(空無邊處)에서는 색상(色想, rūpa-saññā)이 멈추고,

6단계 식무변처(識無邊處)에서는 공무변처상(空無邊處想)이 멈추고,

7단계 무소유처(無所有處)에서는 식무변처상(識無邊處想)이 멈추고,

8단계 비상비비상처(非想非非想處)에선 무소유처상(無所有處想, 무의 삼매의 지각)이 멈추고,

9단계 상수멸(想受滅)에서는 상(想)과 수(受)가 멈춘다.

앞에서 제근(諸根)을 방호(防護)하고 선정을 잘 이루기 위해 계율의 준수가 요구된다고 했다. 결국 계율이란 많은 부분 다양한 물질생활을 금하는 것이었다. 무엇보다도 생명을 해친 다음에는 어떤 종류의 선정도 쉽지 않을 것이기 때문이다. 1단계에서 4단계까지는 색계(色界)이고, 그 이상은 무색계다. 이는 물질의 영역에서 비물질의 영역으로 넘어가는 것을 말한다.

발화(發話)는 목소리를 내는 것, 곧 말하는 것이다. 정신생활의 고양을 위해 제일 먼저 멈춰야 할 것이다. 말이란 뭔가 물질적인 것이 남아서 나오는 것이므로, 말 많은 사람은 정신생활을 하기가 어렵다. 차츰 작용을 멈추다가 5단계에 이르면 색상, 곧 일체의 물질적인 상이 없어진다고 하였으니, 색계(色界)에서 나와서 무색계로 들어간다는 것이다. 무색계는 체험의 영역이어서 말로 이해하기는 어렵지만, 색계가 완전히 사라진 단계다. 아무것도 보이거나 들리거나 냄새가 맡아지거나 맛이나 촉감으로 느껴지거나 하지 않고, 텅 빈 허공만 있는 듯한 상태일 것이다. '욕계'에 머물러 있는 우리가 '색계'와 '무색계'를 이해하기는 어렵지만, 노력하면 도달할 수 있는 단계일 것이다. 마지막 상수멸정(想受滅定, saññā-vedayitanirodha)의 단계에서는 생각과 느낌이 다 멈추었지만 깨어 있는 상태인데, 적어도 선정의 단계로서는 최고의 경지라고 할 수

있다. 상과 수로부터, 따라서 식(識)의 모든 현현이나 식의 모든 내용으로부터 자유롭다.

책 읽기는 어느 단계일까? 독서 삼매가 속으로 중얼중얼하기도 하고 여러 생각도 해야 하는 단계라면, 그것은 제1단계에도 미치지 못한다고 봐야 한다. 물론 부처님은 항상 선정 속에 머문 것은 아니고, 이런 단계를 자유자재로 출입한 것으로 보인다.

『중부경전(中部經典)』 제1권 293쪽에서, 공무변처(空無邊處), 식무변처(識無邊處), 무소유처(無所有處)라는 무색계의 세 단계는 '오근(五根)에서 분리된 청정(淸淨)한 의식(意識)에 의해 manoviññāṇena'에 도달된다고 한다. 여기에서 '오근에서 분리된 청정한 의식'이란 눈, 귀, 코, 혀, 몸에서 떨어진 의식이다. 오근과 그 대상인 색, 성, 향, 미, 촉에서 완전히 분리된 청정 의식이다. 오근은 모두 물질을 받아들이는 통로라고 생각하면 물질을 더 이상 받아들이지 않는 단계다. 오근 중에 가장 중요한 것은 시각과 청각이다. 텔레비전 드라마를 시청하는 것은 시각과 청각과 긴밀히 관계된다. 하지만 육근의 하나인 의근(意根, 마음)이 없다면 드라마 시청은 불가능하다. 기억이 없다면 어떻게 드라마를 볼 수 있을 것인가? 적어도 부처님에 따른다면, 인간이 제대로 살아가기 위해서는 일정 기간 아무것도 보지 않고, 듣지도 않고, 여러 가지 생각도 하지 않는 맑은 의식을 경험할 필요가 있다. 그것이 선정의 의도다.

네 가지 종류의 먹을거리

우리는 여러 가지를 먹으며 살아간다. 밥도 먹고 차도 마신다. 보고 듣는 텔레비전도 일종의 먹이다. 초기 불교 경전에 소위 4식(食)이라는 개념이 있다. 중생이 즐겨 먹는 네 가지 먹이를 가리킨다. 인과(nidāna)를 설명하는 자리에서 석가 세존이 하신 말씀이다.

> 수행승들이여, 이미 태어난 중생의 섭생을 위하거나 혹은 다시 태어남을 원하는 중생의 보양을 위한 네 가지 먹이(āhāra)가 있다. 그 네 가지 먹이는 무엇인가? 첫째, 거칠거나 미세한 물질적 먹이인 추박식(麤摶食), 두 번째로 촉식(觸食), 세 번째로 의사식(意思食, mental volition), 네 번째로 식식(識食, consciousness)이다.[14)]

사식 개념에서는 중생이 외부에서 받아들이는 모든 것을 먹이로 부르고 있다. 중생의 먹이에는 최소한 네 가지 종류가 있다. 입으로 먹는 것이 추박식(麤摶食)이고, 피부 등의 촉각으로 얻는 먹이가 촉식(觸食)인데, 촉식을 먹으면 세 가지 느낌이 나온다. 여기에 시청각 자극도 포함될 것이다. 의사(意思)는 의도나 의향이다. 바흐 음악에 대한 의사가 강한 사람은 그것을 자주 감상할 것이다. 음악을 감상할 때 반드시 청각만 작동하는 것은 아니다. 과거에 들은 기억 등의 의식 역시 활발하게 작동한다. 그것은 식식(識食)이라고 부를 수 있다. 한 주석서는 물질적인 육신을 위해서 추박식을 먹어야 하고, 정신적인 신체를 위해서는 나머지 셋을 먹어야 한다고 적고 있다.[15)]

성행위는 어떤 음식인가? 기본적으로 촉식이겠으나, 추박식을 제

14) 전재성 역주. 1999. 『쌍윳따니까야 2』. 한국빠알리성전협회, 81-82쪽.

15) Bodhi, B. (tr.). 2000. *The Connected Discourses of the Buddha: A Translation of Samyutta Nikaya*. Wisdom Publications, 540, 731쪽.

외한 모든 먹이를 동시에 먹는 행위라고 볼 수 있다. 그러니까 중생은 성행위를 통해서 입으로 먹고, 손으로도 먹고, 의사(意思)로도 먹고, 두뇌로도 먹는다. 담배 먹고 맴맴하고, 고추 먹고 맴맴하는 존재들이다.

경전은 이어서 이들 사식(四食)의 원인으로 갈애(渴愛, taṇhā)를 지적하고 있다. 그런데 갈애는 수(受)를 원인으로 하고, 수는 촉(觸)을 원인으로 하고, 촉은 육처(六處)를 원인으로 하고, 육처는 명색(名色)을 원인으로 하고, 명색은 식(識)을 원인으로 하고, 식은 행(行)을 원인으로 하고, 행은 무명(無明)을 원인으로 하여 일어난다고 한다. 이렇게 석존은 네 가지 먹이를 둘러싼 인연의 계열을 설명하고 있다.

우리는 추박식을 먹지 않고 살아갈 수 없다. 다만 경전이 강조하고자 하는 것은 중생이 필요 이상으로 먹고, 그런 먹이의 배후에는 갈애로 불리는 욕망이 가로 놓여 있고, 결국 윤회를 거듭하게 한다는 것이다.

법정: 보다 진화한 사람

법정은 대부분의 우리보다 좀 더 진화한 사람이라고 할 수 있다. 다음은 그의 사상을 잘 요약하고 있는 대목이다.

> 일찍이 동양의 신앙은 산하대지를 신성한 존재로 여겨 귀의의 대상으로 삼았었다. 그래서 인간과 환경과의 조화를 이루었다. 그러나 서양의 백인들은 자연을 정복의 대상으로 여기고 환경의 지배를 추

구했다. 그 결과 과잉소비와 포식사회를 이루어 오늘날과 같은 온갖 질병과 환경 위기를 불러들인 것이다. 삶의 원천을 망각한 채 도시화와 산업화로 줄달음치면서 날로 인간의 설 자리가 사라져 가고 있다.

이제 새삼스럽게 삶의 질을 문제 삼을 만큼, 그동안 우리가 추구했던 그 풍요가 한낱 허구임이 드러나게 되었다. 자연에서 이탈한 인간은 그만큼 부자연스럽다. 커다란 생명체인 이 자연에 대한 존경심을 잃으면 자연 속에 살아 있는 모든 것들이 인간을 깔보게 된다. 우리의 어머니인 대지에 소속되려면 먼저 그 대지를 소중하게 여길 줄 알아야 한다. 우리 모두 언젠가는 돌아가 그 품에 안길 대지를 살아 있는 생명체로 받아들일 줄 알아야 한다.[16)]

법정은 먼저 동양의 신앙과 서양의 백인을 분별하고 있다. 서양의 백인들은 지난 수백 년 동안 자연과학과 기술을 이용하여 인간의 물질생활을 향상시켜 왔지만, 자연과 환경을 정복과 지배의 대상으로 삼아 왔고, 오늘날 과잉소비와 포식사회를 만들고 온갖 질병과 환경 위기를 불러들인 일등공신이 되었다고 이야기한다. 하지만 19세기 이후 근대화의 물결이 동양을 덮친 이래, 서양의 백인만이 아니라 우리나라 사람을 포함한 동양인들도 물질생활의 향상을 위해 진력을 다해 왔고, 자연을 정복의 대상으로 삼아 왔다는 것을 인정하지 않을 수 없다.

법정은 '보다 단순하고 검소하게' 라는 단문에서, 자신의 소망은 성불이나 견성이 아니라 "어떻게 하면 보다 단순하고 간소한 삶을 이룰 것인가. 이것이 현재의 내 유일한 소망이다."라고 말하고 있

16) 법정. 1996. 『새들이 떠나간 숲은 적막하다』. 샘터, 5-6쪽.

다.[17] 그는 1970년대부터 수많은 수필로써 물질 위주의 생활을 경고하고 명상 생활을 권유해 왔다. 하지만 그의 메시지가 우리 사회의 정치나 정책에서 유의미한 결과를 낳은 것 같지는 않다. 우리 사회가 물질적인 생활을 감소시키고 정신생활을 고양해서, 보다 비폭력적인 세상으로 바뀐 것 같지 않기 때문이다.

그 이유는 어디에 있을까? 우리가 몸담고 살아가는 사회의 정치적, 경제적 구조가 물질생활을 보장할 뿐만 아니라, 그것을 부추기고 있기 때문이다. 자유민주주의와 자본주의 사회가 말하는 민주주의와 자유에는 상당히 강한 물질주의와 폭력의 경향이 들어 있는 것으로 보인다.

자유민주주의 제도와 자본주의

자유민주주의

우리의 현행 헌법은 자유라는 이름으로 물질생활을 보장하고, 자본주의는 그것을 강화하는 것처럼 보인다. 이는 이상한 일은 아니다. 왜냐하면 헌법은 출가자가 아니라 중생을 대상으로 삼기 때문이다. 우리가 몸담고 살아가는 자유민주주의와 자본주의 문명에서 상식처럼 통용되는 자아를 근대적 자아라고 해 보자. 우리 모두가 근대적 자아인 셈이다. 이 근대적 자아의 구체적인 성격은 헌법이 말하는 국민의 개념에서 확인될 수 있다. 헌법은 국민적 합의

17) 법정. 1996.『새들이 떠나간 숲은 적막하다』. 샘터, 174쪽.

에 의해 국민을 사실적으로 규정하면서 동시에 바람직한 국민을 규범적으로 제시한 것으로 볼 수 있기 때문이다.[18] 현행 헌법이 서구 민주주의의 이념을 충분히 수용 · 반영한 것이므로, 우리 헌법이 말하는 국민은 자유민주주의와 자본주의 체제하의 여러 국가에 공통되는 자아, 즉 동 · 서양에 공통되는 자아, 현대 문명이 낳은 자아라고 할 수 있다.

대한민국은 민주공화국이다. 따라서 그 국민은 국내에 대해서는 모든 권력의 원천이 되어 전제 · 독재 · 전체주의 · 인민공화국 등을 부정하고, 국외에 대해서는 독립의 권력이 되어 일체의 침략을 거부한다. 우리나라 국민은 근대적 자아로서 갖가지 권리와 자유를 향유하게 되어 있는데, 무엇보다도 인간으로서의 존엄과 가치를 보장받을 권리를 가지며, 그 존엄과 가치의 실현 수단으로서의 행복추구권과 불가침의 기본적 인권을 보장받는다. 헌법에 열거된 기본적 인권으로는 법 앞의 평등권, 신체의 자유, 거주 · 이전의 자유, 직업 선택과 양심의 자유, 종교의 자유, 언론 · 출판 · 집회 · 결사의 자유, 재산권 · 선거권 · 공무담임권 · 청원권 · 근로의 권리 등을 포함하고 있고, 헌법에 열거되지 아니한 자유와 권리—하지만 인간의 존엄과 가치를 위해 경시되어서는 아니 될 것—로는 자기결정권, 일반적 행동 자유권, 평화적 생존권, 휴식권, 일조권, 생명권과 저항권 등이 있다.[19]

우리 국민은 자유시장경제와 사유재산제 아래에서 헌법상의 경

18) 헌법은 "정치적 공동체의 존재 형태와 기본적 가치질서에 관한 국민적 합의(사실성)를 법규범적인 논리체계로 정립한 국가의 기본법(규범성)"이라는 설명에 따랐다. 권영성. 2000. 『헌법학원론』. 법문사, 5쪽.

19) 권영성. 2000. 『헌법학원론』. 법문사, 297-298쪽.

제적 기본권에 속하는 재산권과 직업 선택의 자유를 향유하고, 기존의 재산을 이용하여 재산을 무한정 축적할 수 있고, 그 재산을 임의로 처분할 수 있다. 그리고 세계화와 무한경쟁의 시대에 경제활동을 영위할 자유, 경쟁할 권리 그리고 경쟁에 이기기 위해 근대과학과 기술의 힘을 충분히 활용할 자유가 있다. 자신의 상품이나 서비스를 판매하기 위해 광고할 자유도 있다. 우리 헌법은 청정행서약을 국민의 의무로 규정하기는커녕 혼인과 가족생활을 보장하고 있다. 헌법은 또한 납세와 국방을 헌법상의 의무로 규정하고 있다. 따라서 어떤 국민이 비폭력 서약을 내세워 국방의 의무를 이행하지 않으면 이는 병역법 위반이 되어 징역형에 처해질 것이다.

근대적 민주적 자아는 절대 권력을 지닌 독재자가 나타나 우리 민족에게서 또는 나 개인에게서 생명과 자유를 앗아가려고 하면 이를 약탈과 야만으로 규정하고 저항할 수 있는 자아이기도 하다.[20] 3 · 1 운동 이래 우리의 민주 투쟁사는 국민 개개인이 생명 · 자유 · 재산의 주인이라는 사실을 대내외적으로 천명하고 실현하는 과정, 다시 말하면 근대적 주체성을 법적, 제도적으로 구체화하는 과정이었다고 볼 수 있다. 적어도 세속을 말하자면 욕망을 일정 부분 인정하고 수립된 민주주의 체제는 절대로 가볍게 볼 일은 아니다. 이제 자본주의의 가장 큰 특성 중에 하나인 광고를 고려하지 않을 수 없다.

20) 한용운. 2006. 조선독립의 서(1920). 『한용운 전집 1』. 불교문화연구원, 346쪽 참조.

광고: 상품이라는 유(有)의 창조, 유지와 강화

자본주의 사회에서 광고는 중요한 소통의 한 방식이지만, 그 목적은 장래의 구매자에게 상품이나 서비스에 대한 그 구매의 방법과 사용법에 대한 정보를 제공하는 것이다. 많은 광고는 그와 같은 상품과 서비스에 대해 브랜드 이미지와 충성도를 강화시켜 수요 증대를 목표로 한다. 이런 목표를 달성하기 위해 광고는 사실에 대한 정보와 설득하려는 메시지를 담고 있다. 텔레비전과 신문을 비롯한 모든 주요 매체는 이런 정보를 전달하고 있다.

자본주의 시장은 이윤 추구와 자유라는 이름으로 광고를 잘 이용하고 있다. 하지만 광고는 불교 인식론의 입장에서 보면 정보 제공으로 그치는 것이 아니라, 우리의 감각기관, 결국 의식 지평에 특정 상품에 대한 강렬한 이미지(想)를 공급하여 구매 충동을 일으킨다. 그 물건이 우리를 위해서 '존재하며', 그것이 바로 '내 것이 될 수 있다.' 라는 믿음을 심신에 심으려는 것이 광고의 의도다. 특히 텔레비전 광고는 의식의 지평 위에 시청각적인 이미지를 심어주는 가장 효과적인 침투 능력을 가지고 있다. 광고는 소위 자아를 구성한다는 색수상행식을 혐오하여 버리고 떠날 것을 가르치는 것이 아니라, 오히려 물질을 수용하고 찰나적, 감각적 쾌락(受)에 호소하고 있다. 따라서 광고는 인간의 의식에 청정하고 무한한 무(無)와 공(空)의 지평을 가르쳐 주려는 선정과는 정반대의 작용을 한다.

무아론에 따르면, 우리는 이 세상의 어느 것도 업을 쌓지 않고 내 것으로 만들 수—완전한 나의 통제하에 둘 수—없다. 자아를 이룬다는 색수상행식마저도 내 것이 아니다. 하지만 광고는 마음을 외부의 대상으로 쏠리게 해서 내 것 아닌 것을 내 것으로 삼도록 하고, 유(有)의 세계로 우리를 이끌기 때문에 선정과는 정반대의 작용을 하게 된다. 광고는 특정 대상을 안이비설신의(眼耳鼻舌身意)라는 육근(六根)[21]을 통해서 인간의 심신에 스며들게 함으로써 상품이라는 유(有)를 창조하는 것이다. 그 유(有)를 얼마나 효과적으로 전달하고 유지시키는가에 따라 광고의 효과가 결정되고, 텔레비전 광고료는 특정 광고의 광고주가 스폰서로 되어 있는 프로그램의 시청률에 대체로 비례한다. 더욱이 광고는 흔히 신체의 건강과 미, 성적 본능에 호소한다는 것은 이미 잘 알려진 사실이다.

우리는 텔레비전, 신문, 라디오 등의 매스미디어를 통해 우리의 감각기관을 확장시킨다. 이런 미디어를 이용하면 우리의 감각기관은 이 세상에서 생산되는 모든 상품에까지도 확장될 수 있다. 그리고 매스미디어를 이용한 광고는 그것이 시장과 상품으로 대표되는 자본주의 사회 자체의 실재성을 강화해 나간다. 여기에 과학과 기술이 절대적으로 공헌하고 있다. 한마디로 현대 문명의 가장 일상적이며 구체적인 모습인 광고는 자본주의의 원리, 과학기술, 소유욕, 성적 본능 등이 총체적으로 작용해서 생겨난 결과물이면서, 동시에 그러한 것들을 강화하고 자본주의적인 실천을 영속화한다.

광고는 그것이 선전하는 상품을 살 수 있는 사람에게는 존재감이나 자만심을, 그것을 갖고 싶지만 가질 수 없는 사람에게는 열등감을 갖게 하며, 내 것 만들기에서 경험해야 하는 갖가지 심리 상

21) 불교에서는 생각(意)까지 모두 감각기관에 포함시킨다.

태인 경쟁, 증오, 분노, 폭력 등을 묵인하거나 이것들을 부추기고 있다. 그러므로 고대 인도 사회에 비교하면, 오늘날의 이미지 위주의 텔레비전 중심 사회는 찰나성과 초조, 불만 그리고 거기에서 쉽게 파생되는 폭력을 선동할 가능성이 훨씬 큰 것으로 보인다.

변함없는 열기: 뜨거운 시민과 뜨거운 매체

오늘날의 시청각 매체는 아주 자극적이다. 온갖 심리를 이용하는 매체 때문에 그리고 수용자가 축적해 온 업의 힘 때문에 우리의 눈은 세상을 보게도 하지만 장님으로 만들기도 한다. 우리의 지각과 그에 수반되는 감정(受)에 대해 경고를 보내기 위해 색즉시공(色卽是空)이란 경구도 생겼을 것이다. 현대 사회에서 시청각 자극을 확산시키는 일등 공신은 언론 매체, 포털 사이트 등이다. 이런 매체들은 감각적 자극을 반복하여 제공함으로써 오해, 불안, 공격성을 유포시키고 사회 전체를 혼란의 소용돌이에 빠뜨릴 수 있다. 그 대표적인 사례가 줄기세포 사기 사건이다.

오늘날 우리 사회의 시청각 매체가 촉발하는 자극에는 어떤 특성이 있는가? 선정성(煽情性), 선동성, 전파성, 격렬성, 폭력성, 익명성, 무책임성 등이 포함될 수 있다. 보통 선정이란 말은 누디티(nudity, 벌거벗은 몸)에서 얻는 성적 감정의 흥분의 의미로 사용된다. 하지만 여기에서는 인간의 일반적인 감정을 지나치게 흥분시키는 것을 말한다. 일반적인 감정의 과도한 흥분은 앞에서 말한 협의의 선정성보다 더 해롭다. 그 정체를 간파하기가 더 어렵기 때문이다. 논의를 유가 용어에 적용하면, 칠정(七情)인 희노애락애오욕(喜怒哀樂愛惡慾)을 지나치게 촉발시켜서, 인간의 본성에 있다는 네 가지 마음씨인 '인의예지(仁義禮智)'를 질식시킨다는 의미다.

시청각 이미지를 받아먹는 것은 촉식이고, 그 결과 보통 쾌, 불쾌, 중립적인 느낌이 생긴다. 그 원인은 욕망과 무지라고 했다. 우리 사회의 가장 큰 문제는 인터넷 매체 공간이 뜨겁다는 것이다. 국민의 평상시 체온이 38도쯤 되는 것으로 보인다. 그 체온을 37도 정도로 낮추기 위해서는 시청각 매체가 주는 뜨거운 자극을 반만 보아서 선동당하지 말아야 한다. 뜨거운 매체와 일부 네티즌의 과도한 흥분 사이에 깊은 관계가 있다는 것은 줄기세포 사기 사건을 둘러싼 대혼란에서 확인하기도 했다. 처음부터 매체들이 국익이나 불치의 환자 등 감성적 이미지를 앞세우지 않고, 진실 추구라는 태도로 차분하게 접근하고 다양한 정보를 정직하게 제공했다면, 그러한 혼란을 피할 수 있었을 것이다. 당시 경험했던 엄청난 혼란에도 불구하고, 우리는 아직도 평소에 체온 떨어뜨리기를 제대로 배우지 못한 것으로 보인다. 미국산 쇠고기 수입 재개를 둘러싸고 형성되는 소용돌이가 그 증거다.

책 읽기는 가장 낮은 단계의 선정에도 미치지 못한다고 했다. 하지만 책 읽기는 시청각 자극으로 쉽게 흥분하는 것보다 더 낫다. 즐겨 책을 읽고 생각을 하는 사람들은 최소한 시청각 매체의 부정적인 영향력에서 비교적 자유로울 수 있기 때문이다. 이런 의미에서 참선에는 이제 정치적인 의미도 있는 것 같다. 왜냐하면 스스로 시청각 자극에 의해 광포해지지 않을 수 있고, 성찰적 민주주의를 성숙시키는 데 일조할 것이기 때문이다. 우리 시민이 이렇게 성급하고 흥분을 잘하고 재빨리 집단화되는 것과 인터넷 매체의 광범위한 보급, 낮은 독서율 사이에는 밀접한 관계가 있는 것으로 보인다.

물질주의를 비판하는 서양인들

과도한 물질생활을 비판하는 것은 동양인에 그치지 않는다. 이미 서양인들 중에 많은 사람들이 이에 동조하고 있다. 대표적인 사람으로 『작은 것이 아름답다(*Small is beautiful*)』의 저자 슈마허(E. F. Schumacher)가 있다.[22] 그는 버마 불교도에게서 배움을 얻었고, '불교경제학(buddhist economics)' 이라는 용어를 만들어 냈다.

> 물질주의자는 주로 물질에 관심을 보이지만, 불교도는 주로 해탈에 관심을 보인다. 그렇지만 불교는 중도이므로 결코 물질적인 복지(well-being)에 대해 적대적이지 않다. 해탈을 방해하는 것은 부 자체가 아니라 부에 대한 집착이며, 즐거움을 향유하는 것이 아니라 그것을 탐하는 마음이다. 따라서 불교경제학의 핵심은 소박함(simplicity)과 비폭력이다. 경제학자의 관점에서 볼 때, 불교도의 생활방식은 경이롭다. …… 그는 항시 많이 소비하는 사람은 적게 소비하는 사람보다 '행복하다' 는 전제 아래 연간 소비량으로 '생활 수준' 을 측정하는 데 익숙하다.[23]

동일한 맥락에 있는 서양인으로 헬레나 노르베리 호지(Helena Norberg Hodge)가 있는데, 그녀는 『오래된 미래: 라다크로부터 배

22) Schumacher, E. F. 1999[1973]. *Small is Beautiful: Economics as if People Mattered 25 Years later … with commentaries*. Hatley & Marks.
23) 이상호 역. 2001. 『작은 것이 아름답다: 인간 중심의 경제를 위하여』(E. F. Schumacher 저). 문예출판사, 76쪽.

운다(*Ancient Futures: Learning from Ladakh*)』를 썼고, 팀 캐서(Tim Kasser)는 『물질주의가 지불해야 하는 비싼 대가(*The High Price of Materialism*)』라는 책을 출판했다. 캐서가 도덕경의 한 구절을 책의 경구로 삼은 것을 보면,[24] 그는 동양 사상에서 상당한 영향을 받은 것으로 보인다. 그리고 물질주의, 소비주의에 대한 그의 신랄한 비판은 거의 불교적이라고 할 수 있다. 이렇게 서양인이 물질주의와 소비주의를 비판할 정도로 문제가 심각해졌다고 할 수 있다. 그리고 이 책의 서언을 쓴 리처드 라이언(Richard Ryan)은 우리가 몸담고 있는 지구적 실재를 설명하면서 소비주의(consumerism)와 물질주의(materialism)가 이제 사람들에게 종교가 되었다고 한다.[25] 캐서에 따르면, "물질적인 추구에 대해 강력하게 집중하는 것은 사람들을 심리적인 성장과 건강에서 끌어낼 뿐만 아니라, 진정으로 의미 있는 것으로부터 근본적으로 유리된 것을 표시한다."[26]

> 현대 산업 문명은 지금 조직된 모습으로 우리 지구의 생태적 체계와 폭력적으로 충돌하고 있다. 이 문명은 지구를 광포하게, 숨 막힐 지경으로 공격하고 있고, 그 끔찍한 결과는 너무나 신속하게 일어나므로 우리 능력으로는 그 결과를 알기도, 그것의 지구적 의미를 파악하기도, 그리고 그것에 대해 적기에 적절하게 반응할 수도 없다. …… 나는 우리가 대담하고도 분명하게 행동해야 하고, 환경을 구원하는 것을 문명의 중심적 조직 원리로 삼아야만 한다는 것을 믿게 되었다. 우리가 깨닫든 말든 우리는 지구의 균형을 잡기 위한 영웅

24) Kasser, T. 2002. *The High Price of Materialism*. Mit Press, 1쪽.
25) Kasser, T. 2002. *The High Price of Materialism*. Mit Press, viiii.
26) Kasser, T. 2002. *The High Price of Materialism*. Mit Press, 3쪽.

적인 전쟁을 치르고 있다. 세상에 있는 대다수의 인간들이 첨예한 위기 위식을 충분히 공유해서 전면적인 노력에 참여할 수 있을 때, 그때 비로소 이 전쟁의 형세를 유리하게 만들 수 있다. …… 아주 넓은 의미의 정치는 우리가 집단적으로 결정하고 선택할 수 있는 수단이 될 것이다.[27]

이 말은 미국의 전 부통령 앨 고어(Al Gore)가 한 것이다. 그는 지구온난화 문제를 완화할 수 있는 몇 가지 기술적인 대안을 제시했다. 거기에는 태양전지판, 지열 발전소, 형광등, 푸른 지붕, 하이브리드 자동차, 풍력 발전이 포함되었다.[28] 고어는 새로운 기술이 지구온난화 문제를 해결할 수 있을 것으로 믿고 있지만, 소비 감소와 검소한 생활을 대안으로 제시하지는 않고 있다. 바로 이 점이 그의 진단과 처방 사이에 심각한 불균형이 있는 것으로 보인다.

그는 『이성의 위기(*The Assault on Reason*)』의 결론 '민주주의의 부활'에서, 미국 민주주의 제도에 대해, 그리고 무엇보다도 이성의 역할, 미국 시민의 자치 능력에 대해 깊은 신뢰를 보내면서 "이성의 규칙은 미국 제도 안에서 진정한 주권"이라고 말하고 있다.[29] 하지만 그는 미국 시민은 동시에 소비자라는 사실을, 그리고 소비자는 자신의 소비 성향을 줄이기가 아주 어렵다는 사실을 간과한 것은 아닐까? 향유하는 것을 줄이거나 버리기는 쉽지 않다. 미국

27) Gore, A. 2000[1992]. *Earth in the Balance: Ecology and the Human Spirit with a New Foreword*. Houghton Mifflin Company, 269–270쪽.

28) Gore, A. 2006. *An Inconvenient Truth: The Crisis of Global Warming*. Viking, 166쪽.

29) Gore, A. 2007. *The Assault on Reason*. The Penguin Press, 271–272쪽.

과 우리나라 시민의 이성은 그들이 향유하는 것에 의해 제한되고 공격당할 가능성이 아주 높다. 이 공격은 강력할 뿐만 아니라 기만적이기도 하다. '한 번 보고 두 번 보고 자꾸만 보고 싶네.' 라는 원칙이 여기에서도 적용되기 때문이다.

물질적 욕망을 넘어

불교에서 말하는 욕망은 주로 물질에 대한 욕망이고, 가장 흔한 사례는 시청각 자극을 향한 욕망이라고 했다. 부처님은 2,500년 전쯤에 중생의 살림에 일정한 정도의 물질이 필요하다는 점을 인식하고 있었다. 하지만 그것을 그대로 두면 쉽게 중도를 넘어 과도하게 된다는 점을, 그리고 그 과도함 때문에 고통과 폭력을 낳는다는 점을 깨달아 중생에게 가능한 한 맑은 정신생활을 권유했고, 그 구체적인 방법으로 계율과 선정을 제시했다.

예나 지금이나 물질에 대한 욕망이 지나치면 개인은 망한다. 그런데 이제 지구의 생태계에 관심을 가진 많은 학자들은 환경이 파괴되면 인류 전체가 망할 수 있다고 경고하고 있다. 적어도 지구에서 살고 있는 일부의 인간은 기술과 과학의 힘 앞에 지구의 한계를 자각하고 있다. 그만큼 불교의 유효성이 더욱 높아진 것이다.

우리는 욕망을 물질적인 욕망으로 규정하면서 현대 문명의 성격을, 그리고 동시에 산업화, 도시화, 국민 국가의 형성과 제국주의 및 경제 성장의 진보라는 환상 등을 따져 묻지 않을 수 없다. 나아가서 우리는 자본주의와 민주주의의 성격에 대해서도 다시 생각해 보아야 한다. 우리 시민은 먹고 마시는 등의 소비를 해야 한다.

하지만 그 주요 정체성을 소비에서 찾으면 안 된다. 시민이 주로 소비자라면 소비자가 주도하는 민주주의는 물질적 민주주의가 될 것이고, 그런 민주주의가 주창하는 자유와 권리에는 욕망, 무지, 폭력이 쉽게 개입한다. 출가 승단이라고 해도 물질적 욕망에서 벗어나는 것은 결코 쉬운 일이 아니다. 때때로 경제적 이익을 둘러싸고 발생하는 폭력 사태가 그 증거다.

부처님이 물질에 대한 욕구를 잠재우기 위해 시청각 자극을 최소화해야 한다고 보고, 그 방법으로 선정을 제시했을 때 지구온난화 등의 생태계 위기를 목격했던 것은 아니었다. 하지만 지난 100여 년 동안 급증한 인간의 행위 탓으로 지구는 골병이 들었다. 이제 우리는 선정의 효험이 개인의 열기를 잠재울 수 있다는 것을 잘 안다. 이제 그것이 자유민주주의의 물질성과 폭력성을 완화할 수 있는 유효한 방법임에 주목하지 않을 수 없다. 만일 전 국민의 10분의 1 정도만 참선을 한다면, 줄기세포 사기 사건을 둘러싼 광포한 소용돌이와 이른바 '광우병' 이야기한 뜨거운 열기도 상당 수준 끌어내릴 수 있을 것이다.

욕망의 문제는 이제 단순히 개인 구원의 문제만이 아니라, 인류 전체의 생존이 걸려 있는 문제다. 우리는 욕망을 다루면서 육근에 대한 자극에서 출발했지만, 경제, 정치, 문명의 문제까지 나아갔다. 조지프 피어스(Joseph Pearce)의 말을 빌면, 생태계의 죽음은 곧 자살(Biocide is suicide)이기 때문이다.[30]

우리 중생이 욕망을 가진 존재이고, 욕망에는 커다란 고통이 따른다는 점을 자각하는 것 자체가 자기반성의 결과이고, 이런 반성

30) Pearce, J. 2001. *Small is Still Beautiful*. Harper Collins, 222쪽.

은 우리 인간에게만 가능한 진화의 산물로 볼 수 있다. 그 진화의 극점에 도달하신 분은 부처님이다. 우리가 "성불합시다."라는 말로 인사하는 것은 진화의 극점까지 가 보자는 권유의 말이지만 도달 여부는 우리 각자의 몫이다. 아직 거기까지 가지 못한 우리에게 '나눔으로 하나되는 세상'이라는 구호 아래 이 세상 약자들의 기초적인 물질적, 정신적 복지를 돌보는 행위는 욕망과 폭력을 감소시키는 행위 중 하나가 될 수 있다.

참고문헌

경전

『남전대장경』 제9권, 『중부경전』 제1권.

『남전대장경』 제13권, 『상응부경전』 제2권.

『남전대장경』 제17권, 『증지부경전』 제1권.

『대정신수대장경』 제23권.

『십송율』 제1권. 1994. 동국역경원.

Aṅguttaranikāya. II, IV.

Saṃyuttanikāya. II.

Suttanipāta.

권영성(2000). 헌법학원론. 법문사.

법정(1996). 새들이 떠나간 숲은 적막하다. 샘터.

이상호 역(2001). 작은 것이 아름답다: 인간 중심의 경제를 위하여(E. F. Schumacher 저). 문예출판사.

전재성 역주(1999). 쌍윳따니까야 2. 한국빠알리성전협회.

전재성 역주(2002). 맛지마니까야 2. 한국빠알리성전협회.
전재성 역주(2004). 숫타니파타. 한국빠알리성전협회.
한용운(2006). 조선독립의 서(1920). 한용운 전집 1. 불교문화연구원.

Bodhi, B. (tr.) (2000). *The Connected Discourses of the Buddha: A Translation of Samyutta Nikaya*. Wisdom Publications.
Cooper, R. (1996). *The Evolving Mind: Buddhism, Biology & Consciousness*. Windhorse.
Gore, A. (2000[1992]). *Earth in the Balance: Ecology and the Human Spirit with a New Foreword*. Houghton Mifflin Company.
Gore, A. (2006). *An Inconvenient Truth: The Crisis of Global Warming*. Viking.
Gore, A. (2007). *The Assault on Reason*. The Penguin Press.
Jaspers, K. (1954). *Way To Wisdom: An Introduction to Philosophy*. Yale University Press.
Kasser, T. (2002). *The High Price of Materialism*. Mit Press.
Pearce, J. (2001). *Small is Still Beautiful*. Harper Collins.
Schumacher, E. F. (1999[1973]). *Small is Beautiful: Economics as if People Mattered 25 Years later ... with commentaries*. Hatley & Marks.

2 살인은 어떻게 정당화되는가
-어느 비폭력 운동가의 고뇌

우리는 인간의 본성에서 분쟁(quarrel)의 세 가지 주된 요인을 발견한다. 첫째는 경쟁(competition)이며, 둘째는 불신(diffidence)이며, 셋째는 공명심(glory)이다. 첫째는 사람으로 하여금 이익을 위해 침입하게 하고, 둘째는 안전을 위해 침입하게 하고, 셋째는 평판(reputation)을 위해 침입하게 한다. 첫째는 자기 자신을 다른 사람들의 인격, 처자, 가축의 지배자로 만들기 위해 폭력을 사용하는 것이고, 둘째는 자신들을 방어하기 위해, 셋째는 한마디 말, 혹은 단 한 번의 웃음, 혹은 의견의 차이 등, 자신의 신상이나 자신의 친척, 친구, 민족(nation), 직업, 가문에 대해 얕잡아 보는 사소한 것들 때문에 폭력을 동원하는 것이다. 제정치국가(諸政治國家, civil states) 밖에서는 각인의 각인에 대한 전쟁이 항상 존재한다. 이것에 의해 분명하게 된 것은, 사람이 그들 모두를 위압하는 공통의 권력(common power) 없이 살아가는 때는 그들은 전쟁으로 불리는 상태에 있

* 허우성 | 경희대학교 철학과 교수, 비폭력연구소 소장
* 이 글은 『비폭력연구』 창간호(2009. 5)에 개제한 것을 수정한 것이다.

고, 그러한 전쟁은 각인의 각인에 대한 전쟁이라는 것이다.[1)]

물음 던지기

불교도들이 전통적으로 불살생(ahimsa), 곧 비폭력을 가르쳐 왔다는 것은 잘 알려져 있다. 그런데 불살생의 가르침은 얼마나 철저하게 지켜야 하는가? 죽이지 말아야 할 생명 가운데 대표적인 것이 사람인데, 우리는 어떤 경우에도 살인하면 안 되는가? 불살생을 문자 그대로 지켜서 우리 민족이 멸종해도 좋은가? 국가나 민족을 위해 적군을 죽이는 것은 오히려 의무가 아닌가? 정당한 살인과 정당한 폭력은 존재하는가? 소위 의전론(義戰論)은 정당화될 수 있는가? 이 글은 이런 질문을 깊이 생각하기 위해 세 가지 정치적인 살인 사건을 논의하고자 한다. 두 가지 사건은 개인을 죽인 사례이고, 마지막은 고대 인도에서 발생했던 석가족의 멸종에 관한 이야기다.

애국애족의 정신으로 민족의 원수를 죽인 자는 종종 영웅이 된다. 그 민족은 독립국가를 수립하고 나면 그를 중심으로 민족사를 다시 쓴다. 이것이 이른바 국민국가의 역사다. 애국애족에서 말하는 사랑은 '나'(아군)와 '너'(적군)를 분별한 사랑이고 정체성(正體

1) Hobbes, T. 1997[1651]. *Leviathan: Or the Matter, Forme and Power of a Commonwealth Ecclesiasticall and Civil*. A Touchstone Book, 99-100쪽; 진석용 역. 2008. 『리바이어던: 교회국가 및 시민국가의 재료와 형태 및 권력』(Thomas Hobbes 저). 나남, 171쪽; 水田洋 역. 1954. 『リヴァイアサン 1』(ボッブズ 저). 岩波書店, 210쪽 참조.

性)을 주장(我慢, asmimāna)하는 사랑이어서 배타적이다. 비폭력을 실천하기 위해 비폭력 운동가는 자기정체성을 포기하고 나라와 민족이 소멸하는 것을 감수해야 하는가? 더 크게 물어보자. 인간의 본성은 선인가 악인가? 아니면 사회구조가 인간을 선하게도 하고 악하게도 하는가? 인간의 역사는 전쟁의 역사인가 사랑의 역사인가? 이런 질문에 대해 개인의 확신에서가 아니라 역사와 과학이 제시하는 증거를 보여 주며 대답할 수 있는가? 이런 질문들이 실존적인 것이 되면 비폭력 운동가는 깊이 고뇌하지 않을 수 없다. 먼저 간디의 비폭력 사상에 대해 생각해 보자.

간디의 비폭력 사상

『이샤 우파니샤드(*Isa Upanisad*)』의 첫 구절은 '우주 안에 존재하는 만물을 통치하시는 신(이샤, Isa)'의 존재를 말하고 있다. 간디(Gandhi)는 이 구절에서 신에 대한 비전과 모든 생명이 평등하다는 영감을 얻었다. 신에 대한 간디의 이런 관념은 그의 사상의 핵심을 이루고, 모든 다른 요소들은 그것을 둘러싸고 있다.

진리가 신이다

간디는 먼저 진리의 위대함을 가리키는 말로, "신이 진리이시다!"라는 말을 하곤 했다. 그러나 나중에는 이것마저도 적당하지 않다고 확신하게 되면서, "진리가 신이다!"라고 말하게 되었다. 이 말은 '추구해야 할 것은 진리이고, 봉사해야 할 곳은 진리다.'라는 것을 의미한다. 만유의 중심에 거하는 진리의 실현을 통해서만 인간의 생명이 완성되고, 구원이 성취되는 것이다. 진리를 실현하는 것은 신을 실현하는 것이며 자기 자신의 존재를 지탱하는 내적 법칙을 충족시키는 것이다. 그래서 간디에게 진리파지(眞理把持)와 자아실현은 같은 말이었다. 간디에게 신에 대한 비전, 진리 추구, 모든 생명의 평등성에 대한 깨달음은 서로 떨어질 수 없는 것이었고, 간디는 이 셋이 정치에서도 함께 구현되어야 한다고 믿고 행동했다.

진리파지와 사랑(아힘사)

간디는 시민불복종 운동, 비폭력 저항, 단식 투쟁을 통해 악에 대항하는 강력하고 새로운 사랑의 무기를 인도와 세계 앞에 보여주었다. 그의 갖가지 투쟁술의 기초는 진리와 사랑이라는 두 원리였으며, 이 두 원리가 그의 행동을 위한 영감과 에너지를 제공했다. 우주와 인간 세계에 신이 두루 계시지만, 인간 세계에 악과 폭력이 존재하는 것도 사실이다. 간디는 악과 폭력의 존재 이유에 대해 그것을 전부 알 수는 없다고 하면서, 신이 인간에게 자유의지를 주셨기에 악과 폭력의 존재를 허락하셨을지도 모른다고 추측하고 있다. 신의 존재를 증명하는 유일한 방법은 목숨 걸고 악과 씨름하는 길밖에 없다는 것, 이것만큼은 간디에게 분명한 사실이었다. 다시 말하면, 허위와 폭력에 의해 가려진 진리를 드러내어 실현하기 위해서는 고행과 정력적인 행동이 필요하다는 점도 인정했다. 그것이 바로 진리파지, 곧 진리고수 운동이다.

진리를 고수하는 길은 무엇인가? 진리는 모든 존재 안에 있는 신이고, 신을 사랑하는 것은 신의 모든 피조물을 사랑하는 일이기 때문에, 진리를 고수하기 위해서는 자기를 정결하게 닦고 사랑의 길을 가야 한다. 사랑이라는 말을 위하여 간디가 사용했던 단어는 아힘사(ahimsa)였다. 이는 불살생이나 불해(不害), 불상해(不傷害), 비폭력으로도 번역된다. 간디는 아힘사라는 말을 확장하여 순수하고 완전한 사랑을 가리켰다. 이런 사랑은 우리 자신의 깊은 곳에서 흘러나오며, 친절, 자비, 타인에 대한 지치지 않는 봉사로 그 자체를 표현한다. 한마디로 비폭력은 모든 생명이 하나라는 자각에서 자라나는 사랑의 표현이다.

간디는 폭력을 아주 싫어했다. 그것이 내면적 약함에서 자라난 공포의 표현으로 보았기 때문이다. 진리가 확인되고 사랑이 실천되는 세계에서는 증오와 폭력이 개입할 여지가 없다. 폭력은 오직 다른 폭력을 부를 따름이고 개인과 사회를 더욱 약화시킨다. 반면에 사랑은 나와 다른 사람 안에서 사랑을 불러내고 자신과 다른 이를 더욱 강하게 한다.

사랑의 포괄성

간디는 사랑의 원리를 인간은 물론이고 송아지와 원숭이, 심지어 뱀에게도 적용했다. 그는 하나의 피조물에 불과한 인간에게 다른 생명을 마음대로 죽이거나 먹을 수 있는 권리가 없다고 보았으므로 인간중심주의자도 아니었고, 인도인과 다른 나라 사람을 차별하지 않았으므로 보통 말하는 애국자도 아니었다. 하지만 그는 병든 송아지에게 독극물을 주입해서 안락사를 시킬 수밖에 없었고, 소 우리에 침입한 뱀을 죽일 수밖에 없는 자신의 처지에 대해 깊이 고뇌하고, 인간의 삶에 내재한 피할 수 없는 폭력성을 가슴 깊이 새겼다. 간디는 바로 이러한 이유 때문에라도 우리가 더더욱 겸손해야 한다는 진리를 깨달았다.

간디는 스스로 힌두교도라고 했다. 하지만 힌두교 신앙과 힌두교도라는 정체성은 이슬람교도에 대한 차별이나 폭력으로 이어지지 않았다. 그가 생명의 통일성과 사랑의 포괄성을 믿고 힌두교도라는 정체성을 '생명'과 사랑보다는 하위에 두었기 때문이다.

인도 청년의 영국 관리 암살:
딩그라(와 안중근)는 내셔널리스트인가 테러리스트인가

간디가 활동을 하던 당시 인도에서는 영국 제국주의에 폭력으로 항거한 사람들이 있었다. 그들은 영국 제국주의 세력 앞에서 모든 생명의 평등성과 사랑의 포괄성을 믿을 수 없었다. 그중에 조국 인도에 대한 충성심과 영국에 대한 증오심으로 가득 차 있던 마단랄 딩그라(Madanlal Dhingra, 1887~1909)가 있었다. 그는 1909년 7월 1일, 안중근(1879~1910)이 하얼빈 역에서 이토 히로부미(伊藤博文)를 암살하기 2개월여 전, 런던에서 인도 담당 국무장관 몰리(Moreley) 경의 정치 보좌관 커전 와일리(Curzon Wyllie, 1948~1909)를 저격하여 암살했다. 저격 당시 그는 런던에서 유학하고 있던 공학도였다. 그는 체포되어 같은 해 8월 17일 교수형에 처해졌는데 당시 그의 나이는 22세에 불과했다. 단 하루만의 재판으로 사형 판결을 받은 딩그라는 그 판결을 듣는 순간 다음과 같이 말했다. "조국을 위해 제 생명을 내놓는 영광을 누리는 것은 자랑스럽습니다.

하지만 장차 우리의 때가 올 것임을 기억하십시오."[2] 그리고 그는 교수형을 당하기 직전에 다음과 같은 말을 남겼다.

> 저는 외국의 총검에 의해 속박당한 나라는 항구적인 전쟁 상태에 있다고 믿습니다. 무장되어 있지 않은 종족에게는 공개 전투가 불가능하므로 급습했습니다. 대포를 구할 수 없었으므로 권총을 꺼내 발사했습니다. 건강도 지성도 부족한 저는 모국에 제 자신의 피를 제외하고는 바칠 것이 없습니다. 그래서 모국의 제단에 피를 바칩니다. 현대 인도가 배워야 할 유일한 교훈은 죽는 방법이고, 그것을 가르치는 유일한 길은 스스로 죽는 길입니다. 신에게 바치는 제 유일한 기도는 모국에 다시 태어나서, 거룩한 명분을 위하여 또다시 죽는 것입니다. 그 명분이 이뤄질 때까지 영원히. 인도 만세.[3]

인도에서는 오늘날까지 딩그라의 행동에 대한 평가가 엇갈리고 있지만, 간디는 유명한 『힌드 스와라즈(*Hind Swaraj*)』에서 딩그라의 행동에 대해 다음과 같이 비판했다.

> 딩그라의 행동 및 인도에서 행해진 그와 유사한 행동에 의해 인도가 이득을 얻었다고 믿는 자는 중대한 오류를 범하고 있습니다. 딩그라는 애국자였지만 그의 애국은 눈 먼 것이었습니다. 그는 그릇된 방식으로 몸을 바쳤습니다. 궁극적인 결과는 해로울 뿐입니다.[4]

2) http://en.wikipedia.org/wiki/Madan_Lal_Dhingra.

3) http://en.wikipedia.org/wiki/Madan_Lal_Dhingra.

4) 허우성 역. 2004. 『문명 · 정치 · 종교 (상)』(Raghavan Iyer 편). 소명출판사, 321-322쪽. 간디는 딩그라의 행위가 '마취 상태' 에서 행해진 것이고, 그는 겁쟁

딩그라에게 암살 지령을 내렸던 인물은 당시 런던에서 유학하고 있었던 사바르까르(V. D. Savarkar, 1883~1966)였는데, 후에 힌두 우익당인 힌두 마하사바의 당수를 맡았다. 이 당은 제국주의 영국을 증오하면서 폭력적인 수단도 마다하지 않는 등 호전적 민족주의를 내걸었다. 사바르까르는 딩그라의 테러 행위의 배후 인물로 지목되어 1910년 3월 런던에서 체포되어 뭄바이(당시는 봄베이)로 송환되었다. 이후 재판을 받고 안다만 열도에 종신 추방형에 처해졌다. 그에 대한 우호적인 여론이 높아져 인도 본토 내의 감옥으로 이감되고, 결국 1924년 조건적으로 석방되고, 1937년에는 완전한 자유를 획득하고 힌두 마하사바의 당수가 되었다.[5)]

국내 사학자들은 대체로 안중근의 암살 행위를 의로운 행위로 규정하는 것으로 보인다. 우리 민족이 하나의 '민족'으로 머물러 있는 한, 그리고 우리의 정체성을 일본과의 관계에서 찾는 한 그는 민족의 영웅으로 기억될 것이다. 하지만 간디는 딩그라의 행위를 비판했듯이 안중근의 행위를 비판했을 가능성이 아주 높다. 혹자는 영국 제국주의가 일본 제국주의보다 훨씬 온정주의적이어서 비폭력이 통했다고 주장할 수도 있다. 하지만 간디는 이 주장에 쉽

이며, 그는 무죄라고도 하고, 딩그라보다 그 배후에 그를 세뇌시킨 집단에 더 책임이 무겁다고 했다. 만일 그 암살 행위의 결과로 영국이 인도를 떠났다고 해도 대신 누가 인도를 통치할 것인가, 영국인은 영국인이기 때문에 악하고 인도인은 인도인의 거죽을 하고 있다고 해서 선한 것인지를 반문하고, 인도는 살인자들의 통치에서 아무것도 얻지 못할 것이라고 했다. 간디는 그런 통치 아래에서는 인도는 철저하게 파괴되고 탕진되고 말 것이라고도 했다. *Mahatma Gandhi E-book, 9*. 1999. Mumbai, Gandhi Book Centre, 428-429, 436쪽 참조.

5) Neufeldt, R. 2003. The Hindu Mahasabha and Gandhi. In H. Coward (Ed.), *Indian Critiques of Gandhi*. SUNY, 135쪽.

게 동의하지 않을 것이다.

한국 가톨릭교 내부를 제외하고는 우리나라에서 안중근의 암살 행위에 대해 다르게 평가하는 경우가 없는 듯하다.[6] 이에 대한 여러 이유 중에 하나는 '성공한' 비폭력 운동이 없었기 때문일 것이다. 또 다른 이유는 함석헌이 지적한 것처럼, 우리 역사나 문화 전통에 종교심(깨달음)이나 비폭력 정신이 부족해서가 아닐까?

간디는 진리 앞에 민족과 국가는 우상일 뿐이라고 믿고, 개인 도덕과 국가 도덕을 가르는 모순의 경계선을 깨 버렸다. 함석헌은 바로 여기에 간디의 새 길이 있다고 보았다. 비폭력이라는 진리 앞에서 안중근의 '애국적인 살인 행위'는 어떻게 보아야 할까?

나투람 고드세의 간디 암살

간디는 비폭력에 절대적인 가치를 부여했지만 이에 대해 그의 동지들조차 모두 찬성한 것은 아니었다. 네루는 비폭력에 가치가 있긴 하지만 절대적인 가치가 있다고 보지는 않았다. 간디를 죽인 자들은 계산되고 의도된 폭력을 믿었던 자들이었다. 그 배후 세력은 앞서 언급했던 힌두 마하사바라는 호전적인 민족주의 단체였다. 1949년 간디 암살과 관련된 재판에서 나투람 고드세(Nathuram Godse, 1910~1949)를 포함한 두 사람은 사형선고를 받고 그해 형장의 이슬로 사라졌다.

6) 한국 가톨릭이 '살인하지 말라'는 계명을 이런 살인에도 적용한다면 이 '의로운' 행위에 대한 논의는 훨씬 복잡해질 것이다.

고드세의 최후 진술

간디를 암살하고 9개월쯤 흐른 다음, 1948년 11월 고드세는 92쪽에 달하는 글을 써서 영어로 최후 진술을 했다. 다음의 내용은 암살의 동기를 잘 보여 주므로 우리의 논의에 크게 도움이 될 것이다.

> 독실한 브라만 가족에 태어난 저는 본능적으로 힌두교, 힌두의 역사, 힌두 문화를 존경하게 되었습니다. …… 무엇보다도 저는 용자(勇者) 사바르까르와 간디 선생이 쓰고 말한 것을 상세하게 공부했습니다. …… 저는 인물과 사물을 연구한 다음에 애국자로서 그리고 세계시민으로서 힌두정신(Hindudom)과 힌두교도에 헌신하는 것을 제일의 의무라고 믿었습니다. 하지만 저는 힌두정신을 전체의 일부로 여겼으며, 저의 비힌두교도 시민들에게 아무런 반감도 없었습니다. …… 그런데 로카만야 틸락이 서거한 1920년 이후, 국민의회 내부에서 간디의 영향력은 증대했고 최고조에 달했습니다. …… 상식과 자각이 있는 사람이라면 그 누구라도 이 슬로건(진리와 비폭력)에 반대할 수 없었을 것입니다. …… 대적이 폭력적이고 공격적이며 부당하여 그 대적과 싸워야 할 경우, 공격에 대한 무력 저항이 나쁘다거나 부도덕하다고는 절대로 생각할 수 없었습니다. 그 적에 저항하고, 가능하다면 무력으로 그 적을 제압하는 것을, 저는 종교적이며 도덕적인 의무로 간주할 것입니다. …… 간디가 없어진다면 인도의 정치는 분명히 실용적인 것이 될 것이고, 보복할 수 있을 것이고, 군사력으로써 강력하게 될 것임을 느끼고 있습니다. …… 마하트마[간디]에 대한 저의 존경심은 깊고도 불멸의 것이었습니다. …… 저를 도발시킨 것은 무슬림에 대해 지속적이고도 일관되게 영합한 간디의 행위였습니다. …… 20년에 걸친 그의 도발 행위, 그것이 마침

내 저를 인내심의 한계까지 몰아갔고, 제 내면의 목소리는 그를 죽이라고 충동했고, 저는 그렇게 했습니다. 이 행동에 대해 저에게 자비를 베풀어 달라고 요구하지는 않겠습니다. 여기에 모이신 여러분들과 신 앞에서 선언합니다. 저는 간디의 생명에 종지부를 찍음으로써 인도의 저주와 사악한 힘을 제거했다는 것을 말입니다. 간디는 30년에 걸친 무모한 정책을 이기적으로 수행해서 자신들이 당한 손해를 너무나 잘 알고 있을 힌두교도에게 고통과 불행밖에 준 것이 없었습니다. …… 저는 최소한의 죄책감도 없이 죽을 준비가 되어 있습니다. 저는 이단자도 아니고 악당도 아닙니다. …… 저는 모국에 봉사하기 위해 제 목을 내놓으며, 제 행위에 대한 판단을 받기 위해 제 창조주에게로 기꺼이 갈 것입니다. …… 금생과 내생의 경계선에 서 있으면서 저는 간디주의라는 독충에 대해 조국에 경고하는 바입니다. 간디주의는 전국을 무슬림 지배로 만드는 것이고, 동시에 힌두교 자체의 절멸(絶滅)을 의미합니다. …… 저는 비속한 사적인 동기에서 간디를 암살한 것이 아니라 모국에 대한 순수한 사랑이 명하는 거룩한 의무로서 그랬습니다. …… 저의 민중들이 저의 동기를 인정할 수 있다면, 저는 행복하고도 유쾌한 죽음을 맞이할 각오가 되어 있습니다. 그것도 상당히 간절한 심정으로 말입니다.[7)]

당시 고드세의 최후 진술에 깊은 감동을 느꼈을 사람은 적지 않았을 것이다. 인도에 고드세와 같은 힌두 극우파는 수천 명에 달했기 때문이다. 이들 극우파는 무엇보다도 힌두와 이슬람 간의 생명의 평등성, 사랑의 포괄성 그리고 비폭력의 원리를 믿을 수 없었

7) Payne, R. 1969. *The Life and Death of Mahatma Gandhi*. E. P. Dotton, 637-641쪽.

다. 딩그라는 인도인을 위해 영국인을 죽였지만, 고드세는 인도인을 다시 힌두교도와 이슬람교도로 나누었다. 그는 간디가 이슬람교도에 편듦으로써 힌두교도의 정체성을 훼손하고 그 이익과 안전을 현저하게 위협하고 있다는 이유로 그를 암살했다.

간디 암살 사건의 재판 과정에서 가장 논란이 많았던 인물은 앞서 딩그라에게 암살 지령을 내렸던 사바르까르였다. 그는 자신의 저서인 『힌두정기(*Hindutva*)』(1923)에서 진정한 힌두교도의 의미 등을 추구했다. 그는 이 책에서 힌두교, 토착성, 민족주의, 소수, 비폭력 등에 대해 논했다. 사바르까르는 '힌두정기'란 인도의 정신적, 종교적인 역사보다 넓은 개념으로 인도 전체 역사를 의미하고, '우리 힌두족의 전 존재가 보여 준 모든 부문의 사유와 활동'을 포괄한다고 했다.[8] 그것은 힌두라는 말 또는 힌두정신의 관념에 본질적으로 연결되는 것이었다. 이런 의식에 기초해서 인도인들은 국가를 건설하려고 했다. 그런데 그것을 방해한 것이 바로 불교였다고 사바르까르는 보았다. 국가를 건설할 뻔했지만 불교의 홍기 때문에 좌절되었다고 하고, 특히 불교가 가르치는 아힘사를 비난하고 있다. 그는 비폭력의 가르침은 정치적 야망의 세계 그리고 이민족과 이종족이 격돌하는 세계에서는 적합하지 않다고 보았다. 아힘사가 보편적 정의에 근거하고 있을 미래의 보편적 인간 상황에서는 효과가 있을 수도 있지만 오늘날의 현실에는 맞지 않다고 보았다. 그리고 입으로 떠드는 아힘사 원리는 힌두 문명의 미세한 점을 인정할 줄 모르는 무리들의 침략을 초래할 뿐이라고 여겼다.

그는 오직 강력한 무장봉기만이 인도를 독립시켜 줄 것으로 믿

8) Savarkar, V. D. 2005[1923]. *Hindutva*. Hindi Sahitya Sadan, 4쪽.

었다. 사바르까르는 군사력의 신봉자였다. 그는 적어도 현 단계에서는 힘이 인간 본성의 법칙이기 때문에 힘이 필요하다고 보았다. 하나의 인간 집단이 공동의 목표, 공동의 과거와 미래, 공유하는 문화 그리고 민족의 정체성을 창조하는 것도 힘을 통해서다. 하지만 그는 간디 암살에 관련해서는 모든 혐의에서 무죄가 입증되어 석방되었다.

간디에게 비폭력은 도덕의 절대 명령으로 인류의 법칙이고, 폭력은 금수의 법칙이다. 사바르까르는 정반대를 주장했다. 그는 다른 면에서 동일하다면 우월한 군사력을 가진 나라들이 살아남고 번영하며 지배할 수밖에 없고, 군사적으로 약한 국가는 정치적으로 굴종하거나 아니면 멸망하게 된다고 보았다. 폭력이 생존에 필수적인 것은 정글의 법칙이 지배하기 때문이다. 이런 것을 보여 준 역사상 가장 최근의 교훈은 바로 영국인들이 인도를 지배하고 통치한 방식이다. 그들은 처음에는 힘을 이용하여 위협하고 그다음에는 그 힘을 직접 휘둘렀던 것이다.

간디는 역사에 나타난 폭력 행위는 자연의 법칙을 어기는 것으로 보았다. 하지만 사바르까르의 입장에서는 간디의 절대적인 비폭력 원리는 비도덕적이고 반인간적인 것이며, 성스러움은 없고 도리어 편집적인 무분별에 불과한 것이었다.

슬픈 아이러니

1948년 1월 31일, 간디의 장례 행렬은 인도의 수도 델리 시가를 지나갔다. 그의 장례 행렬은 역사의 슬픈 아이러니 중의 하나였다. 20세기 가장 위대했던 비폭력 신봉자 간디가 총독이나 수상이 되었다면 당연히 해산하고 말았을 군대가 국장(國葬)을 책임졌다. 간디는 79발의 군(軍) 예포를 받았다. 무기수송 차량이 운구를 맡았고, 영국인 장군이 장례식 전체를 지휘했다.

같은 해 2월 12일, 네루(P. J. Nehru)는 간디의 유골함을 지닌 채 그의 각료와 간디의 아들 람다스와 함께 알라하바드에 가서, 다음 날 아침 유골을 강가와 야무나 강의 합류 지점에 뿌렸다. 네루는 세차게 흐르는 누런 강물 위에 재를 뿌리면서 말했다. "그의 마지막 여행은 끝났다. 그런데 우리는 왜 슬퍼해야 하는가? 그를 위하여 슬퍼하는가? 우리 자신을 위하여, 우리 자신의 약함을 위하여, 우리 마음속의 악의와 타인과의 갈등 때문에 우리는 슬퍼하는가? 마하트마 간디가 자신의 생명을 바친 것은 이 모든 것을 없애기 위해서였다는 것을 우리는 기억해야 한다."[9] 그런데 이런 말을 했던 네루는 인도의 원자력청을 키우고 통제하고 자원을 조달했다. 1974년 인도가 부처님의 탄신을 축하하던 바로 그날, 인도의 첫 플루토늄 폭탄을 은밀하게 명령했던 사람은 그의 딸 인디라 간디(Indira Gandhi) 수상이었다.

고대 인도 석가족의 멸망

간디를 낳은 인도에는 뿌리 깊은 비폭력 전통이 있는 것으로 보인다. 기원전 5세기쯤 일어났던 고대 인도 석가족의 멸망에 관한

9) Wolpert, S. A. 1997. *Nehru: A Tryst with Destiny*. Oxford University Press, 4쪽; Wolpert, S. A. 2001. *Gandhi's Passion: The Life and Legacy of Mahatma Gandhi*. Oxford University Press, 259쪽에서 재인용.

이야기는 그러한 전통을 잘 보여 준다. 석가모니(釋迦牟尼) 부처님을 배출한 석가족(釋迦族)은 불살생계(不殺生戒), 곧 비폭력을 지키려고 하다가 2천 수백여 년 전 인도에서 이웃 나라 신흥국가 코살라 왕국의 비유리 왕에 의해 멸망당했다. 이 종족 학살의 이야기는 초기 불경의 하나인 『증일아함경(增一阿含經)』에 기록되어 있다. 그때에도 종족 간에 치명적인 갈등과 전쟁이 있었고, 그 결과 석가족은 거의 멸족했다. 제노사이드(genocide)가 인간의 본성이라면 그런 사례 중에 하나다.[10] 너무 황당한 이야기라서 간디의 비폭력 사상에 좀 익숙한 사람으로서도 감당하기 어렵다. 부당한 침략을 당해서 멸종당하는 것보다 힘껏 싸워서 살아남는 것이 오히려 지당한 일이 아닌가.

이 이야기는 석가족을 멸망시킨 비유리 왕의 부왕(父王), 즉 코살라족의 왕인 프라세나짓(Prasenajit, 波斯匿王)으로부터 시작된다. 그는 석가족을 방문하여 석가족의 딸을 취하고 싶다고 제안했지만, 석씨들은 스스로 지체가 높다(大姓)고 여기면서 코살라족을 멸시하고 이 제안을 못마땅하게 여기고 분개했다. 하지만 석가족은 코살라 왕의 힘과 포악함을 두려워했다. 한 대신이 꾀를 내어 외모 단정한, 여종의 딸을 자신의 딸이라고 속여 왕에게 주었다. 왕은 속은 줄도 모르고 기뻐하며 그 처녀를 맞이하여 제일 부인으로 삼았다. 곧 사내아이가 태어났는데, 그가 비루다카(Virudhaka, 毘盧擇伽), 즉 비유리(毘流離)다. 나이 여덟이 되자 왕은 사술(射術)을 배

10) 제레드 다이아몬드(Jared Diamond)는 다음과 같이 말하고 있다. "인간의 모든 본성 중에서도 동물의 선조에게서 가장 직접적으로 물려받은 것이 제노사이드 본성이다." 김정흠 역. 2007. 『제3의 침팬지』(Jared Diamond 저). 문학사상사, 389쪽.

우도록 왕자를 석가족이 사는 카필라바스투 성으로 보냈다. 그런데 당시 신축 강당에서 그만 사단이 벌어지고 말았다. 왕자가 석가족이 신축한 강당의 가장 높은 자리에 앉으려고 하자, 여러 석씨들은 그것을 보고 분노하며 '종년의 자식' 이라고 욕하고 그를 붙잡아 강당 밖으로 내쫓고 말았다. 왕자는 옆에 있는 호고범지(好苦梵志)라는 신하에게 당부했다. "내가 왕위에 오르면 반드시 이 일을 나에게 고하라(汝當告我此事)." [11]

부처님과 상당한 친분을 쌓았던 프라세나짓 왕은 아들인 비유리 왕자의 손에 의해 목숨을 거두었다. 어느 날 호고는 비유리 왕에게 다음과 같이 말했다. "대왕은 옛날 석씨들에게서 모욕당한 것을 기억하소서(王當憶本釋所毁辱)." 이 말로 비유리 왕은 분노하고(瞋恚, 진에), 카필라바스투를 공격하기 위해 대군을 일으켰다. 부처님은 이 소식을 듣고 군대가 진군하는 길가에 가지도 없고 잎도 없는 죽은 나무 아래에서 좌선을 하고 있었다. 비유리 왕은 좌선하는 부처님에게 다달아 군대의 행진을 멈추고 물었다. "당신은 왜 살아 있는 나무 아래가 아니라 죽은 나무 아래에서 좌선하고 있습니까?" 부처님은 담담하게 대답했다. "친족의 그늘이 남보다 낫다네(親族之廕故勝外人)." [12] 멸망이 임박한 석가족에 대해 부처님은 자신의 심경을 그렇게 밝힌 것이다. 이 말을 듣고 비유리 왕은 옛 풍습에 따라 군대를 코살라국으로 회군시켰다.

그 후 신하 호고는 비유리 왕에게 다시 그 모욕적인 사건을 상기시켰고, 왕은 분노하며 군사를 일으켰다. 그러나 이번에도 도중에

11) 『대정신수대장경』 제2권, 『아함부』下, 690 하.

12) 『대정신수대장경』 제2권, 『아함부』下, 691 상.

좌선하는 부처님을 만나 회군했다. 하지만 세 번째는 달랐다. 부처님은 석가족이 공격을 당하는 것은 인과응보라고 보고, "그 인연은 썩지 않는다(此緣不腐敗)."라는 말과 함께 체념하고 말았다. 비유리 왕은 카필라바스투로 진군했다. 석가족은 뛰어난 궁술로 비유리 왕을 죽일 수도 있었지만, 사람은 물론이고 벌레 한 마리조차 죽이지 않는 선법(善法)의 전통을 고수했다.

축출된 사마 동자

이때 석씨의 사마 동자(奢摩 童子)가 등장한다. 그는 나이 열다섯의 소년이었지만 용감하고 신출귀몰의 무예를 갖추고 있었으며, 석가족을 지키기 위해 홀로 비유리 왕 군사와 싸워 많은 적군을 죽였다. 비유리 왕은 너무 무서워서 땅굴 속으로 피신할 정도였다고 한다. 그런데 석씨들은 사마 동자를 영웅으로 기록하는 대신 그를 불러들여 다음과 같이 훈계했다.

> 너는 왜 어린애로서 우리 집안을 욕되게 하느냐. 너는 우리 석씨가 착한 법을 수행하는 줄을 모르느냐. 우리는 벌레도 해치지 않는다. 더구나 사람의 목숨인데 어찌 그러하지 않겠느냐. 우리는 저 군사들을 다 쳐부술 수 있다. 한 사람으로 만 사람들을 대적한다. 그러나 우리는 생각했다. '무수한 중생을 죽이는 것을 계획해서는 안 된다.' 라고. 세존 역시 말씀하셨다. '사람으로서 사람을 죽이면 죽어서는 지옥에 들어간다. 만일 인간으로 태어나면 수명이 매우 짧다.' 너는 빨리 떠나라. 여기 있지 마라.[13]

참으로 황당하고 어이없는 훈계로 들린다. 석가족에 대한 사마 동자의 사랑과 용기를 높이 치하해도 모자랄 텐데 추방이라니! 이 훈계에 대한 동자의 반응은 기록에 없다. 보통 집단과는 근본적으로 다르게, 불살생을 선법으로 지켜온 석가족은 종족애에서 나온 사마 동자의 살인 행위를 종족에 대한 모욕으로 규정하고 소년을 꾸짖은 다음 성 밖으로 내쫓아 버렸다.

이제 비유리 왕의 무력에 대항할 자가 없어졌다. 더욱이 석가족은 성문을 포기하다시피 열어 주었다. 왕은 석가족을 생포하여 거의 다 죽였다. 경전은 비유리 왕의 포악한 말을 이렇게 기록하고 있다. "지금 이 석씨 종족 백성들은 너무 많다. 칼로써는 다 죽일 수 없을 것이다. 모두 다 잡아다 땅속에 다리를 묻은 뒤에 사나운 코끼리로 하여금 모두 밟아 죽이게 하라."[14] 살해당한 석가족은 9,990만 명에 달하고 흐르는 피가 강을 이루었다(流血成河)고 적혀 있다.

살아남은 석씨족 여인의 운명은 어떻게 되었을까? 먼저 비유리 왕은 통정(通情)하자고 회유하고 희롱하고 협박했지만, 여인들은 종년에게서 난 종자와 어찌 정을 통할 수 있겠느냐(何故與婢生種情通)며 반문했다.[15] 이에 비유리 왕은 화를 내고 여인들의 손발을 자르고 모두 깊은 구덩이에 던져 죽였다. 그런데 부왕을 죽이고 종족 학살을 자행했던 비유리 왕은 어떻게 되었을까? 경전은 그 왕과 군사

13) 汝年幼小何故辱我等門戶. 豈不知諸釋修行善法乎. 我等尙不能害虫況復人命乎. 我等能壞此軍衆一人敵萬人. 然我等復作是念. 然殺害衆生不可稱計. 世尊亦作是說. 夫人殺人命死入地獄. 若生人中壽命極短. 汝速去不復住此. 『대정신수대장경』 제2권, 『아함부』 下, 691 하.

14) 『한글대장경』, 『증일아함경』 제2권. 1995. 동국역경원, 14쪽.

15) 『대정신수대장경』 제2권, 『아함부』 下, 692 상.

들은 홍수가 나서 모두 죽었고 지옥에 떨어졌다고 기록하고 있다.

이제 경전에 기록된 것만을 중심으로 이야기를 정리하고자 한다. 여기에는 우월감, 차별의식, 기만, 모욕, 기억, 분노, 전쟁, 종족애, 폭력, 비폭력, 인종 청소라는 쟁점이 다 들어 있다. 적어도 경전에 따르면, 석가족은 뛰어난 궁술로 비유리 왕을 죽일 수도 있었지만 불교 재가신도로서 불살생계를 지킨다는 명분을 앞세우다가 멸종당하고 말았다.[16)]

이 경의 핵심은 인과응보의 가르침에 있는 듯하다. 사마 동자는 실제 인물이 아니라 석가족이 불살생계의 선법을 지켜 왔다는 점을 강조하기 위해 무명의 경전 작가들이 창조한 인물일 수도 있다. 사마 동자는 성이 무너지면 종족은 살해당하고 여인들은 능욕당하고 마침내 석가족은 멸망할 것을 예상했을 것이다. 그래서 불살생계를 무시하고 단신으로 나가 싸우고 적을 죽였다. 임전무퇴(臨戰無退)를 몸소 실천한 용감한 소년으로서 저항 폭력이나 방어 전쟁에 가장 잘 어울리는 행위를 한 셈이다. 그런데도 석가족도, 불교 경전을 지은 인도인들도 사마 동자를 전쟁 영웅으로 기록하지 않았다.

16) 나카무라 하지메(中村元)는 석가족이 멸망한 것은 부처님의 입멸 후였을 것이고, 석가족이 멸망에 임박했다면 부처님이 그렇게 반응했을 것이라고 경전 저자들이 상상한 것으로 보고 있다. 中村元. 1969. 『ゴータマ ブッダ―釋尊の生涯』. 春秋社, 412쪽. 나카무라와 에띠엔 라모뜨(Étienne Lammotte)는 모두 석가족의 멸망을 역사적인 사실로서 인정하고 있다. 호진 역. 2006. 『인도불교사 1』(Étienne Lammotte 저). 시공사, 45쪽.

신라의 전쟁 영웅, 관창

우리나라의 역사에는 전쟁 영웅이 많다. 고구려의 광개토왕, 신라의 김유신, 백제의 계백, 고려의 강감찬, 조선의 이순신, 근대의 안중근 의사까지 모두 전쟁 영웅이라고 할 수 있다. 신라의 화랑(花郞) 관창(官昌, 645~660)도 전쟁 영웅의 반열에 오를 수 있다. 그는 사마 동자보다 1,000년쯤 뒤에 태어났지만 사마 동자와 마찬가지로 열다섯 나이에 전장에서 용감하게 싸우다가 전사했다. 관창의 아버지는 품일(品日) 장군이었고, 관창은 어려서 화랑이 되었으며 말을 타고 활을 쏘는 능력이 뛰어났다. 660년에 왕에게 천거되어 신라가 당나라와 더불어 백제를 칠 때 좌장군 품일 밑에 부장(副將)으로 출전했다. 신라군은 황산벌에서 백제군과 대치했으나, 계백이 이끄는 백제 결사대에 밀려 처음 4차례의 전투에서 이기지 못하고 사기만 떨어졌다. 전세가 불리하자 품일은 아들을 불러 이 싸움에서 공과 명예를 세울 것을 독려했다. 이에 관창은 백제 진영에 뛰어들어 싸우다 사로잡혔으나, 계백은 소년의 용맹에 탄복하여 살려 보냈다. 그러나 다시 적진에 돌입했다가 또 사로잡혔다. 계백이 목을 베어 말 안장에 매달아 돌려보내자 신라군은 관창의 죽음에 자극되어 분전함으로써 백제군을 대파했다. 무열왕은 그 전공을 높이 기려 급찬(級湌)이라는 벼슬을 추증(追贈)하고 예를 갖추어 장사를 지내 주었다. 이렇게 화랑 관창은 삼국사기에 전쟁 영웅으로 기록되었다.

우리는 여기에서 관창보다는 한 세기 정도 앞서 살다간, 신라의 원광법사(圓光法師, 541/554경~640/637경)와 그의 세속오계(世俗五戒)를 떠올리지 않을 수 없다. 세속오계란 그가 화랑에게 실생활의 윤리로서 제시한 것이다. 오계에는 사군이충(事君以忠), 사친이효(事親以孝), 교우이신(交友以信), 임전무퇴(臨戰無退), 살생유택(殺生有擇)이 있다. 화랑 관창은 세속오계를 잘 알고 있었을 터이다. 임전무퇴와 살생유택의 계율에 따른다면, 관창이 왕권과 가족을 지키기 위해 살인한 것은 결코 파계가 아니다. '살생유택'은 '무분별하게 살인을 하지 마라.'라는 명령이기도 하지만 '필요하면 죽여도 된다.'는 식으로 살인을 허용하고 전쟁 영웅을 만들어 낼 수 있는 명령이기도 했다. 그 계율을 만든 자는 바로 불교 승려 원광법사가 아니었던가?

한국사에 전쟁 영웅은 많다고 했다. 침략이 많았던 한반도에서 살아남아야 했고, 그 과정에서 많은 전쟁 영웅이 필요했을 것이다. 우리 민족은 간디와는 달리, 인간의 역사를 사랑의 역사가 아니라 전쟁의 역사로 보아서 그런지 몰라도, 비폭력을 문화적, 종교적 이상으로 만들지 않았다. 우리의 공식 역사는 비폭력 원리보다는 원광법사의 살생유택을 행동 규범으로 삼았고, 진화생물학자나 사회심리학자들 그리고 홉스처럼 "자신이나 가족 또는 무고한 희생자를 보호하기 위해 폭력이 필요하다는 점"을 인정했던 것으로 보인다.[17]

간디의 비폭력의 길

간디가 가르친 비폭력의 복음과 사바르까르의 폭력의 원리 중,

17) 김한영 역. 2004. 『빈 서판: 인간은 본성을 타고나는가』(Steven Pinker 저). 사이언스북스, 555쪽.

우리는 보통 개인과 국가의 삶에서 주로 폭력(힘)의 원리를 따르고 있다. 병역 의무에 대해 시비를 거는 사람은 별로 없다. 국가를 유지하는 것이 인간의 본능에 가깝기 때문일 것이다. 오늘날 거의 모든 국가는 군사력과 경제력, 외교력 등의 힘을 배양하는 데 노력하고 있고, 국민에게 경쟁력의 향상을 부단히 설파하고, 힘의 원리를 깊이 각인시켜 주고 있다. 하지만 간디는 만일 폭력이 인류의 역사를 주도하는 힘이었다면, 인류는 예전에 다 멸종했을 것이라고 믿었다. 9·11테러와 테러와의 전쟁에서 우리는 폭력의 끝이 아니라 폭력의 악순환을 목격하고 있는 것도 사실이다.

간디는 제국주의 아래에서 신음하는 인도를 해방시키려고 하면서도 사랑의 원리를 고수하고자 했다. 정치 행위를 하면서도 자신에게서 탐욕과 분노(瞋恚), 무지를 제거하여 참자아를 실현하려고 했다. 자신의 생명을 진리와 사랑의 제단에 던졌다는 의미에서, 그가 간 길은 부처와 예수의 길과 비슷해 보인다. 민족과 국가의 생존에 최고의 가치를 부여하는 폭력옹호론자들이 절대로 할 수 없는 일은 집단적으로 자기를 희생하는 일이다. 비폭력의 제단에 자기를 희생하기가 아주 어렵다는 점에서는 사바르까르와 네루 그리고 우리는 서로 비슷해 보인다.

간디는 어떤 적수라도 대면하여 화를 가시게 하는 미소로 죽음을 맞이할 준비가 되어 있었다. 간디는 "하고 죽어라."라는 자신의 주문(呪文)대로 살았다. 하지만 그는 고대 인도가 가르쳐 준 고행(苦行)의 힘에 대해, 아힘사가 원자탄보다 더 우월하다는 점에 대해 대부분의 인도인들을 감화시킬 수 없었다. 간디는 자기 정당성을 주장하는 암살자의 손에 의해 죽었다. 불행하게도 그렇게 죽어갈 사람으로 간디가 마지막은 아닐 것이다.

저항적 폭력

우리가 제기하고 답해야 할 문제는 한두 가지가 아니지만, 인간의 본능에 가장 거슬리는 것은 사마 동자의 항전에 대한 석가족의 태도다. 이 전쟁의 주요 원인은 홉스가 말하는 분쟁의 요인 중 세 번째, 곧 코살라국의 명예나 영광을 무시한 것이었을 것이다. 사마 동자의 행위를 어떻게 평가해야 할까? 그는 종족의 몰살을 막기 위해 임전무퇴(臨戰無退)를 몸소 실천한 용감한 청년으로서 저항적 폭력에 가장 어울리는 행위를 했다. 2,000여 년 이후, 힌두교도 고드세가 이런 이야기를 알았다면 사마 동자를 영웅이라고 칭송했을 것이다. 물론 힌두교의 영웅이 아니라, 석가족의 영웅이었겠지만 말이다. 그런데 사마 동자는 그만 석가족으로부터 추방되었고, 딩그라는 당시 자신의 가족으로부터도 외면을 당했고, 고드세는 형장의 이슬로 사라졌다. 간디는 국가 권력에 의한 사법 살인에 대해 항상 부정적이었지만, 고드세의 처형에 대해 항의하는 사람은 거의 없었다.[18)]

18) 항의한 사람 중에는 영국의 젊은 퀘이커 레지날드 레이놀즈(Reginald Reynolds, 1905~1958)가 있었다. 그는 처형이 임박했다는 소식을 듣자마자 급히 인도로 와서 소위 간디의 추종자라고 알려진 모든 관리들을 만나 간디라면 교수형에 처하지 않았을 것이라고 말하며 설득했다. 그들은 하나같이 조용히 경청한 다음, 그 사안은 이제 자기들 손을 떠나 이미 법정이 판결을 내려 버렸다고 대답했다. 이 대목에 대해 한 저자는 이렇게 적고 있다. "얄궂게도 인도 법정의 판결은 영국에서 진행되었듯이 정확히 동일하게 진행되었다." Payne, R. 1969. *The Life and Death of Mahatma Gandhi*. E. P. Dotton, 646쪽 참조. 레이놀즈는 영국 제국주의를 신랄하게 비판한 사람이고, 간디에 대해서도 여러 권의 책을 썼다. 네루와 간디의 두 아들은 피고인들의 감형을 위해 노력했지만 허사였다. 1963년 인도에

석가족은 인간의 본성이 악하다고 믿었더라도, 그리고 인간의 폭력성이 유전적 설계의 일부라고 믿었더라도 폭력 저항을 포기했을까? 진화생물학자나 사회심리학자들은 인간의 신체와 뇌를 공격을 위한 설계의 직접적인 증거로 보고 있다.[19] 그리고 "거의 모든 사람들이 자신이나 가족 또는 무고한 희생자를 보호하기 위해 폭력이 필요하다는 점은 인정한다."라고 했다.[20] 우리 대다수는 석가족의 사마 동자나 신라의 관창이 이상적인 영웅이고, 석가족은 지독히 비정상이어서 "망해 싸다."라며 비웃을 것이다.

결론: 전쟁 영웅 vs. 비폭력 운동가

우리는 두 건(또는 세 건)의 정치적인 살인 사건을 목격했고, 석가 종족의 학살에 대해서도 살펴보았다. 22세의 딩그라는 인도인의 이익과 안전 그리고 명예를 위해 대영 제국의 관리를 죽여야 한다고 믿고 실천했다. 고드세는 힌두교도의 정체성을 지키기 위해 이슬람교도에게 영합하는 간디를 죽였다. 강력했던 코살라족은 무시와 기만, 모욕당한 것을 기억해서 잔혹한 보복 공격을 가하여, 상당한 궁술과 비폭력 정신이 있었던 석가족을 거의 멸종시켰다.

고드세의 관점에서 본 간디 암살을 다룬 영화가 있었고, 2000년 인도 텔루구 대학에서 〈나 나투람 고세가 말하네〉라는 제목의 연극이 상연되기도 했다. 이것 역시 고드세의 관점에서 암살 사건을 다룬 것이다.

19) 김한영 역. 2004. 『빈 서판: 인간은 본성을 타고나는가』(Steven Pinker 저). 사이언스북스, 553쪽.

20) 김한영 역. 2004. 『빈 서판: 인간은 본성을 타고나는가』(Steven Pinker 저). 사이언스북스, 555쪽.

딩그라(그리고 안중근), 고드세 및 비유리 왕은 '정당한' 폭력과 살인, 전쟁에 대해 확신하고 있었던 것으로 보인다. 이들은 대항 폭력이나 저항 폭력을 사용하는 것이 정당하다고 믿었다. 영국과 일본 그리고 신생 인도 정부는 딩그라, 안중근, 고드세를 정치적인 목적을 지닌 '테러 행위' 자로 규정하고, 국가 권력을 행사하여 체포하고 재판을 거쳐 처형했다. 이런 국가의 행위에 대해 다른 국가는 관여하지 않았다.

우리는 다음과 같이 질문할 수 있다. 딩그라와 고드세의 살인 행위는 정당화될 수 있는가? 한편에서 보면 테러리스트이고 다른 편에서 보면 독립투사인데, 누가 누구를 보고 역사를 왜곡한다고 할 수 있을까? 인도는 민족자결(民族自決)과 국가 주권의 입장에서 처형의 정당성을 확보하는가? 그리고 테러 행위가 정당화된다면 대테러 전쟁(war against terrorism) 역시 정당화되는가?

여기서 사례로 제기한 모든 '살인자' 는 나름대로 애국 · 애족하는 사람들이었다. 민족의 자기 정체성을 믿고, 그것을 훼손하려는 폭력에 대해 폭력으로 맞서면서 '살신성인' 을 이룬 인물이다. 애국애족의 행위는 배타적이지만 그 이후의 역사는 그것을 정당화해 왔다. 하지만 애국애족의 태도는 생명의 통일성과 사랑의 포괄성을 정면에서 부인하기 쉽다.

'나는 나' 와 '우리는 우리' 라는 정체성의 주장은 인간의 삶에서 거의 본능적인 것으로 보인다. 적어도 현실 역사를 두고 보면 정체성—곧 인간, 국민, 민족의 일원, 종교 신자로서의 정체성—의 유지와 보존 없이 사람의 생존은 불가능에 가깝다. 우리에게 애국애족의 마음이나 구국의 마음이 없다면 어떻게 대한민국이 존재할 수 있을까? 그런데 정체성 유지가 분노와 폭력으로 나아간다면 그런 정체성은 허구인가? 정체성 유지와 비폭력 실천이 공존할 수 없을 때 정체성을 포기할 수 있을까? 여러 가지 정체성 중에서 윤리적으로 최상급의 정체성을 '인간' 이나 '생명' 에 둘 수 있을까?

이익과 안전, 명예를 위해 만인은 만인을 공격한다는 홉스의 인간본성론이 옳다면, 모든 생명이 평등하다는 우파니샤드의 말과 이에 대한 간디의 믿음은 거짓이 되고 만다. 그것이 거짓이라면 사바르까르가 주장했듯이, '이민족과 이종족이 격돌하는 세계' 에서 비폭력 원리는 시기상조라고 해야 할 것이고, 살인 금지를 명해야 할 것이 아니라 살인을 정당화하는 조건을 마련해야 할 것이다. 제노사이드와 같은 반인류 범죄(crime against humanity)를 방지하고 처벌할 세계 시민적 규범을 법제화할 수 있는 세상을 만들어야 하지 않을까?

앞서도 언급했듯이, 우리 역사에는 전쟁 영웅이 많다. 전쟁 영웅 없이 역사가 지속되지도 않았겠지만 이들이 즐비한 역사도 문제가 아닐까 생각한다. 오늘날 우리 주변에 쉽게 분노하고 사납게 행동하는 사람이 흔한 것은, 자기를 희생하는 비폭력 영웅 하나 없이 전쟁 영웅만을 쳐다보며 살아온 우리 역사와도 깊이 관련된 것은 아닐까? 역사의 추동력이 전쟁과 폭력이라고 믿는 사람은 어머니가 외아들을 사랑하듯 모든 중생에게 자비를 베푼다는 부처님의 삶, 그리고 십자가에 못 박힘으로써 세상을 구한다는 예수의 삶을 도무지 이해하기 어렵고, 간디의 비폭력 운동을 한낱 전설로 치부하지 않을까? 무엇보다도 우리 사회 내부에 생명과 평화의 정신을 확산시키고 쉽게 화내고 공격하는 성향을 줄이기 위해서라도 역사에 비폭력 영웅 몇 사람쯤은 있어야 할 것이다. 화랑 관창이나 안중근같이 목숨을 바친 영웅을 어찌 '일그러진' 영웅이라고 부를 수 있겠는가? 하지만 전쟁 영웅밖에 없는 역사는 분명 '일그러진' 역사가 아닐까?

비폭력 운동가는 서너 가지 정치적인 살인 사건을 보면서 고뇌할 수밖에 없다. 그/그녀는 살인과 전쟁을 용인하는 조건을 인정하여 전쟁 영웅을 내세우는 기존의 주류 역사관을 수용하기도 어렵고, 부처와 예수 그리고 간디가 가르친 사랑의 원리가 인류의 역사에서 차지하는 의미도 무시할 수 없기 때문이다. 폭력이 인류의 역사를 주도하는 힘이었다면 인류는 예전에 다 멸종했을 것이라는 간디의 확신은 진실일까? 개인의 신조를 묻는 것이 아니다. 정치학, 역사학, 생물학과 같은 과학이 제시하는 증거도 검토하자는 것이다. 그런데 종교적 신념과 천재들의 행위는 인간 과학을 전부 합한 것보다 더 무거운 것인가?

참고문헌

경전

『대정신수대장경』 제2권, 『아함부』 下.

『한글대장경』, 『증일아함경』 제2권. 1995. 동국역경원.

김정흠 역(2007). 제3의 침팬지(Jared Diamond 저). 문학사상사.

김한영 역(2004). 빈 서판: 인간은 본성을 타고나는가(Steven Pinker 저). 사이언스북스.

진석용 역(2008). 리바이어던: 교회국가 및 시민국가의 재료와 형태 및 권력(Thomas Hobbes 저). 나남.

허우성 역(2004). 문명 · 정치 · 종교(상)(Raghavan Iyer 편). 소명출판사.
호진 역(2006). 인도불교사 1(Étienne Lammotte 저). 시공사.

Gandhi, M. K. (1999). *Mahatma Gandhi E-book, 9*. Mumbai, Gandhi Book Centre.

Hobbes, T. (1997[1651]). *Leviathan: Or the Matter, Forme and Power of a Commonwealth Ecclesiasticall and Civil*. A Touchstone Book.

Mahatma Gandhi E-book, 9. (1999). Mumbai, Gandhi Book Centre.

Neufeldt, R. (2003). The Hindu Mahasabha and Gandhi. In H. Coward (Ed.), *Indian Critiques of Gandhi*. SUNY.

Payne, R. (1969). *The Life and Death of Mahatma Gandhi*. E. P. Dotton.

Savarkar, V. D. (2005[1923]). *Hindutva*. Hindi Sahitya Sadan.

Wolpert, S. A. (1997). *Nehru: A Tryst with Destiny*. Oxford University Press.

Wolpert, S. A. (2001). *Gandhi's Passion: The Life and Legacy of Mahatma Gandhi*. Oxford University Press.

水田洋 역. (1954). リヴァイアサン 1(ボッブズ 저). 岩波書店.
中村元. (1969). ゴータマ ブッダ—釋尊の生涯. 春秋社.

http://en.wikipedia.org/wiki/Madan_Lal_Dhingra.

3 연기적 관점에서 본 사회고(苦)

— 공업(共業)과 공담(共擔)의 함수 관계

무엇을 이야기할 것인가

어느 시대, 어느 사회에서나 사회문제[1]는 존재해 왔다. 어쩌면 지금까지 모든 사회는 '문제투성이 상태', 즉 말세였는지도 모른다. 특히 종교적 성스러움의 경지에서 볼 때, 세속은 그 자체로 말세다. 그러나 산업화 이후 오늘날의 사회문제는 세속의 잣대로 보더라도 심각성의 정도가 지나치다.[2] 동방예의지국도 예외는 아니

* 유승무 | 중앙승가대학교 포교사회학과 교수

1) 여기서 우리는 이 개념에 대한 별도의 정의를 논의할 여유를 지니고 있지 못하다. 다만 이 개념은 집합적이고 공적인 성격을 지니고 있다는 의미로 사용되고 있으며, 그러한 점에서 개인적인 문제와는 다른 의미를 지니고 있다는 점만 분명히 밝힌다.

2) 근대적 사회복지가 산업화 이후부터 성립한 것도, 산업화에 따른 사회문제가 그 이전의 자연재해나 개인적인 문제와는 차원이 다른 사회구조적 문제로 판명되

다. 오히려 우리 사회는 산업사회의 문제뿐만 아니라 민족분단 문제를 비롯하여 서구문화와 동양문화의 만남에서 파생된 '개인주의와 연고주의의 혼재'[3]와 같은 고유한 사회문제들도 안고 있다.

그럼에도 불구하고 우리는 그동안 서구 근대의 시선으로 우리의 문제를 보고 또 그들의 처방대로 우리의 문제를 해결하려고 노력했다. 비록 그것이 우리에게는 '프로쿠르스테스의 침대(Procrustean Bed)'[4] 일지라도, 그것이야말로 우리의 구세주라 믿었다. 그러나 우리 사회의 사회문제는 줄어들기는커녕 오히려 점점 더 심각해지고 있다. 그렇다면 사회문제(혹은 더 근원적으로는 사회 그 자체)를 바라보는 우리의 시선에 무엇인가 큰 문제가 있는 것은 아닐까?

이 글은 이러한 전제에서 출발한다. 그리고 그 대안으로 연기적 관점을 채택하고자 한다. 왜냐하면 연기적 관점이야말로 서구 근대적 시선과 가장 먼 대척관계에 놓여 있기 때문이다. 기존의 서구 근대의 시선이 개인을 더 이상 나눌 수 없는 존재, 그리고 그 자체적으로 독자적인 원자로 간주하는 삶의 태도에 기초하는 반면에, 연기적 관점은 모든 존재를 상의상관적 존재로 간주하는 삶의 태도에서 출발하고 있기 때문이다.

었기 때문이다. 예를 들면, 존 벨라미 포스터(J. B. Foster)는 『환경과 경제의 작은 역사(*The Vulnerable Planet: A Short Economic History of the Environment*)』에서 최근 환경문제를 산업사회의 사회구조적 측면과 연관시켜 매우 설득력 있게 설명하고 있다. 이 책은 특히 오늘날 사회문제가 산업사회의 사회구조적 힘과 어떻게 연관되어 있는지를 잘 보여 주고 있다.

3) 안옥선(1999)은 윤리학적 관점에서 개인주의와 공동체주의의 갈등문제를 자세하게 논의하고 그에 대한 불교적 대안을 제시하고 있다. 안옥선. 1999. 21세기를 위한 윤리적 모색: 불교윤리의 관점에서. 『전통과 현대』 제7호.

4) 고대 그리스의 강도인데, 그는 자신의 집 앞을 지나가는 여행객을 잡아서 쇠침대에 눕혀, 키가 큰 사람은 다리를 자르고 키가 작은 사람은 다리를 잡아늘렸다고 한다.

그렇다면 연기적 관점에서 볼 때 사회문제는 어떻게 규정되며, 연기적 관점에 따른 사회문제의 진단과 처방이 어떤 장점을 지니고 있는가? 그리고 그러한 진단 및 처방이 갖는 사회복지적 의미는 무엇인가?

이 글의 목적은 이러한 의문을 체계적으로 풀어 보는 데 있다. 이를 위해 먼저 기존의 시선을 성찰적으로 검토해 보고, 사회고(苦)를 연기적 관점에서 정의하고자 한다. 이러한 기초적인 논의를 바탕으로 사회고를 구체적으로 공업(共業)과 공담(共擔)[5]의 함수 관계로 이해해 볼 것이다. 그리고 마지막으로 이러한 연기적 관점의 사회복지적 의의를 논의해 보고자 한다.

사회고(苦), 어떻게 정의할 것인가

게임의 룰이 바뀌어야 결과가 달라진다

존재의 가장 기초적 차원인 생존의 측면에서 볼 때 우리가 물질에 관심을 갖는 것은 지극히 당연하다. 모든 인간은 무엇인가를 소비하며 생존해 나가기 때문이다. 또한 물질은 공존, 즉 인간의 사회생활에서도 매우 본질적인 수단이다. 게다가 자본주의 사회에서 물질은 자존과도 직결되어 있다. 요약하면, 현대 자본주의 사회에서 물질은 삶의 중추적 수단이다.

이렇듯 현대 자본주의 사회에서 물질은 생존, 공존, 자존의 가장

5) 공담이란 사회적 공동 부담의 정도를 의미한다.

중요한 수단인 것은 분명하지만, 동시에 그 자체가 삶의 목적은 아니라는 사실도 분명하다. 그럼에도 불구하고 자본주의 사회는 우리로 하여금 물질 그 자체를 위해 살지 않을 수 없도록 강제한다. 경쟁 때문이다. 다시 말하면, 자본주의 사회에서 성장 혹은 발전의 핵심은 경쟁, 즉 물질의 쟁취를 위한 경쟁(혹은 투쟁)이다. 그 결과로 자본주의 사회의 인간관계에는 반드시 물질이 매개된다. 물질이 매개될 때 인간관계는 그 친분의 정도와는 무관하게 성립하지만, 물질을 매개하지 않은 인간관계는 뒷전으로 밀려난다. 물론 물질을 매개로 한 인간관계조차도 물질적 이해관계가 소멸되는 순간, 아무런 미련도 없이 소멸된다. 그 의도하지 않은 결과는 인간과 인간의 관계, 혹은 우리의 삶에 대한 경시 또는 무시로 형상화된다. 즉, 소외 또는 본말의 전도 현상이 발생한다. 설상가상으로 최근 세계화는 이렇듯 물질을 둘러싼 경쟁을 지구적 차원에서 관철하려는 추세와 다름이 없다. 사실 오늘날의 세계화는 전 지구인의 행복한 삶을 위한 자비와 인도주의적 사랑의 세계화가 아니라, 상품 판매 시장의 전 지구적 확대라는 의미 외에 그 어떤 것도 아니다. 그 결과 세계화는 경쟁을 격화시키고, 국내외적 불평등을 심화시키는 데 기여할 뿐이다.

문제는 이제는 더 이상 물질주의적 성장의 여지가 남아 있지 않다는 사실이다. 실제로 오늘날 인류를 둘러싼 자연환경은 급속하게 악화되고 있다. 인류 전체가 환경문제의 공범이지만 동시에 피해자이기도 하다. 게다가 식량 부족에 따른 식량 전쟁과 화석연료 부족에 따른 에너지 전쟁이 임박했다는 주장도 낯설지 않다. 이렇게 되면 가장 먼저 사회적 약자가 비(非)복지 상태에 놓이게 될 것이다. 「로마클럽보고서」는 이미 1970년대에 물질적 성장의 한계를 제시했다. 최근의 「리스본그룹보고서」에 따르면, 경쟁의 한계도 이미 시작되었다. 그 결론은 동일하다. 우리가 기존의 삶의 방식(way of life)을 바꾸어야 한다는 것이다. 나 역시도 이러한 결론에는 동의한다. 문제는 어떻게 바꿀 것인가다.

이와 관련하여 무엇보다도 게임의 룰을 바꾸는 것이 중요하다고 본다. 이에 관해 보다 자세히 논의해 보자. 한때 우리는 토끼 꽁무니만 열심히 따라가면, 언젠가는 토끼조차도 능가할 날이 올 것이라고 믿었다. 그러나 이는 토끼가 깜박 졸기를 바라는 치졸한 생각일 뿐만 아니라, 남의 실수를 적극적으로 공략하려는 상당히 비겁한 생각이다. 오히려 그보다는 게임의 룰에 문제 제기를 하는 것이 옳다. 다시 말하면, 깃발을 산꼭대기에 꽂아 두고 산 위로 뛰어가는 경주가 아니라, 깃발을 저쪽 섬에 꽂아 두고 이 섬에서 헤엄치기 경주를 하자고 제안하는 것이 거북이로서는 정당한 문제 제기가 될 것이다. 전자의 경주는 토끼의 본성에 유리한 경주이지만 후자는 거북이 자신에게 유리한 경주인데, 지금까지 전자를 강요당해 왔다면 한 번쯤 후자의 경주를 통해 그동안의 사고방식에 도전해 보는 것이기 때문이다. 사회문제에 대한 관점도 마찬가지다.

기존 사회문제론의 비판적 검토

이론이 사회문제를 해결할 수 있는 수단이라면, 문제의 해결에 앞서 그러한 수단들에 대한 사전 점검이 필요하다.[6] 그럼에도 불

6) 테크놀로지의 발전에 따른 인간의 기계화 경향이 심각한 사회문제로 제기되고 있는 오늘날에 수단의 과잉화에 대한 경계는 불가피하다. 왜냐하면 그것은 수단

구하고 그동안 우리 사회는 서구 사회과학적 시각을 무비판적으로 수입하여 그 틀에 우리 사회의 현실을 끼워 맞추기에 바빴다. 그러나 자명한 사실은 기존의 모든 사회문제이론은 불완전한 이론일 뿐만 아니라 그것조차도 서구의 경험을 통해 일반화된 이론이라는 점이다. 문제는 그러한 이론이 우리에게는 일종의 '프로쿠르스테스의 침대' 라는 점이다. 여기서 우리는 이론적 측면과 실천적, 현실적 측면에서 기존 사회문제이론의 한계를 비판적으로 검토해 보고자 한다.

그런데 이러한 작업을 위해서는 무엇보다도 기존의 여러 가지 사회문제이론을 나름대로 제시하고, 그 하나하나를 구체적으로 검토해야 한다. 그러나 불행하게도 우리는 그러한 작업의 여유를 갖고 있지 못할 뿐만 아니라, 이 글의 목적이 기존의 사회과학적 시각을 이해하는 것이 아니라는 점에서 굳이 그럴 필요성도 크지 않다. 따라서 여기서는 대표적인 이론들을 근거로 하여 기존 사회과학적 시각의 한계를 지적하는 것으로 대신하고자 한다.

첫째, 구조기능주의를 보자. 뒤르케임(Durkheim)의 그 유명한 '자살론' 에서 알 수 있듯이, 사회문제의 원인은 사회 전체의 아노미 상태[7]다. 그런데 여기에서 아노미는 사회적 사실로, 인간과 무관한 외재적 요인이다. 이렇듯 사회문제의 원인을 외재적 요인에서 찾는 시각은 아노미를 사회 질서에서 허용된 문화적 목표와 사회구조적 기회구조 사이의 불일치로 정의하는 머튼(Merton)의 사

과 목적의 전도 현상을 초래하고 그것을 방치하거나 허용하는 데서 인간 소외가 발생하기 때문이다.

7) 가치관 혼란 상태나 무규범 상태

회문제론에서도 동일하게 이어지고 있다.

둘째, 갈등론의 경우를 보자. 마르크스(Marx)는 생산을 둘러싼 지배자(착취자)와 피지배자(피착취자) 사이의 계급 모순과 계급 갈등이 사회문제의 궁극적인 원인이라고 주장했다. 이른바 경제결정론으로 알려진 마르크스의 사회문제론에서 경제란 개별 인간의 의지가 아닌 토대의 변화 및 계급 투쟁의 산물이다. 이렇게 보면, 마르크스 역시도 사회문제의 원인을 외재적 요인에서 찾고 있음이 분명하다. 비록 이후 마르크스주의자들이 인간적 요인을 다소 고려하기도 하지만, 사회문제의 원인을 계급 모순 및 계급 갈등에서 찾았다는 점에서는 마르크스의 이론과 다르지 않다.

셋째, 미시적인 시각으로 알려진 상호작용론이나 교환이론을 보자. 미드(Mead)의 이론에서 알 수 있듯이, 상호작용론적 시각에서 타자는 결정적인 중요성을 지닌다. 미드에 따르면, 인간 자신의 정체성조차도 타자에게 보이는 것에 의해 형성되기 때문에, 인간 행위에서 타자가 누구인가를 밝히는 것은 곧 사회문제의 원인을 드러내는 것이 된다. 비록 미드가 순수주체의 역할을 적극적으로 고려하고 있지만, 이는 변증법이라는 외재적 법칙에 의해 타자와 상호작용할 뿐인 요소다. 한편 공리주의나 심리학의 영향을 받은 교환이론의 경우, 행위자의 합리성은 결정적인 요소다. 이러한 교환이론에 따르면, 사회문제의 원인은 합리적 행위를 불가능하게 하는 요인이므로, 이 요인 역시 어디까지나 외적 요인이다.[8)]

8) 사회문제이론에 대한 보다 자세한 논의는 고영복. 1993. 『현대 사회문제』. 사회문화연구소를 참고하고, 이러한 각 시각에 대한 보다 심층적인 이론적 논의는 김진균 역. 1997. 『사회학 이론의 구조』(Ralph Turner 저). 한길사를 참고하면 된다.

물론 이 외에도 오늘날에는 여러 가지 특수한 사회문제론이 새롭게 발전되고 있지만,[9] 이러한 시각들은 총체성이 결여되어 있을 뿐만 아니라 이론적 측면에서는 앞의 논의의 범주를 크게 벗어나지 않는다. 이렇게 본다면, 사회문제에 대한 사회과학적 시각은 공통적으로 그 원인을 인간의 외재적 조건에서 찾고 있음을 알 수 있다. 이렇듯 외적 원인론의 시각은 동일한 조건 속에 있는 개인의 차이를 설명하기에 어려운 난점을 지니고 있다. 이러한 이론적 문제는 실천적 한계로 고스란히 이어진다.

사회문제를 해결하기 위한 사회문제이론의 실천성은 사회 개혁 및 제도 개선, 구조적 기능이나 외적 조건(사람이든 사물이든)의 보완 그리고 사회 혁명 등을 통해서 비로소 확보된다. 그러나 사회문제를 해결할 수 있는 이러한 수단은 본질상 용이하게 갖추어지지 않을 뿐만 아니라 설령 갖추어진다고 해도 사회문제가 해결된다는 확신을 가지는 것도 쉽지 않다. 오늘날 테크놀로지 및 기술만능주의 사고의 횡포[10]와 사회주의 실험의 실패는 이러한 어려움을 잘 말해 주고 있다.

이렇게 볼 때, 사회과학적 시각은 사회문제를 유발한 특정한 행위자에 대한 이해의 가능성을 제시하지 못하기 때문에 처방의 구

9) 특수한 사회문제론과 관련된 논의는 최일섭, 최성재. 1995. 『사회문제와 사회복지』. 나남출판을 참고할 수 있고, 최근에는 범죄이론으로 박승위 역. 1994. 『사회문제론』(F. P. Williams, M. D. McShane 공저). 민영사와 낙인이론으로 장상희 외 공역. 1994. 『일탈의 사회학』(A. E. Liska 저). 경문사 등 특수 사회문제론도 소개되고 있어 참고할 수 있다.

10) 『유나바머(*Unabomber*)』는 오늘날 테크놀로지의 위험성을 논리적으로 잘 지적하고 있다. 특히 이 책은 권력과정으로부터 소외된 현대인들의 한계를 설득력 있게 제시하고 있다.

체성이 결여되어 있다. 행위자의 시각에서 볼 때도, 궁극적인 가치체계 및 신념체계를 문제 삼는 종교적 시각에 비해 행위자 개인에 대한 구속력이 약하다. 게다가 더욱 심각한 한계는 현실 적용 가능성의 문제와 관련된다. 비록 외재적 요인을 인정하더라도 우리 사회는 분단구조와 같은 독특한 사회구조적 조건을 갖고 있을 뿐만 아니라 독특한 문화적 전통을 지니고 있기 때문에 사회과학적 사회문제이론은 이러한 특수성을 전혀 반영하지 못하고 있다.

지금까지 살펴본 선행의 사회문제이론들은, 간단히 말하면 사회구조적 측면을 너무 강조함으로써 인간 행위의 내적 동기를 경시하고 있으며,[11] 그 결과 우리 문화의 현실을 설명하는 데 적합하지 않다. 이는 기독교적 세계관과 무관하지 않다. 다음의 인용문을 보자.

> 서양은 기독교 사상의 영향 아래 인간은 죄인이라는 전제를 가지고 있다. 기독교에서는 사람이 스스로 구원할 수 없다는 입장에서 출발하기 때문에 사람은 선하게 될 수도 없고 또한 선한 행동을 할 수도 없다. 사람이 의롭게 되는 것은 전적으로 하나님의 은총에 의해 가능할 뿐이다. 즉, 하나님이 인간에 대한 책임을 갖는 것과 같이 오늘날에는 사회가 그 구성원들에 대한 책임을 맡아야 한다는 논리가 전개된다. 따라서 개인의 무기력함은 사회가 구조적으로 해결해야 한다는 것으로 발전되기 때문에 서양 사회가 다분히 사회주의적 성격을 띠고 사회의 개혁을 통해 인간 구원을 강구하는 것이다.[12]

11) 이영찬. 2001. 『유교사회학』. 예문서원.
12) 조병준 역. 2001. 『유나바머』(Unabomber 저). 박영률출판사.

이 인용문은 사회문제의 원인을 사회구조적 차원에서 찾고자 하는 서구문화의 기독교적 뿌리를 잘 지적하고 있다. 이러한 지적을 고려할 때, 사회문제의 원인을 인간의 외적 조건에서 찾으려는 선행 사회문제이론의 결정적인 한계를 극복할 수 있는 새로운 시각은 불가피하게도 인간의 내적 수양을 통한 도덕적 완성에서 사회문제 해결의 실마리를 찾는 불교나 유교 등 동양의 종교 전통에서 구하지 않을 수 없다. 여기서 다시 한 번 김일균의 동양문화에 대한 주장을 인용하고자 한다.

> 동양은 인간 스스로가 구원할 수 있다는 전제에서 출발하기 때문에 모든 문제의 해결은 인간에게 있다고 보고, 인간의 무기력에 대한 사회구조적 해결의 출발도 인간에게서 찾는다. 그래서 사람이 마음의 평화를 갖느냐 갖지 못하느냐는 사회구조적 측면에 중점을 두기보다는 인간 개인의 수양을 강조하고 개인의 도덕성을 문제시해왔다.[13)]

이 인용문은 서양문화와 대비되는 동양문화의 특징을 비교적 잘 지적하고 있는데, 특히 인간 스스로가 구원할 수 있다는 동양문화의 전제와 관련된 지적은, 불교의 불성이나 맹자의 성선설에서 알 수 있듯이 설득력을 지니고 있다. 뿐만 아니라 동양문화에서 인간은 궁극적으로는 불교의 법(法)이나 유교의 도(道)와 같은 비인격적 절대자와 일치를 목표로 삼고 있기 때문에 자신의 내적 완성을 위한 노력, 즉 수양이나 수행을 매우 강조하는 것도 사실이다.[14)]

13) 조병준 역. 2001. 『유나바머』(Unabomber 저). 박영률출판사.

게다가 인간 행위의 기준이라는 측면에서 보더라도, 법이나 도와 같은 비인격적 절대자라는 절대적 기준은 사회 규범과 같은 상대적 기준에 비해 보다 강한 사회통제적 영향력을 행사한다. 그중에서도 특히 불교는 기독교적 전통과는 달리 인간의 완전함을 전제로 내적인 수행을 매우 강조하고 있을 뿐만 아니라 아직까지도 우리 문화의 생생한 일부를 구성하고 있다.

사회고의 연기론적 정의

앞에서 우리는 기존의 사회과학적 관점에서 사회문제를 어떻게 바라보는지에 관해 살펴보았다. 그러나 불교의 연기법에 따르면, 인간과 사회의 결합 방식은 전혀 다르게 해석된다. 즉, 불교의 연기법에 따르면 인연, 즉 원인과 조건이 인간과 사회의 관계를 매개하고 있다. 그리고 실제 현실의 삶에서도 인연에 따라 우리는 사회(혹은 대상, 세계 등)와 다양하게 만나고 심지어 인연이 다하면 관계가 단절되기도 한다. 물론 단절된 관계도 새로운 원인과 조건에 의해 다시 만나기도 하며, 그렇기 때문에 원수를 외나무다리에서 만나는 경우도 생기는 것이다.

> 이것이 있으므로 저것이 있고, 이것이 생(生)하므로 저것이 생한다. 이것이 없으므로 저것이 없고, 이것이 멸(滅)하므로 저것이 멸한다.

14) 유교에 대해서는 이영찬. 2001. 『유교사회학』. 예문서원을, 불교에 대해서는 유승무. 1999. 불교적 사회복지 모형의 재구성과 그 현대적 함의. 『전통과 현대』 제7호를 참고할 수 있다.

그렇기 때문에 인간과 사회의 관계는 연기성에 따라(즉, 원인과 조건이 어떻게 결합하는가에 따라) 각기 다르게 해석되어야 한다. 사회문제에 대한 정의도 예외가 아니다. 따라서 여기서는 연기적 관점에서 사회고를 정의해 보고자 한다.

주지하듯이, 불교의 궁극적 목적은 고(苦)로부터의 해방이다. 그런데 인간이 살아가면서 직면하는 고의 종류는 그 특성상 크게 두 가지로 나뉘며, 그에 따른 해결책도 다르다. 보다 구체적으로 말하면 생로병사와 같은 근본고는 불가피한 고로, 이로부터 벗어나는 방법은 해탈의 길밖에 없다. 그러나 모든 중생이 누구나 해탈할 수 있는 것은 아니다. 오히려 대다수 중생은 이러한 근본고를 불가피한 사실처럼 받아들인다. 때문에 대다수 중생에게 실제로 문제가 되는 고는 사회고다. 사회고는 근본고와는 달리 불가피한 것이 아니다. 인간의 노력 여하에 따라 얼마든지 변화 가능하다. 붓다에게 출가의 계기를 제공한 것도 실은 다음과 같은 사회고의 실상 때문이었다.

> 어느 날 부왕(父王)과 함께 농경제 행사에 참가하던 싯다르타 태자는 농부들이 낡은 옷을 입고 땀을 흘리며 일하는 모습을 보았고, 소들이 농부의 채찍을 맞아 가며 힘들게 밭갈이를 하는 광경을 보았다. 그리고 그렇게 애써 지은 농사 덕분에 편히 놀면서 배불리 먹고 사는 사람도 있다고 생각했다. 농부의 보습 끝에서 꿈틀거리던 벌레들을 새들이 쪼아 먹고 있었다.[15]

15) 김용택. 1996. 『불교사회복지론』. 아시아미디어리서치.

이 인용문에는 약육강식의 인간 사회 현실이 매우 구체적으로 표현되어 있는데, 이 사회 현실이야말로 붓다에게 출가의 동기를 제공한 것이다. 이는 붓다의 출가 목적이 약육강식의 사회 현실을 해결하는 데 있음을 상징적으로 보여 주고 있다. 물론 마지막 문장, 즉 새와 벌레까지 고려한다면 붓다의 출가 목적은 인간의 고통만을 해결하는 것이 아니라 모든 생명체의 고통을 해결하는 데 있었다. 더 나아가 이러한 사실은 모든 생명체의 고통을 해결하는 것이 인간의 사회고를 해결하는 것과 불가분의 관계에 있음을 의미한다.

그렇다면 마침내 붓다가 연기의 이치를 깨달았다는 것은 무엇을 의미하는가? 그것은 바로 모든 존재는 상의상관의 관계에 놓여 있으며, 그러한 존재들의 집합체인 사회는 연기성(緣起性)을 지니고 있기 때문에 모든 행위자가 연기의 이치대로 살아가는 것이야말로 사회고로부터 해방된다는 가르침이다. 여기서 결정적인 문장은 물론 모든 행위자가 연기의 이치대로 살아가는 것이다. 이는 사회고로부터 벗어나게 할 수 있는 결정인자는 모든 행위자가 연기의 이치대로 살아가야 한다는 메시지, 즉 사회 전체적으로 볼 때 모든 행위자가 선한 공업을 축적하는 경향을 가질 때 사회고가 해결된다는 메시지에 다름 아니다.

그렇다면 사회고의 해결과 관련하여 이러한 가르침은 왜 중요한가? 주지하듯이, 붓다 재세 시 인도 사회에는 브라만교의 전통이 지배적인 사조를 형성하고 있었고, 육사외도(六師外道)들도 점차 자신의 세력을 확장하고 있었다. 그런데 전자는 범신의 창조 의지가 모든 현상의 근원이라는 메시지를 담고 있으며, 후자는 물이나 불과 같은 인간 외적 요소가 모든 존재의 궁극적 원천이라고 주장하고 있었다. 이에 반하여 붓다는 모든 현상은 중생의 업, 즉 행위에 의해 발생한 것이라는 독특한 해석을 제시했다. 이는 매우 획기적인 발견으로, 오늘날의 사회고 역시도 창조주의 의지나 인간 외부의 자연에 의해 발생한 것이 아니라, 집합적 행위자의 행위에 의해 생성된 것이며, 따라서 그 해결책 역시 집합적 실천에 달려 있음을 시사한다.

결국 사회고(苦)는 공업(共業)과 공담(共擔)의 함수다. 이에 다음에서는 사회고의 원인으로서 공업의 이치를 살펴보고 그것을 해결하는 실천의 논리로서 공담의 원리를 살펴본 다음, 이 둘의 관계를 중심으로 사회고 해결의 불교적 실천 이념을 제시해 보고자 한다.

사회고(苦): 공업(共業)과 공담(共擔)의 함수 관계

공업: 사회고의 원인

앞서 언급했듯이, 사회고가 개인의 의지와 무관하게 발생하는 것이라면, 사회고의 원인은 개인에게 있지 않다. 그렇다면 그 원인은 사회구조에 있는가? 개인과 사회의 절대적 분리를 가정한다면, 그렇다. 그러나 '개인-사회' 의 연기성(緣起性) 및 사회의 연기성을 가정하는 불교에 따르면, 사회고의 원인은 행위자의 외계에 따로 존재하지 않는다. 오히려 사회고는 공업(共業)의 결과인데, 공업은 문자 그대로 모든 행위자의 업이 연관되어 형성된 것이다. 이렇게 보면, 사회고의 원인은 전적으로 개인에게 있는 것도 아니지만 동시에 개인이 사회고와 무관하다고 말할 수도 없다.

이렇듯 서구적 기원을 갖는 기존 사회과학의 시각과 연기적 시각 사이에는 사회고의 원인에 대한 이해가 전적으로 다르다. 문제는 차이를 확인하는 데 있는 것이 아니다. 한 사회의 복지 상태를 사회고의 해결 정도로 측정한다면, 이러한 시각의 차이는 대단히 결정적인 사회복지적 함의를 갖는다.

보다 자세하게 논의해 보자. 기존의 사회과학적 관점에 따르면, 사회는 개인의 외계에 따로 존재할 수 있으며, 바로 그러한 점에서 클라이언트(client)[16)]의 비복지 상태는 타인의 책임이 결코 아니다. 게다가 계몽주의적 근대의 개인주의에 따르면, 클라이언트의 비복지 상태는 전적으로 클라이언트 자신의 문제다. 이렇듯 근대 사회는 클라이언트가 아닌 사회 구성원에게 사회고로부터의 면책 특권을 부여하는 면죄부를 주고 있다. 이러한 관점에 따를 경우, 사회의 대다수 구성원에게 사회고는 자신과는 무관한 문제이며, 자신이 관여해야 할 책임이 있는 일도 아니다. 나아가 사회고는 개인이 해결할 수 있는 문제가 아니다. 오히려 사회고는 자연의 섭리나 신 혹은 운명에 맡기거나 그렇지 않으면 국가가 정책적 차원에서 해결해야만 하는 문제다.

반면에 '개인-사회' 의 연기성(緣起性)에 기초하는 불교적 관점에 따르면, 모든 인간의 업은 사회고의 원인을 형성하며, 바로 그렇기 때문에 모든 존재는 사회고의 공범자다. 때문에 모든 존재는 사회고의 해결에 책임감을 가져야 한다. 연기적 존재에게 사회고는 나와는 무관한 '사회의 문제(societal problem)' 가 아니라 '목적격 나(me)의 문제', 즉 결과적으로 나의 일부로 되돌아올 나의 문

16) 사회적 약자나 삶의 위기에 처한 사람

제인 것이다. 이러한 관점에 따른다면, 사회고는 주체의 실천적 노력이 개입되지 않는 한 해결되지 않는다. 또한 연기적 관점에 따르면, 사회고는 나의 복지를 위해서라도 반드시 해결해야 하는 문제가 된다.

한편 이러한 시각의 차이는 사회복지 실천적 차이를 결과한다. 주지하듯이, 자본주의 사회는 행위자의 측면에서는 약육강식의 특성을 가지고 있으며, 때문에 구조적 차원에서는 빈익빈부익부의 현상을 초래한다. 게다가 무한경쟁을 특징으로 하는 자본주의 사회에서는 승자독식이 당연하다. 거기에는 어떠한 연민이나 연대성도 개입할 여지가 없다. 오히려 님비(not in my backyard) 현상이나 책임전가만이 무성하다. 그렇기 때문에 국가가 시장에 강하게 개입할 경우 관료화 경향 및 무임승차자라는 독버섯이 자라난다. 문자 그대로 진퇴양난이다. 그렇다면 마지막 남은 선택은 공담을 통한 사회고의 해결이 아닐까?

공담을 통한 문제 해결

앞에서 살펴보았듯이, 사회고의 원인이 공업이라면 그것을 해결하기 위해서도 몇몇 소수 개인의 노력이 아니라 불특정 다수의 사회적 연대에 기초한 공담(共擔)이 필요하다. 그럼에도 불구하고 개인주의적 풍조가 만연한 현대 자본주의 사회에서는 공담의 기반인 사회적 연대를 형성하기도 쉽지 않을 뿐만 아니라 인적 자원을 동원하기에도 많은 어려움이 따른다. 그렇다면 무엇을 어떻게 해야 하는가?

이와 관련하여 사회적 자본의 축적을 제안하고자 한다. 여기서

"사회적 자본이란 지속적인 네트워크 혹은 상호 면식이나 인정이 제도화된 관계, 즉 특정한 집단의 구성원이 됨으로써 획득되는 실제적인 혹은 잠재적인 자원의 총합이자,[17] 연결망, 규범 그리고 신뢰와 같이 상호이익을 위한 협력과 조정을 용이하게 하는 사회조직의 특성을 말한다." 이러한 "사회적 자본이 상당량 비축된 공동체에서는 함께 일하는 것이 보다 쉽다."[18] 이렇게 볼 때, 사회적 자본은 공담의 사회적 토대가 된다.

그렇다면 전 사회적 차원에서 풍부한 사회적 자본을 축적하기 위해서는 무엇을 어떻게 해야 하는가? 포르테스(Portes)는 다음과 같이 세 가지를 제시하고 있다.

첫째, 사회적 자본은 그 제공자의 동기에서 유래한다. 사회적 자본 제공자의 동기는 '완성적 동기(consummatory motivations)'와 '도구적 동기(instrumental motivations)'로 구분할 수 있다. 완성적 동기의 예로는 관습상 그렇게 행동해야 할 의무감을 느끼기 때문에 정해진 기간에 빚을 갚거나 구호품을 자선단체에 기부하거나 교통질서를 지키는 것과 같은 경우를 들 수 있다. 반면에 도구적 동기의 제공자는 미래에 보상을 받을 것이라는 기대 아래 자원에 대한 특권화된 접근을 허락한다.

둘째, 사회적 자본의 또 다른 근원은 자신의 정체성 확인의 동기와 관련된다. 예를 들면, 교회의 부유한 구성원들이 교회의 부속학교에 익명으로 기부하는 일, 억압받는 나라의 국민이 국방을 위해

17) 유석춘 외 공편역. 2003. 자본의 형태(Pierre Bourdieu 저). 『사회자본: 이론과 쟁점』. 그린.

18) 유석춘 외 공편역. 2003. 번영하는 공동체: 사회적 자본과 공공생활(Robert Putnam 저). 『사회자본: 이론과 쟁점』. 그린.

군대에 자원하는 것, 산업사회의 노동자가 시위에 합류하거나 노조 파업에 가담하는 것 등이다. 이러한 동기는 무임승차자의 문제를 해결하는 데 매우 효과적이다.

셋째, 사회적 자본의 마지막 근원은 사회 통합과 집단의례를 통한 제재의 가능성을 논의한 뒤르케임의 작업에서 그 뿌리를 찾을 수 있다. 상호교환의 경우 사회적으로 중재된 선물을 하는 제공자의 동기는 도구적이지만, 이 경우 보상에 대한 기대는 두 당사자의 행위가 공통의 사회구조 속에 놓여 있기 때문에 발생한다. 거래가 이러한 사회구조 속에 싹터 있으면 두 가지 효과가 발생한다. 한 가지는 제공자가 수혜자로부터 직접적인 보상을 받는 것이 아니라 지위나 존경, 인정의 형태로 집단 전체로부터 보상을 받게 된다는 것이다. 예를 들면, 소수민족 집단의 구성원이 수혜자로부터 보상을 기대하는 것이 아니라, 집단 내에서 인정이나 지위를 얻기를 기대하면서 같은 소수민족 학생에게 장학금을 제공하는 경우를 들 수 있다. 다른 한 가지는 집단 그 자체에서 발생한 채무가 보상되도록 보장한다는 것이다. 예를 들면, 어떤 은행원이 공동체의 규제나 처벌을 믿고 같은 종교 공동체의 구성원에게 담보 없이 채무를 상환할 것이라고 기대하면서 대출을 해주는 경우다. 이 경우 신뢰가 존재하는 까닭은 법이나 폭력에 의지하지 않고도 공동체의 힘을 통해 의무를 강제할 수 있기 때문이다.

문제는 공동사회의 사회적 연대는 기계적 연대보다는 유기적 연대인데, 이는 이해관계와 결부된 계약관계 위에 기초하고 있어서 기본적으로 매우 약한 연대의 특성을 지니고 있다는 점이다. 설상가상으로 이러한 연대는 기능적 연관성이 해소되는 순간 사회적 연대성도 약화되거나 사라져 버리기 쉽다. 때문에 현대 자본주의 사회에서는 사회적 연대를 강제할 수 있는 강력한 이념이 요구된다.

연기론에 기초한 공담의 실천

지금까지 공업을 사회고의 원인으로, 그리고 공담을 사회고의 해결책으로 전제하고, 각각의 내용을 구체적으로 전개해 보았다. 사회고가 공업에 대한 공담의 함수관계에 따라 달라진다면, 특정한 사회가 사회고의 해결을 통한 사회복지 상태에 도달하기 위해서는 공업에 대한 공담의 우위가 항상 확보되어야 한다. 그렇다면 과연 연기론은 이러한 조건을 창출할 수 있는가?

주지하듯이, 불교적 의미의 자비정신은 연기사상을 구현하는 데 가장 중요한 실천수단이다. 또한 『대지도론(大智度論)』에 따르면, 자비정신은 발고여락(拔苦與樂)의 태도인데, 이는 자비정신이 사회복지의 강력한 실천 이념임을 암시하는 것이다. 결국 "자비정신은 불교적 실천의 정신으로서 불교에서 사회구제사업을 하는 근본적인 지도 이념이 바로 이러한 자비사상에 기인하는 것이다. 이와 같은 자비심이 구상화된 것이 보시(布施)행과 복전(福田)행이라 할 수 있다."[19)]

보시는 자비정신을 구현하는 실천행으로서 크게 세 가지 종류, 즉 재시(財施), 법시(法施), 무외시(無畏施)가 있다. 이는 불교의 보시가 단순히 물질적 자원의 복지 활동만을 의미하는 것이 아니라

19) 김용택. 1996. 『불교사회복지론』. 아시아미디어리서치.

그것을 포함하여 불안의 제거나 정신적 발전의 추구와 같은 정신적 복지도 동시에 추구하고 있음을 암시한다. 게다가 『우바새계경(優婆塞戒經)』에서는 보시자가 보시를 행할 때 주의사항을 열거하고 있는데, 이는 불교의 보시가 무주상보시(無住相布施)임을 의미한다. 이러한 보시행은 보시자에게 반드시 복덕을 가져다준다는 믿음이 전제된 실천행이기 때문에, 한편으로는 사회복지실천행이기도 하지만 다른 한편으로는 보시자 자신의 자리(自利)행이기도 하다. 바로 이러한 특성 때문에 보시행은 사회복지실천의 가장 강력한 수단으로 작용하는 것이다.

한편 복전행은 자비정신을 구현하는 또 다른 실천행으로서 보시와 더불어 강력한 불교사회복지의 실천 이념으로 작용하고 있다. 여기에서 복전이란 복의 밭, 행복을 키우는 전지(田地), 사람이 공덕을 심는 장소, 사람의 행복의 종(種)이 되는 전(田)이라는 뜻이다. 복전은 초기에는 불타였으나, 차차 불법승의 삼보가 복전이 되고, 성문, 연각, 보살로부터 부모나 사장(師長), 나아가서 빈궁자, 고독자 또는 축생까지도 복전에 포함되게 되었다.[20] 이러한 복전은 부모나 심지어 중생을 공경하는 인물복전(人物福田)과 공익을 제공하는 시물복전(施物福田)으로 나누어지는데, 특히 시물복전은 오늘날의 공공복지에 해당하는 셈이다. 결국 이러한 복전사상은 역시 복전을 행하는 당사자에게는 매우 강력한 동기로 작용할 수 있으며, 그렇기 때문에 불교사회복지실천을 강제할 수 있는 실천 수단인 것이다.

이렇듯 우리가 자비사상을 구현하는 실천행으로서 보시행과 복

20) 김용택. 1996. 『불교사회복지론』. 아시아미디어리서치.

전행만을 살펴보았지만, 연기사상에서 유래하는 불교의 모든 실천사상은 자비행으로 귀결되기 마련이다. 그중에서도 특히 사섭법, 사무량심, 육화경 등은 그 자체로 공담의 실천행이다. 이렇게 보면, 개인과 사회의 관계를 매개하는 연기성과 그 관점은 사회적 연대를 유지 · 강화하는 이념적 자원일 뿐만 아니라 사회문제의 집합적 해결을 강제하는 공담의 이념적 토대가 된다. 요약하면, 사회문제가 집합적 성격을 띠고 있기 때문에 그 해결책 역시도 소수 개인의 노력이 아니라, 모든 구성원의 공동책임이라는 인식 아래 집합적 노력을 통해서 해결할 수밖에 없는데, 연기적 관점은 이러한 사회적 실천의 집합적 동원 능력을 강화하는 이념적 기초가 되기에 충분하다.

연기적 관점의 사회복지적 의의

지금까지 연기적 관점에서 사회고를 새롭게 해석해 보았다. 그렇다면 이러한 연기적 관점은 어떠한 사회복지적 의의를 지니는가?

무엇보다도 연기적 관점은 오늘날 환경문제를 이해하는 데 대단히 중요한 함의를 지니고 있다. 자연과 인간, 인식 주체와 대상 간의 절대적 분리와 이성의 선험성과 순수성이라는 전제 위에 성립된 현대 과학기술 문명에서 자연은 인간에게 영원한 분석의 대상인 동시에 인간의 삶에 필요한 자원을 얻기 위한 지배 및 정복의 대상일 뿐이다.[21] 그러나 자연과 인간의 관계를 불가분의 관계로

21) 장회익. 1997. 과학기술문명과 온생명. 『현대 사회와 과학문명』. 나남출판.

바라보는 연기적 관점은 모든 생명체를 보편적 일원론으로 파악하고 있다. 때문에 이러한 관점에 따르면, 인간의 삶을 위해서라도 그 생명의 일부로 간주되는 자연을 결코 정복이나 파괴의 대상으로 간주할 수 없다. 이는 오늘날 자연환경에 대한 현대인의 인식을 전환할 수 있는 강력한 이념적 자원이 될 수 있다.

다음으로 연기적 관점은 개인주의 사회보다는 공동체적 사회를 발전시키기 쉽다.[22] 실제로 만약 어떤 행위자가 연기적 세계관을 믿게 된다면, 그는 집단 전체의 공동선을 위해서뿐만 아니라 심지어는 자기 자신의 이익을 위해서라도 불가피하게 타인과의 우호관계를 유지시키며 연대성을 강화해 나갈 것이다. 게다가 불교는 이른바 화합중(和合衆)으로 알려진 승가 공동체를 인간 사회의 가장 이상적이고 모범적인 공동체로 설정함으로써 전체 사회로 하여금 화합중적 특성, 즉 공동체적 특성을 따르도록 유도하는 효과를 지니고 있다.[23] 이렇게 보면, 불교는 공동사회를 이상사회로 전제하며, 연기적 관점은 인간 사회를 공동사회로 만들어 가는 원동력이다. 때문에 연기적 관점은 개인주의와 이기주의로부터 파생될 수 있는 현대 사회의 문제를 근원적으로 해결할 수 있는 힘을 지니고 있다.

마지막으로 연기적 세계관은 욕망에 대한 집착으로부터 자유로운 자각을 강조할 뿐만 아니라 대상화된 자아를 부정하고 불성의 주체적 자각을 강조하고 있다. 이러한 관점은 물질만능주의 풍조

22) 박경준, 이영근 공역. 1992. 『불교사회경제학』(大野信三 저). 불교시대사.

23) Wijayaratna, M. 1990. *Buddhist Monastic Life: According to the Texts of the Theravada Tradition*. By C. Grangier & S. Collins. (tr.). Cambridge University Press.

와 그에 따라 파생된 각종 사회문제[24]를 억제하는 데 공헌할 수 있다. 실재 욕구를 인간의 본질로, 그 충족을 해결책으로 간주하는 현대 문명은 그 충족을 통해 새로운 욕구를 무한히 창조하고 그것을 발전 혹은 진보로 명명하고 있다. 그러나 이는 인간으로 하여금 자신의 관심을 욕구 충족의 새로운 대상에 대한 탐색으로 돌림으로써 끝내는 자기 자신마저도 대상화된 존재로 전락시킨다. 또한 현대인은 그러한 대상화된 자아에 집착한다. 바로 여기에서 소외가 발생한다. 연기적 관점의 사회복지적 의의는 바로 이러한 현대인의 소외를 극복할 수 있는 강력한 이념이라는 점에서도 찾을 수 있다.

불교의 연기법에 따르면, 사회문제는 삼라만상에 존재하는 모든 요인들이 복합적으로 작용한 결과다. 이러한 시각 속에는 환경론적 시각과 행위론적 시각이 모두 내포되어 있을 뿐만 아니라 심지어 마음의 개념 속에도 이성적 측면과 감성적 측면이 동시에 담겨 있다. 게다가 불교는 궁극적으로 행위자 자신의 내적 각성과 성숙을 통해 사회문제를 해결할 수밖에 없음을 강조한다는 점에서 독특성을 지닌다. 그 대표적인 예로, 불교는 법률에 의한 강제보다도 인격적 성숙에 의한 사회문제의 해결을 강조하고 있다. 따라서 불교에서 행위의 판단 기준 혹은 사회 통제의 궁극적 원천은 사회 규범이 아니라 법(다르마)이다. 시대와 상황에 따라 상대적인 속성을 지니는 규범의 구속력에 비해 진리로 받아들여지는 법(다르마)의 구속력은 훨씬 강력하다. 이렇게 볼 때 사회문제에 대한 불교적 관점은 외적 강제의 동원에 따르는 비용을 지불하지 않고도 가장

24) 김난도. 2007. 『사치의 나라 럭셔리코리아』. 미래의창.

강력하고 효과적인 사회 질서를 유지할 수 있는 장점을 지니고 있다. 또한 그러한 점에서 불교적 시각은 기존의 사회과학적 시각의 한계를 보완하거나 극복할 수 있는 새로운 관점을 제시하고 있다. 게다가 이러한 불교적 시각은 우리나라 문화의 특수성과도 일맥상통한다는 점에서 오늘날 우리 사회의 독특한 사회문제를 설명할 수 있는 이론틀이 될 수 있다.

그러나 불교는 2,500여 년 전에 인도 지역에서 탄생한 종교다. 2,500년 전 농경사회의 사회문제를 진단한 이론적 관심만으로 오늘날 산업사회의 사회문제를 모두 해명할 수 있다고 주장하는 것은 어불성설이다. 사회문제이론은 시공간적 구속성으로부터 자유롭지 않다는 점을 고려한다면, 불교적 시각의 현대적 적용의 문제는 과제로 남을 수밖에 없다. 물론 바로 그렇기 때문에 불교적 시각의 현대적 재해석은 우리가 책임져야 할 우리의 몫인 것이다.

참고문헌

고영복(1993). 현대사회문제. 사회문화연구소.

김난도(2007). 사치의 나라 럭셔리코리아. 미래의창.

김용택(1996). 불교사회복지론. 아시아미디어리서치.

김진균 역(1997). 사회학 이론의 구조(Ralph Turner 저). 한길사.

김현구 역(2001). 환경과 경제의 작은 역사(John Bellamy Foster 저). 현실문화연구.

박경준, 이영근 공역(1992). 불교사회경제학(大野信三 저). 불교시대사.

박승위 역(1994). 사회문제론(F. P. Williams, M. D. McShane 공저). 민영사.

서울대 사회정의연구실천모임 편(1997). 현대사회와 과학문명. 나남출판.

안옥선(1999). 21세기를 위한 윤리적 모색: 불교윤리의 관점에서. 전통과 현대, 제7호.

유석춘, 장미혜, 정병은, 배영 공편역(2003). 사회자본: 이론과 쟁점. 그린.

유승무(1999). 불교적 사회복지 모형의 재구성과 그 현대적 함의. 전통과 현대, 제7호.

이영찬(2001). 유교사회학. 예문서원.

장상희, 이성호, 강세영 공역(1994). 일탈의 사회학(A. E. Liska 저). 경문사.

조병준 역(2001). 유나바머(Unabomber 저). 박영률출판사.

최일섭, 최성재(1995). 사회문제와 사회복지. 나남출판.

Wijayaratna, M. (1990). *Buddhist Monastic Life: According to the Texts of the Theravada Tradition*. By C. Grangier & S. Collins (tr.). Cambridge University Press.

4 현대 한국인의 행복지수와 불교의 행복방정식

행복을 묻다

김정은: 부자 되세요!

유승무: 왜?

김정은: '물질적 부'야말로 우리를 '행복의 나라'로 인도해 주니까요.

유승무: 글쎄?

오늘날 많은 사람은 종종 광고 속 김정은처럼 생각한다. 부와 행복을 등치시키거나 동등한 것으로 간주한다. 그리고 그런 사람에게는 김정은의 말은 옳으며, 따라서 호소력이 있다. 그러나 부와 행복이 등치되지 않는다면 김정은의 말은 '듣기 좋은 사탕발림' 일

* 유승무 | 중앙승가대학교 포교사회학과 교수

지도 모른다.

그렇다면 김정은의 말은 과연 진실일까? 매슬로(Maslow)의 욕구 계층이론에 따르면, 인간의 욕구는 생리적 욕구 단계를 넘어서면 안정, 소속감, 자아존중, 나아가 인간 욕구 체계의 최고 단계인 '자아실현 욕구'로 상향 이동한다. 여기에서 생리적 욕구나 안정의 욕구 단계는 물질적 부를 통해 어느 정도 충족되지만, 그 이상의 욕구는 물질적 부만으로는 충족되지 않는다. '자아존중 욕구'나 '자아실현 욕구'는 물질적 부보다는 오히려 정신적 차원의 무엇인가가 충족되어야 비로소 만족스러움을 느낀다. 역설적이게도 일정한 부의 축적이 이루어진 이후부터는 그러한 물질적 부 때문에 오히려 물질적 부를 소유하는 것만으로는 행복의 나라에 도달할 수 없다. 그런 까닭에 부자들 중에서도 행복하지 않은 사람이 다수 존재한다. 이렇게 볼 때, 김정은의 말은 부분적으로는 진실이지만 전적으로 진실인 것은 아니다.

실상 김정은은 "행복하세요."라고 말했어야 했다. 그 말은 '듣기 좋은 말'이기도 하려니와 부(의 소유 정도)에 관계없이 모든 사람들에게 자신의 삶의 목표를 이루라는 간곡한 기도가 될 수 있기 때문이다. 문제는 '강둑에서 서성이는' 대부분의 사람은 강을 건너는 방법, 즉 행복의 나라에 도달하는 방법을 모른다는 것이다. 게다가 도달할 방법이 없는 '목표'란 '한여름 밤의 꿈'에 불과하다. 그렇다면 우리는 어떻게 행복의 나라에 도달하여야 하는가?

해결책은 현재의 상태와 그 원인을 정확하게 파악할 때 비로소 찾을 수 있다. 따라서 우선 다음 과제들을 해결해야 한다. 즉, 오늘날 우리는 객관적으로 어느 정도 행복하게 살고 있는가? 그리고 만약 우리나라 사람의 행복지수가 그리 높지 않다면, 다시 말해서 오늘날 대다수 우리 국민이 고통스러운 삶을 살아가고 있다면, 그 정도는 어느 정도이며 그 이유는 무엇인가?

물론 그것으로 끝이 아니다. 원인이 밝혀졌으면, 그것을 해결할 수 있는 방법을 모색하는 실천이 수반되어야 한다. 따라서 우리의 인식론적 관심은 핵심 사안, 즉 방법의 문제로 옮겨질 것이다. 여기에서는 이와 관련해서 행복에 도달하는 불교적 방법(부처님의 가르침, 즉 불교)에 한정하여 논의할 것이다. 통상 범부들이 추구하는 무소불위의 권력, 부족함이 없이 넘쳐 나는 물질적 부, 쾌락이나 부성애/모성애 그리고 명예조차도 결코 행복을 담보하지 못한다고 천명한 붓다가 가르쳐 준, 행복에 이르는 보다 근원적인 길(고통으로부터 벗어나는 방법)이 이 글의 주제와 가장 잘 부합하기 때문이다.

요약하면, 이 글의 목적은 행복에 관한 상식의 오류를 지적하는 데서 출발하여, 오늘날 우리나라 사람들의 행복 정도를 객관적으로 이해하고 그 원인을 정밀하게 논의한 다음, 그 원인을 해결하는 길, 즉 행복에 도달하는 불교적 방법을 찾아보는 데 있다.

현대 한국인의 행복지수와 고통지표

국제행복지수를 통해 본 현대 한국인의 행복지수

2005년 2월 28일자 타임지는 우리 이야기의 실마리가 되기에 충분하다.[1)] 그 커버스토리는 '행복의 과학(*The science of happiness*)'

1) 이 내용의 일부를 『금영회보』 2005년 3/4월호에 게재한 적이 있다. 이 글은 당시

이라는 제목으로, '왜 낙관적인 사람들이 더 장수하는가?' '지구상에서 가장 행복한 사람은 누구인가?' 그리고 '불교와 행복에 관하여' 등의 세 가지 소주제를 다루고 있다. 첫 번째 주제에 대한 대답은 낙관적인 사람이 더 행복한 삶을 살기 때문에 더 장수하는 경향이 있다는 것이다. 이 대답은 두 번째 질문으로 직접 연결된다. 그렇다면 어떤 사람들이 더 행복한 삶을 살아가고 있는가? 그런데 이 대답에 대한 타임지의 설명은 잠시 나를 어리둥절하게 만들었다. 오늘날 전 세계적으로 불법 해외이주노동자를 가장 많이 내보내는 나라, 즉 멕시코, 콜롬비아, 필리핀, 인도네시아, 베트남, 나이지리아 등의 국민의 행복지수(The GDP of happiness)가 한국인보다 높은 것은 물론이고, 일본인이나 프랑스인보다도 더 높게 나타났다. 뿐만 아니라 미국, 독일, 스위스 등의 나라와는 유사한 수준으로 나타났다. 보통 우리는 상식적으로 부유할수록 행복할 것이라고 믿어 왔다. 그런데 이 기사는 우리의 이러한 상식이 얼마나 잘못된 것인지를 깨닫게 해 주기에 충분했다. 물론 필리핀이나 나이지리아처럼 가난한 나라의 사람들이 불행할 것이라는 막연한 생각도 실제와는 다르다. 결국 부와 행복은 비례하는 것이 아니라는 결론이다. 이 결론은 자연스럽게 세 번째 주제로 연결된다. 세 번째 주제는 "보다 깊은 행복감: 불교는 돈지갑이 아니라 마음이 만족에 이르는 길임을 가르쳐 준다."라는 제목의 칼럼에서 집중적으로 다루어지고 있다. 물론 그 결론은 제목이 이미 시사하듯이, 소유, 권력, 감각적 즐거움 등이 아니라 탐·

의 글을 논문 형식으로 다시 구성한 것이기 때문에 내용의 일부가 겹치기도 한다. 유승무. 2005. 참선을 통한 사회적 고통의 해결. 『금영회보』 3/4월호.

진 · 치로부터의 내적 자유(마음의 자유)가 보다 큰 행복을 준다는 것이다.

이 기사를 읽은 사람은 누구나 '한국인 혹은 나는 과연 얼마나 행복한가?' 라고 자문하고, 자신(의 삶)을 되돌아보게 될 것이다. 이때 여기서 요구되는 것이 상대적 비교가 가능한 객관적 지표다.

우리나라에서도 지금까지 여러 차례 행복 관련 설문조사를 실시하고 있다. 대표적인 여론조사기관인 한국갤럽에서 2006년 전국 13세 이상의 남녀 1,634명을 대상으로 조사한 결과를 보면, 평균 행복지수가 100점 척도에 70점 정도(69.1점)로 나타났다.[2] 그렇다면 다른 나라와 비교해 보았을 때, 우리나라 사람들의 행복지수는 어느 정도의 위치에 있는가?

국가 간 행복지수 비교에 가장 많이 이용되는 세계가치조사(World Value Survey)[3] 자료(1990~1998)에 따르면, 우리나라의 행복지수는 조사대상국 65개 국가 가운데 22위로 상당히 뒤처져 있으며, 2005~2007년 조사 자료에서는 37개 국가 가운데 28위를 차지했다.[4] 반면에 1인당 국민소득이 1만 달러에도 훨씬 못 미치는 가난한 나라 중에서 국민의 행복지수가 영국이나 프랑스보다 더 높은 나라도 적지 않다. 멕시코, 인도네시아, 콜롬비아 등이 그 대표적 예다. 심지어 태국, 말레이지아, 필리핀의 행복지수가 프랑스보다 높았던 적도 있었다.[5] 결국 우리나라로 해외이주노동자를 보내

2) 동아일보. 2006. 12. 11.

3) 세계가치조사는 6개 대륙 80여 개 국가가 동일한 설문 문항을 사용해 1980년부터 약 5년 주기로 실시하고 있다.

4) 동아일보. 2007. 8. 15.

5) 이정전. 2007. 『우리는 행복한가』. 한길사.

는 동남아시아 국가의 국민보다 우리나라 국민의 행복지수가 낮은 셈이다. 그 이유는 무엇일까?

국민의 행복지수는 소득 수준과는 무관하다. 그리고 실제로 국민의 행복 순위는 소득순이 아니다. 저명한 경제학자인 잉글하트(Inglehart)는 경제 성장의 효용체감 곡선을 제시함으로써 이를 과학적으로 입증하고 있다. 잉글하트에 따르면, 평균적으로 대략 1만~1만 5,000달러의 개인소득을 기준으로, 이보다 낮은 수준에서는 소득이 늘어남에 따라 개인의 행복지수가 큰 폭으로 높아지지만, 일단 이 기준점을 넘어서면 소득이 늘어나더라도 개인의 행복지수는 높아지지 않는다. 이와 같이 행복의 수준이 소득의 영향으로부터 분리되기 때문에, 이 기준점을 '결별점(decoupling point)'이라 부르기도 한다.[6] 이러한 기준으로 보면, 국민소득 2만 달러가 넘는 우리나라 국민은 이미 결별점을 통과한 지 오래다. 이는 오늘날 우리 국민의 행복은 더 이상 소득 수준의 증가에 따라 자동적으로 상승하는 것이 아님을 의미한다.

문제는 오늘날 우리나라 사람들 대부분이 이러한 의미를 충분히 알아차리면서 살아가는 것이 아니라는 사실이다. 오히려 아직도 대부분의 사람들은 오로지 물질적 성공만이 행복의 나라로 나아가는 지름길이라고 인식하고 있다. 어쩌면 바로 그러한 인식이 스스로 자신의 삶의 질을 낮게 하고 삶의 결을 거칠게 하는 원인이 아닐까 한다.

6) 이정전. 2007. 『우리는 행복한가』. 한길사.

현대 한국인의 고통지표와 그 원인

한 사회의 구성원들이 느끼는 행복의 정도를 측정하는 행복지수는 여러 학자들에 의해 여러 가지 방식으로 개발되어 왔지만, 별도의 고통지표는 없다. 실제로 오늘날 우리나라 사람이 느끼는 고통의 정도를 직접적으로 측정할 수 있는 지표는 없다. 우리나라 사람의 평균적인 삶의 고통을 간접적인 지표를 통해 유추할 수밖에 없는 까닭이 여기에 있다.

간접적인 지표를 통해 고통의 정도를 유추하는 방법은 크게 두 가지로 생각할 수 있다. 그 하나의 방법이 바로 행복지수를 통해 고통의 정도를 유추하는 것이다. 이러한 방법을 활용하면, 이미 앞에서 살펴보았듯이 오늘날 우리나라 사람의 고통 정도는 상대적으로 높은 편임을 알 수 있다. 또 다른 하나의 방법은 여러 가지 '사회지표'를 통해 유추하는 방법이다. 이혼율이나 자살률은 대표적인 간접지표로서 활용될 수 있다. 부부간에 정을 끊는 이혼이나 스스로 자신의 생명을 끊는 자살(의 비율)은 개인들의 삶의 고통(의 정도)과 비례한다고 가정할 수 있기 때문이다.

그러면 이러한 간접적인 지표를 통해 우리나라 사람들의 고통지수를 유추해 보자. 2003년 기준 우리 사회에서는 하루 평균 200쌍이 결혼하고 89쌍이 이혼하는 것으로 나타났으며, 이러한 이혼율은 현재까지 매년 증가하는 추세다. 또한 통계청의 '2005년 사망원인 통계결과'에 따르면, 우리나라의 자살률[7]은 2004년 기준 26.1명으로 경제협력개발기구(OECD) 국가 중 최고로 나타났다. 이러한

7) 인구 10만 명당 자살자 수

수치는 1995년 11.8명에 비해 2배가 넘는 수치로, 지난 10년간 자살자 수가 급격히 증가하였음을 보여 준다.[8] 그 밖에도 신용불량자 비율이나 가계수입 대비 사교육비 지출 비율 등도 세계 1위를 기록하고 있다. 이러한 사회지표들은 오늘날 우리나라 사람들이 세계 어느 나라 사람들보다도 많은 고통 속에서 생활하고 있음을 암시한다.[9]

그렇다면 오늘날 우리나라의 사람들은 왜 이러한 고통 속에 살지 않을 수 없게 되었는가? 일견 물질적 어려움이 가장 큰 이유인 것으로 생각된다. 물론 일부 가난한 사람들에게 물질적 어려움은 작은 요인이 결코 아닐 것이다. 그러나 오늘날 우리나라 사람들은 필리핀이나 나이지리아 사람, 심지어 우리의 조상과 비교해 보아도 상대적으로 풍요로운 물질적 생활을 영위하고 있다. 그럼에도 불구하고 우리의 '마음의 병' 은 커져만 간다. 국민건강보험공단과 건강보험심사평가원의 2001~2005년 국내 정신장애 진료 현황 자료에 따르면, 우리나라 정신장애 환자 수는 2001년 134만 4,259명에서 2005년 170만 6,845명으로 5년 사이 27.0%나 늘었으며, 정신장애 환자의 진료 건수는 42.8%, 진료비는 58.7%나 늘었다. 특히 2005년 정신장애 환자 가운데 불안과 스트레스가 주 원인인 신체형 장애환자의 비율이 39.4%로 가장 많았는데, 불안, 공포, 강박, 외상 후 스트레스 장애, 건강 염려 등이 대표적인 신체형 장애에 속하는 것으로 나타났다.[10] 이는 오늘날 대부분의 우리나라 사람들이 물질적 요

8) 동아일보. 2006. 9. 19.

9) 물론 이상에서 제시한 것은 대표적인 사회지표들 중 극히 일부분이다. 실제로 '한국의 사회지표' 나 통계청에서 발표하는 각종 통계들은 오늘날 한국인들의 고통지표로 활용하기에 충분할 정도로 다양하고 많다.

인에 따른 고통보다는 비물질적 요인 때문에 더 많은 고통을 받고 있음을 시사한다. 실제로 최근 유명 연예인이나 도지사, 검찰 총장, 대학 교수 등 물질적으로 부유하고 사회적 지위도 높은 사람들이 자살을 하여 이따금씩 우리 사회에 충격을 주고 있다. 우리의 충격은 아마도 물질적 요인 이외의 요인이 이들을 자살로 몰아갔다는 사실 때문에 배가된 측면이 없지 않을 것이다.

물론 저명 인사들의 사례를 매우 예외적인 사례로 간주할 수도 있다. 그러나 불행하게도 오늘날 우리 사회 속에서 살아가는 보통 사람의 삶도 실은 물질적 요인이 아니라 비물질적 요인 때문에 고통받고 있다.

잠시 우리의 삶의 방식을 되돌아보자. 오늘날 우리 사회는 고도의 자본주의 사회로 발전해 나가고 있다. 그럼에도 불구하고 자본주의 경제는 잉여가치(이윤)의 창출을 통해 지속되기 때문에, 생산성 경쟁은 점점 더 강화되고 있다. 이에 따라 과학기술과 기계는 점점 더 발달하게 되고, 그럴수록 인간은 점점 더 기계에 종속된다. 실제로 오늘날 젊은이들은 전기밥솥이 없으면 밥을 지을 줄 모르게 되었고, 노래방 기계가 없으면 노래를 즐겁게 부르지 못하게 되었다. 또한 지속적인 잉여가치의 창출을 위해서는 인간의 탐욕을 끊임없이 자극하여 보다 많은 상품이 더욱 빨리 소비되도록 해야 하기 때문에 시장이 발달한다. 시장의 발달로 말미암아 시장에서 이루어지는 교환가치(가격)가 모든 사물의 가치를 평가하는 유일한 척도로 통일된다. 가격이 가치와 등치된다. 물론 동일한 논리가 인간 시장에서도 적용된다. 몸값이 비싼 사람이 곧 '가치 있

10) 동아일보. 2006. 10. 13.

는 일'을 하는 '가치 있는 사람'으로 등치된다. 브랜드가 상품의 가치를 상징하듯 직업이 인간의 가치를 규정한다. 명품(名品)뿐만 아니라 직업과 직결되는 명문대학교가 누구나 선망하는 대상이 된다. 이것이 온 국민이 명품병에 걸리고, 부모가 자녀를 명문학교에 보내기 위해 수단과 방법을 가리지 않는 이유다. 그런데 이 욕망을 충족시키기 위해서는 엄청난 비용이 요구된다. 돈이 많아야 한다. 그 순간 돈의 가치는 점점 더 커지고 끝내는 돈이 유일한 권력이 된다. 그리고 인간은 돈의 하수인이나 노예로 전락하고 만다. 따라서 '돈의 노예들'로 구성된 사회가 탄생한다. 그리고 그러한 사회가 재생산된다. 청소년들 사이에서도 명품이 아니거나 유명 브랜드가 아닌 물건을 사용하는 아이는 무시의 대상이 되거나 심지어는 왕따를 당한다. 돈의 노예들에게 정신적 성숙이나 내적 수양은 한가한 소리로만 들린다. 오직 가난한 사람에게는 좌절과 멸시의 고통이, 부자에게는 끊임없는 경쟁의 고통만이 존재할 뿐이다. 결국 우리 모두는 누구나 할 것 없이 경제적 이해관계에 매달리지 않을 수 없게 된다. 부모와 자식, 교사와 학생, 형과 동생, 아내와 남편 그리고 친구와 친구 사이에는 따스함이란 전혀 없고 오로지 냉혈적인 경제적 이해관계만이 남게 된다. 모두의 마음속에서는 정신적 폐허와 고독만이 커지고 있다.

이렇게 볼 때, 어느 정도의 물질적인 부를 향유하는 오늘날 우리나라 사람들의 삶의 질을 악화시키는 요인은 역설적이게도 물질적 부에 대한 과도한 관심과 추구다. 물론 자본주의적 사회 환경 또한 이를 끊임없이 부추기기 때문에, 물질적 부를 향한 경쟁과 그것을 향한 무한질주는 결코 그칠 수 없다. 즉, 이러한 행위와 구조의 상승 작용이 오늘날 우리나라 사람들의 고통의 원천이다.

이러한 진단이 최소한 이론적 설득력을 가지는 한, 현대 물질문명과 가장 먼 대척점에 위치하는 불교적 행복방정식을 우리의 삶 속으로 스며들게 하는 일에 더 이상 주저할 이유가 없다. 더욱이 일정 수준 이상의 과도한 물질적 추구가 우리를 고통으로 이끌고 있다는 역설이 성립하는 한, 불교적 행복방정식을 실천할 필요성은 더욱더 절실해진다. 그러나 문제는 불교적 행복방정식이 과연 오늘날 우리나라 사람들이 겪고 있는 삶의 고통을 해결하고, 나아가 그들을 행복의 나라로 인도하는 논리가 될 수 있느냐는 것이다.

행복에 이르는 '또 다른 길'

발상의 전환

앞에서 오늘날 대부분의 우리나라 사람들이 일정한 수준의 물질적 부가 갖추어진 이후에도 지나치게 편향적으로 물질적 부만을 추구함으로써 스스로를 불행하게 하고 있다고 진단했다. 이를 가장 극적으로 입증해 주는 나라가 바로 미국이다. 오늘날 미국은 세계 최대의 부국이다. 게다가 미국은 지속적인 경쟁과 성장을 향한 무한질주를 멈추려 하지 않는다. 그 결과 미국인은 풍요로운 소비생활을 즐긴다. 그럼에도 불구하고 미국인의 행복지수는 결코 세계 1위가 아니다. 고작 멕시코와 비슷한 수준이다. 오히려 각종 사회지표는 미국인의 삶이 결코 행복하지 않음을 간접적으로 보여 주고 있다. 무엇보다도 미국은 범죄가 만연해 있다. 미국에서는 "교도소가 가정을 파괴한다."는 말이 나돌 정도로 범죄자들이 많다. 2005년 4월

25일 AP 연합에 따르면, 미국 교도소의 재소자 수는 210만 명에 달하며, 인구 10만 명당 726명이 수감되어 있는 상태다. 이는 세계에서 가장 높은 수감률이다.[11] 또한 오늘날 미국 신생아의 1/3이 미혼모에게서 태어나며 결혼한 여성에게서 태어난 아이의 45%가 18세에 이르기 전에 부모의 이혼을 경험한다. 때문에 미국 아동의 대부분은 일생의 일부분 혹은 전부를 편부모 밑에서 자라게 된다.[12] 그 결과 오늘날 미국인의 정신건강 상태가 위험 수준에 도달했다는 보고도 있다. 콤튼전자백과사전(Compton's Encyclopedia Online)의 1998년 자료에 따르면, 미국 인구의 16~25%가 250가지가 넘는 수많은 형태의 정신병을 앓고 있다. 그러나 이 수치는 신고된 숫자에 불과하고 실제로 정신병을 앓는 비율은 공식 수치보다 훨씬 높다고 한다.[13]

이러한 현상은 '이스털린(Easterlin)의 역설' 혹은 '행복의 역설'로도 어느 정도 증명할 수 있다. 1970년대 물질적 풍요 및 소득 수준과 행복 사이의 관계를 연구한 경제학자 이스털린은 매우 놀라

11) 홍승표. 2007. 유교 정치사상과 새로운 정치의 모색. 『한국 전통사회의 의사소통체계와 마을문화』. 계명대학교출판부.

12) 이정전. 2007. 『우리는 행복한가』. 한길사. 그 밖에도 미국인의 고통지표는 많다. 그 대표적인 예가 높은 자살률인데, 1995년의 경우 3만 1,204명이 자살했는데 이러한 수치는 7분마다 한 명이 자살하는 셈이라는 것이다. 또한 미국은 약물중독률도 매우 높은 나라로 알려져 있는데, 2003년 당시 12세 이상의 인구 중에서 비합법적인 약물을 복용한 적이 있는 사람이 전체의 8.2%에 달했으며, 지난달에 마리화나를 흡연한 경험이 있는 사람이 6.2%에 달했다. 홍승표. 2007. 유교 정치사상과 새로운 정치의 모색. 『한국 전통사회의 의사소통체계와 마을문화』. 계명대학교출판부.

13) 홍승표. 2007. 유교 정치사상과 새로운 정치의 모색. 『한국 전통사회의 의사소통체계와 마을문화』. 계명대학교출판부.

운 현상을 발견했다. 그것은 가난한 나라 쿠바나 부유한 나라 미국이나 행복을 느끼는 사람의 비율이 비슷했다는 사실이다. 이는 사회 전체의 국민소득이 높아진다고 행복한 사람의 비율이 증가하지 않는다는 것을 의미한다. 행복감은 주변 사람과 비교하여 상대적으로 얻어지는 사회적 산물이기 때문이다.[14] 이를 '이스털린의 역설' 혹은 '행복의 역설' 이라 하는데, 이 역설이 옳다면 한 나라의 높은 경제 성장 그리고 이에 따른 물질적 풍요가 그 나라 국민을 전체적으로 더 행복하게 만든다는 보장은 없다는 결론에 이르게 된다.[15] 오히려 경제 성장이 지나치게 진행되고 있는 나라에서는 무관심, 목적 상실, 우울, 폭력 등 온갖 사회 문제가 발생하고 있고, 그러한 사회문제들은 경제 성장으로 개선될 수 있는 것들이 아니다.[16]

이렇게 볼 때, 일정 정도 이상의 물질적 수준을 갖춘 이후에는 물질적 부와 행복은 직접적인 연관관계를 갖지 않을 뿐만 아니라, 행복지수를 높이기 위해서는 물질적 요소 이외의 '또 다른 요소'가 투입되어야 함을 알 수 있다. 때문에 오늘날 어느 정도의 물질적 풍요를 누리고 있는 우리나라의 행복지수를 높이기 위해서는 소득 수준으로 나타나는 물질적 부 이외의 다른 요소들도 균형적으로 성장해야 하는데, 무엇보다도 시급한 것이 바로 정신적 웰빙(mental well-being)이다. 만약 오늘날 우리나라 사람들이 물질적

14) 이와 유사한 사회적 현상이 바로 상대적 박탈감이다. 비록 물질적으로 이전보다 더 풍요로워지더라도 만약 사회불평등이 커진다면 박탈감은 보다 심화되게 된다.
15) 이정전. 2007. 『우리는 행복한가』. 한길사.
16) 김종철, 이반 공역. 2000. 『경제성장이 안되면 우리는 풍요롭지 못할 것인가』(Douglas Lummis 저). 녹색평론사.

웰빙(material well-being)에 관심을 갖는 만큼 정신적 웰빙에 관심을 갖거나 혹은 물질적 풍요만큼이나 마음의 풍요를 찾는다면, 개개인의 삶의 질은 한층 더 개선될 것이며, 삶의 결은 더욱더 부드러워질 것이다. 이것이 발상의 전환과 그에 따른 생활방식의 전환이 요구되는 까닭이다.

불교의 행복방정식

정신적 웰빙의 결여와 그로부터 파생된 문제 그리고 그 치유 방법에 대해서는 지금까지의 인류 역사에서 불교만큼 보편적인 진리를 가르쳐 주는 사상이나 종교는 없다. 붓다는 권력, 부, 명예를 버리고 정신적 고통으로부터 궁극적으로 해방되는 해탈의 길을 찾았고, 그것을 우리에게 가르쳐 주었다. 그것이 바로 불교다.

이렇듯 정신적 웰빙을 강조하는 불교는 오늘날 우리나라 사람의 행복지수를 높이는 데 매우 긴요한 자원이다. 또한 보통 사람의 통상적인 인식과 생각을 근본적으로 바꾸어 주는 불교는 그들이 자초한 불행이나 고통을 극복할 수 있는 사상적 힘을 가지고 있다. 만약 우리가 불교 속에 스며들어 있는 행복의 논리를 '불교의 행복방정식' 이라고 조작적으로 정의한다면, 불교의 행복방정식은 오늘날 우리나라 사람의 고통을 해결하는 해결책이 될 수 있다. 그렇다면 불교의 행복방정식은 구체적으로 무엇인가? 다시 말하면, 불교의 행복방정식 속에는 어떠한 행복의 논리가 어떻게 내장되어 있는가?

불교의 연기론에 따르면, 모든 존재는 상호 조건적 존재일 뿐이다. 때문에 모든 존재는 무상하며, 자아라고 할 그 어떤 실체도 없는 무아다. 인간도 예외가 아니다. 이는 무아, 무상 그리고 그 실천으로서의 열반적정(涅槃寂靜)이 삼법인(三法印)으로 간주되는 까닭이다. 이러한 존재론에 따르면, 연기의 법칙을 무시하고 배타적 자아개념 혹은 개별적 자아개념에 기초하여 살아가는 현대인의 삶은 우리의 욕망을 더욱 자극할 뿐이다. 고통을 줄이기 위해 욕망의 불을 끄는 방법은 팔정도(八正道)를 실천하는 길뿐이다. 이것이 이른바 불교의 가장 기본적인 교리인 사성제(四聖諦)다.

사성제의 궁극적인 귀결은 물론 도(道)다. 그 길이란 바로 여덟 가지 올바른 길을 실천해 나가는 것이다.[17] 이는 동시에 중도(中道)를 실천하는 길이다. 팔정도에서 올바르다는 것(正)[18]은 곧 극단적 금욕(고행)과 극단적 탐욕(쾌락)의 중도를 의미하기 때문이다.[19]

17) 팔정도는 정견(正見), 정사유(正思惟), 정어(正語), 정업(正業), 정명(正命), 정정진(正精進), 정념(正念) 그리고 정정(正定)으로 이루어져 있다. 이 중에서 정견와 정사유는 연기적 세계를 올바로 보고 올바르게 사유한다는 내용으로서 이른바 지혜에 해당하며, 또한 그러한 점에서 가장 중요한 요소이기도 하다. 다음으로 정어, 정업, 정명은 마음과 정신을 집중시키기 위해 계율을 철저히 지켜 나가는 것을 의미하는데, 특히 정명은 올바른 일상생활 및 경제생활에 해당하는 것으로 불교사회학적 의미를 내포하는 요소다. 마지막으로 정정진, 정념, 정정은 선정을 의미하는데, 특히 정념은 선불교의 성성(惺惺)에 해당하는 것으로서 불교수행법의 가장 중요한 특징이다. 틱낫한의 수행방식에서도 정념—그는 이를 마음다함(mindfulness)으로 해석한다—은 가장 중요한 수행 실천으로 간주되고 있다. 서계인 역. 1993. 『붓다』(틱낫한 저). 장경각.

18) '中道: 中以實爲義, 中以正爲義, 中道第一義, 中道實相, 中道卽法界' 라는 정의에서 보듯이, 중도는 진실의 뜻과 올바름의 뜻을 가지고 있다. 서종범. 1996. 대승불교의 성립과 중관사상. 『선불교와 그리스도교』. 바오로딸. 참조.

19) 이를 불교에서는 고락중도(苦樂中道)라 한다. 물론 이 외에도 태어나지도 않고 없어지지도 않는 것(不生不滅), 즉 생멸중도(生滅中道)나, 너무 급하게 하는 것도 아니고 너무 게으르지도 않은 것(精進不退), 즉 실천중도(實踐中道) 등이 존

이는 붓다가 발견한 길이자 불교적 수행(실천) 방법의 독특한 특징이다. 물론 이러한 팔정도에서 정어, 정업, 정명은 계(戒)로, 정정진, 정념, 정정은 정(定)으로, 정견과 정사유는 혜(慧)로 다시 구분할 수 있다. 그런데 계정혜(戒定慧) 삼학(三學)이 비구계(比丘戒) 수지(受持)의 기본적인 조건이라는 점을 고려하면, 팔정도를 모두 통과한 제자들은 부처님의 가르침을 설할 수 있는 비구로서의 자격이 주어짐을 의미한다. 이렇게 볼 때, 팔정도는 욕망 혹은 삼독의 독기와 불길을 잠재우는 방법이다.

그렇다면 욕망의 불길을 잠재우는 방법이 왜 오늘날 우리나라 사람에게 그토록 절실한가? 그것은 오늘날 우리가 지나칠 정도로 충족과 행복의 비례관계를 맹신하면서 삶의 목표를 오로지 더 많이 충족시키려는 데 두고 있기 때문이다. 물론 그러한 삶의 방식이 행복으로 귀결된다면 문제될 것이 없다. 그러나 충족은 또 다른 욕망을 자극하여 이른바 '욕망 부풀리기'로 귀결되기 때문에, 충족의 크기가 커진다고 행복의 크기가 커지는 것이 아니다. 그럼에도 불구하고 오늘날 우리나라 사람들은 이러한 사실을 여실하게 자각하지 못하고 있다. 그러나 혹은 바로 그렇기 때문에, 역설적으로 욕망을 통제함으로써 행복의 크기를 키우는 불교의 행복방정식이 매우 긴요하다. 문제는 이러한 불교의 행복방정식이 고통을 해결하는 데 실질적으로 기여할 수 있는가 하는 것이다. 다음의 인용문은 이러한 의문에 대해 매우 적극적인 해답을 제시하고 있다.

재한다. 서종범. 1996. 대승불교의 성립과 중관사상. 『선불교와 그리스도교』. 바오로딸.

대중들이여! 모든 고통은 사물을 깊이 들여다봄으로써[20] 극복될 수 있습니다. 깨달음의 길에서 우리는 지혜와 집중을 얻기 위해서 계율을 따라야 합니다. …… 모든 고통은 우리가 지혜에 이를 때 극복됩니다. …… 계율, 마음의 집중 그리고 지혜의 길이야말로 자유에 이르는 길입니다.[21]

불교에 따르면, 망념 혹은 무지와 그에 따른 탐욕과 증오가 건전하지 못한 행위를 낳고 건전하지 못한 행위가 또 사회적으로 고통스러운 결과를 낳는다. 때문에 자살이나 이혼과 같은 오늘날의 사회문제를 해결하기 위해서는 사회적 고통의 가장 근원적인 요인인 망념과 탐욕과 증오를 극복하는 길밖에 없다. 그 방법이 바로 자타불이(自他不二)의 연기적 세계를 체득하기 위한 참선의 길이다.

그런데 참선의 사회적 효과와 관련하여 그동안 한 가지 결정적인 오해가 있었다. 불교는 극히 엘리트주의적 종교이며, 참선수행이야말로 그 증거라는 것이다. 참선수행은 오로지 출가자나 혹은 극소수 상근기 사람의 고유 영역이며, 그렇기 때문에 참선의 사회적 효과는 무시해도 좋을 만큼 미미하다는 것이다. 그리고 이것은 확대 해석되어, 불교는 도무지 사회문제에는 무관심한 종교로 이데올로기화되어 왔다. 설상가상으로 이러한 이데올로기는 행위자들의 의식 속에 굳어져서 실질적인 힘을 발휘하기에 이르렀다. 이

20) 사물을 깊이 들여다본다는 것은 마음의 집중을 의미하며, 이는 삼학 중에서 정(定)을 의미한다. 다만 틱낫한이 정념을 특히 강조하여 이를 사물을 깊이 들여다봄 혹은 마음의 집중 등으로 표현했을 뿐인 것으로 판단된다.

21) 서계인 역. 1993. 『붓다』(틱낫한 저). 장경각.

제 불교인조차도 불교가 사회문제에 대해 무관심한 것은 당연한 것처럼 생각하게 되었고, 심지어 그것이 관행화되거나 합리화되기에 이르렀다. 그러나 이러한 생각과 관행은 부처님의 가르침과는 너무나 거리가 멀다. 왜냐하면 그러한 생각이나 관행은 자타불이를 체득할 것을 가르치는 연기법과 부합하지 않기 때문이다.

'칼라마스(Kalamas)인에게 가르침' 에서 붓다는 어떤 사실의 진위 여부를 판단할 때는 항상 법(다르마)에 비추어 보아 그에 부합하는지를 따져 보아야 한다고 설하였다. 연기법의 이치에 비추어 볼 때, 참선의 문은 누구에게나 개방되어 있어야 하며 참선수행을 하는 사람이 많을수록 우리 사회는 보다 건전한 사회로 발전한다. 실제로 태국 등 남방불교에서는 일찍부터 단기출가가 관행화되어 왔다. 최근 월정사의 단기출가 프로그램에서 알 수 있듯이, 우리나라에서도 단기출가자의 참선수행을 금지하는 근거는 없다. 우리나라의 역사 속에서도 참선수행을 통해 상당한 경지에 도달한 재가자의 사례를 발견할 수 있다. 근현대만 보더라도 1960, 70년대 일부 재가자들은 개인적으로 혹은 수선회와 같은 수행단체를 만들어 참선수행을 실천해 왔다. 오늘날에도 많은 사람들이 템플스테이나 각종 수행 프로그램에 참가하려고 하며, 실제로 참가하고 있다.

돈의 노예처럼 살아가야 하는 삶의 방식 때문에 발생한 정신적 문제를 치유하기 위해서는 자신의 불성을 발견할 수 있는 계기를 만들어 주는 참선이 매우 효과적이며, 그러한 사실이 점점 더 많은 사람들에게 알려지고 있다. 참선이 보다 대중화될수록 오늘날 우리나라 사람의 사회적 고통도 줄어들게 될 것이다. 이것이 바로 참선을 통한 사회문제 해결의 길이자, 중생을 다 건지고자 했던 부처님의 위대한 서원이다.

불교사회복지와의 만남

지금까지 부가 행복을 담보해 준다는 상식을 비판하기 위해 오늘날 우리나라 사람들의 행복지수를 확인했고, 불교적 행복방정식이 우리나라의 행복지수를 높이기 위한 방법이 될 수 있음을 논증했다. 보다 구체적으로 말하면, 여기서 우리는 첫째, 현재 우리나라 사람들의 행복지수를 통해 삶의 질이 상대적으로 낮음을 확인했고, 그 원인이 물질적 부 때문이 아니라 정신적 비복지 상태 때문임을 알 수 있었다. 둘째, 우리는 불교적 행복방정식이 행복에 이르는 '또 다른 길' 임을 확인했다. 그렇다면 이러한 발견은 어떠한 사회복지학적 함의를 갖는가?

사회복지를 인간이 직면한 사회문제를 해결한 상태, 즉 행복한 상태라 정의할 때, 불교가 추구하는 궁극적 목적도 복지와 아무런 차이가 없다. 마찬가지로 클라이언트의 비복지 상태를 복지 상태로 개선해 나가는 불교계의 노력을 불교사회복지라 정의하는 한, 불교사회복지는 사회복지 일반의 보편성을 포함하고 있다. 그러나 불교사회복지가 불교 고유의 정신적 복지를 강조하거나 추구하는 실천 활동을 포함하는 한, 그것은 사회복지 일반과는 다른 특수성을 지닌다. 그 특수성이야말로 불교사회복지계의 정신적 복지에 대한 인식론적 관심의 이유다. 실제로 최근까지도 사회복지 일반에서는 정신적 복지에 상대적으로 덜 주목했다. 특히 서구적 기원을 가진 사회복지학 일반에서는 사회적 약자를 위한 사회구조의 개선, 물질적 지원, 각종 서비스 그리고 육체적 즐거움을 제공하는 각종 프로그램의 운영 등을 사회복지의 주요 내용으로 구성해 왔다. 그러나 불교사회복지는 물질적 복지뿐만 아니라 정신적 복지를 통해 궁극적으로 행복의 상태에 도달하고자 희망하고 노력한다.

이러한 불교사회복지 활동의 특수성이야말로 불교적 행복방정식과 무관하지 않다. 어쩌면 불교 교리 혹은 이념에서 도출된 불교적 행복방정식 때문에 불교사회복지 활동이 자신의 고유한 특수성을 갖게 된 것인지도 모른다. 실제로 산업화 이후부터 전개되어 온 근대적 의미의 사회복지는 서구적 기원을 가지고 있어서 동양적 기원의 정신적 복지를 경시해 왔으며, 심지어는 그러한 활동을 법적으로 금지하고 있기도 하다. 그러나 불교의 인간관에 따르면, 육체와 정신은 불가분의 관계를 갖는 오온의 총체일 뿐이다. 이러한 관점에 따르면, 육체적 복지가 담보되기 위해서는 정신적 복지가 전제되어야 한다. 게다가 정신(유식)의 능동적 작용을 인정하는 불교사상에 따르면, 어쩌면 정신적 복지가 이루어질 때 복지 상태 혹은 행복이 달성된다. 바로 이러한 관점에서 보면, 불교적 행복방정식은 사회복지의 목표를 달성하는 불교 고유의 방법이자 기존의 사회복지 일반의 한계를 보완할 수 있는 독특한 방법임에 틀림없다.

한편 불교적 행복방정식의 선상에서 보면, 불교사회복지 실천이 요구되는 대상, 즉 클라이언트를 한계적 상황에 처한 자에 한정할 필요가 없다. 불교적 행복방정식은 어쩌면 현대인 모두를 불교사회복지 활동의 클라이언트라고 선언한다. 그렇다. 굳이 프랑크푸르트 학파의 문화비평을 끌어들이지 않더라도, 현대인들은 누구나 현대 물질문명 속에서 소외된 삶을 살아가지 않을 수 없다. 현대 자본주의 사회 속에서 살아가는 대부분의 현대인은 생산 과정으로부터의 소외를 경험함은 물론 생산물로부터도 소외될 수밖에 없다. 또한 개인주의 사회에서 생활하는 현대인은 유적 본성(類的本性)으로부터의 소외도 심각하게 경험한다. 이는 거의 모든 현대인이 정신적 비복지 상태에 놓여 있음을 의미한다. 복지를 비복지의 개선이라 할 때, 불교적 행복방정식은 현대인의 정신적 비복지 상태를 복지 상태로 개선해 나가는 효과적인 방법이며, 바로 그러한 의미에서 불교사회복지학적 의의를 지닌다.

문제는 종교의 자유라는 법적 근거 때문에 이러한 불교적 행복방정식을 현행 사회복지의 현장에서 실천할 수 없다는 데 있다. 그렇기 때문에 당분간 불교적 행복방정식을 응용한 불교사회복지 활동은 불교계에서 자율적으로 운영하는 사회복지시설에서 실천해 나갈 수밖에 없을 것이다. 그러나 불교적 행복방정식이 클라이언트 일반의 정신적 삶의 질을 개선하는 효과를 갖는 한, 언젠가는 사회복지 일반에서의 수요도 발생할 것이다.

참고문헌

김무진, 오문환, 유승무, 이윤갑, 이해준, 홍승표(2007). 한국 전통사회의 의사소통체계와 마을문화. 계명대학교출판부.

김승혜, 서종범, 길희성(1996). 선불교와 그리스도교. 바오로딸.

김종철, 이반 공역(2000). 경제성장이 안되면 우리는 풍요롭지 못할 것인가(Douglas Lummis 저). 녹색평론사.

동아일보(2006. 9. 19).

동아일보(2006. 10. 13).

동아일보(2006. 12. 11).
동아일보(2007. 8. 15).
서계인 역(1993). 붓다(틱낫한 저). 장경각.
유승무(2005). 참선을 통한 사회적 고통의 해결. 금영회보, 3/4월호. 금산사.
이정전(2007). 우리는 행복한가. 한길사.

TIME (2005. 2. 28).

2부

행복과 하나되는 불교적 실천

5 행복으로 가는 작은 길
— 생태적 자각(自覺)과 귀농(歸農)

새로운 행복을 향한 물음

어느 조용한 어촌 마을의 아침, 햇볕이 내리쬐는 바닷가 모래밭에서 한 노인이 평화롭게 단잠을 자고 있었다. 이 마을에 휴양을 온 한 관광객이 이 모습을 보게 되었다. 노인이 너무나 인상적이어서 이 젊은이는 사진을 찰칵찰칵 찍어 댔다. 그 소리에 노인이 잠을 깨고 말았다.

"그 뉘시오?"

"아이쿠, 죄송합니다. 할아버지 모습이 너무나 보기 좋아서 그만……, 죄송합니다."

"……."

"그런데 할아버지는 왜 고기를 잡으러 나가지 않으세요? 벌써 해

* 이정호 | 불교생협연합회 운영위원장

가 저만치…….”

“이미 새벽에 다녀왔구먼.”

“아, 그러세요? 그러면 한 번 더 다녀오셔도 되겠네요?”

“그렇게 고기를 많이 잡아서 뭐하게?”

“……. 참, 할아버지도. 그러면 저 낡은 거룻배를 새것으로 바꾸실 수 있잖아요?”

“그래 가지고선?”

“다음에는 새 배로 고기를 잡으시면 훨씬 빨리, 많이…….”

“음……. 그다음에는?”

“크고 좋은 배를 더 사시고, 사람도 부리고……. 그러면 뭉칫돈을 벌지 않겠어요?”

“옳거니, 그래서는?”

“그다음에야…… 이 마을에 생선 가공 공장도 세워 싱싱한 통조림도…….”

“흠, 그러고 나서는?”

“그때는 별일도 않고 가만히 누워 그저 편안히 지내실 수 있지요.”

이 말에 고기잡이 노인은 대답했다.

“지금 내가 바로 그렇게 지내고 있네.”

“…….” 1)

인간은 오랫동안 행복을 추구해 왔다. 행복한 생활은 대부분 사람들에게 소중한 목적이 되고 있다. 그러나 실제 생활에서 자신이

1) 강수돌. 1999. 『작은 풍요: 삶의 자율성 회복을 통한 기업과 사회의 재구성』. 이후. 에서 재인용. 하인리히 뵐의 “느림 예찬”.

행복하다고 느끼는 사람은 그리 많지 않은 것 같다.

수많은 경쟁과 갈등으로 크고 작은 고통을 맛보고 있는 것이 세상살이가 아닌가 싶다. 최근에는 경쟁과 갈등이 개인의 고통에서 그치지 않고, 인간의 생존 환경조차 위협하는 형국이다.

현대 사회에서는 이러한 세상살이를 여러 가지의 학문적, 실천적 흐름으로 다루고 있다. 지금까지 대부분의 학문은 인간의 행복을 물질적 소유 여부를 중심으로 이해했다. 여기서의 전제는 인간의 욕구는 '선(善)' 이고 이를 채우기 위해 물질적 재화를 확보하는 것이 중요하다고 믿는 것이다.

우리에게 익숙한 현대 자본주의나 사회주의 체제는 모두 이러한 기본적인 전제에서 벗어나지 않았다. 자본주의가 '자본을 위주로 한 상품공급 체계' 를 지향했다면 사회주의는 '국가계획에 입각한 상품공급 체계' 를 지향했다.

그 결과로 자본주의와 사회주의 간의 경쟁은 '생산력 향상' 이라는 결과를 가져왔다. 그러나 동시에 인류는 생태계 교란 위기, 식량 위기, 에너지 위기라는 새로운 위험 앞에 서야 했다.

이 위험은 의문을 낳았다. '지구' 라는 한정된 공간이 인류의 끊임없는 욕구 앞에서 지탱 가능한가, 그래서 인간의 행복을 찾는 길이 욕구를 선으로 보는 것에서 출발해도 되는 것인가 하는 의문으로 이어졌다.

이것은 인류에게 매우 강력한 의문이 되고 있다. 행복을 위해서 물질적 욕구가 무한대로 자극되어도 '유한한 지구' 가 버텨 낼 것인가 하는 회의가 생겨난 것이다.

이와 같은 21세기의 의문과 회의, 즉 인류의 총체적 생명 위기에 대한 강력한 의문은 지난 1992년 브라질의 리우회의[2] 이후 인류의 공식적인 고민이 되었다.

여전히 인류는 20세기의 못다 푼 문제를 갖고 있다. 계급 갈등과 민족 갈등이 그것이다. 이에 더하여 21세기를 살아가는 인류에게 또 하나의 과제가 제기된 것이다.

그동안 인류가 고안한 경제와 정치를 다루는 기본적인 방법론은 '만인에 대한 만인의 투쟁' 이나 '계급 갈등' 등이었다. 이는 자본주의와 사회주의의 근간을 형성하고 있다.

이를 철학적으로 뒷받침한 것이 자연계에서 나타나는 현상을 사회에 그대로 투영하는 세계관이다. 자연계에서는 '화합과 상생의 현상' 보다는 '대립과 투쟁의 현상' 이 더욱 지배적이라는 근대과학의 세계관이 사회에 투영되어 나타난 결과였다.

그런데 현대 문명이 만들어 낸 '생태계 위기, 환경 위기' 등의 현상은 질적으로 전혀 다른 문제를 제기한 것이다. 이제 21세기 인류는 '지속가능한 생존' 이라는 새로운 문제에 직면한 것이다.

자연물과 사회는 대립과 갈등의 방법론으로 해석할 것이 아니라, '관계성과 상생' 의 관점에서 해석해야 한다는 문제 제기가 서서히 공론의 장으로 나오고 있다.

현재 이야기하고자 하는 생명운동[3]은 단순히 죽어 가는 산을 살

2) 1992년 브라질 리우에서 리우회의(지구정상회담, 유엔환경개발회의)가 개최되었다. 이 회의에서 지구 환경 질서의 기본 원칙을 규정한 리우선언과 환경실천계획인 의제 21(아젠더 21)이 채택되었는데, 이에 따라 지속가능한 발전이라는 용어가 전 세계적으로 확산되는 전기를 맞게 되었다. 리우회의는 환경에 대한 관심을 세계적으로 고취시키고, 환경과 개발의 문제를 조화시키는 세계 전략의 이념적 방향을 설정하여 지구 환경 보호를 위한 기본적 원칙과 대책을 제시했다는 의미를 지닌다.

3) 사전적으로는 현대 문명이 초래한 환경 및 생명의 파괴 현상을 유기농법 운동,

리고, 강을 살리는 차원의 문제가 아니라, 인류의 새로운 문명을 형성하자는 차원에서 제기되는 문제다. 그래서 그 해법으로 세상을 지금까지 보아 왔던 대립과 투쟁의 세계관에서 관계성과 균형의 세계관으로 바꾸어 가자는 새로운 깨달음 운동, 대안문명 운동을 제시하고자 한다.

특히 여기서는 새로운 문명(文明)을 향한 '작은 오솔길'을 제안하려고 한다. 오솔길은 그야말로 작은 길이며, 목적지로 향해 가는 수많은 길 중에 하나다.

나는 불교사상에 근거하여 '귀농운동과 지역공동체운동'을 풀어 나가는 사람이다. 이 글은 산업화, 도시화가 유일한 '삶의 방향'임을 역설하는 사회에서, 작은 산책길을 걷는 기분으로 살펴 주기를 바란다.

생태적 공동체 운동 등으로 극복하고자 하는 운동을 일컫는다.
생명운동은 새로운 문명의 창조를 위한 실천 방안으로 새로운 세계관 및 사회양식, 새로운 생활양식 그리고 새로운 문화 창출을 위한 운동을 택하고 있다. 이 중 우선적 계기는 새로운 생활양식 창출을 목적으로 하는 '생명공동체운동'에서 찾고 있으며, 이 생활양식 운동이 보수화되거나 대기업 중심의 에코 산업으로 전화(轉化)되는 것을 방지하기 위해 전자와 병행적으로 생명문화운동을 확산시키고자 한다.
사회적으로는 인간의 위기와 자연의 위기를 통합적으로 바라보고, 이것의 해결에 적극 나서는 입장이 필요하다. 생명운동은 인간과 자연에 닥친 위기의 문제를 하나의 일관된 세계관으로 해석하고, 적극적으로 대안을 모색하는 운동이다. 생명운동은 생명을 불안하게 하고 직접적으로 생명을 파괴하는 일에 대해 적극적으로 그 원인을 진단하고, 대응하고자 하는 일련의 흐름을 일컫는다(네이버 백과사전 참조).

행복을 향한 두 가지 계획에 대한 비판적 검토

물질적 재화를 통한 행복 추구 계획

❀ 자본주의와 사회주의를 통한 생산경쟁과 유보된 행복

누구나 행복하게 살기를 원한다. 이 말에 동의하지 않을 사람은 없을 것이다. 적어도 지난 150여 년 동안 우리를 포함한 대부분의 인류가 이 말에 동의했다. 특히 지난 150여 년 동안 인류는 이 목적을 실현하기 위한 대단한 실험을 했다.

현대 사회는 소위 자본주의와 사회주의라는 체제를 통한 경쟁시대였다. 순전히 이 체제 경쟁은 '생산력' 을 높이기 위한 경쟁이었다. 사실 그 이전에도 이러한 경쟁은 꾸준히 있었다. 그러나 유독 지난 150년간의 경쟁은 치열했다.

자본주의는 '생산력' 을 높이기 위해 인간의 '합리적 이기심' 에 기대야 한다고 했다. 그리고 사회주의는 '생산력' 을 높이기 위해 인간의 '합리적 연대' 에 기대야 한다고 했다.

이 결과로 인류의 '생산력' 은 높아졌다. 따라서 인류는 풍요로운 '물질적 부' 를 획득하게 되었다. 그러므로 21세기의 인류는 행복해야 했다. 스스로 묻는다. 그래서 인류는 행복한가? 100배의 물질적 부를 갖게 되면 100배의 행복을 느끼게 되는가?

현대 학문인 경제학에서는 행복을 재화(물질적 부)를 통한 욕구 충족이라고 믿는다. 그래서 '행복=재화/욕구' 라고 표현한다.

행복을 크게 하려면 분자인 재화를 더욱 늘려야 한다고 여긴다. 인간의 욕구는 항상 커지게 마련이므로, 물질적 생산이 반드시 더욱더 커져야 행복을 늘릴 수 있다는 것이다.

이러한 믿음으로 현대 사회는 최대한의 능력을 발휘하여 물질적 재화를 생산했다. 그러나 현대 인류는 물질적 재화 공급을 훨씬 초과하여 욕구를 늘려 왔다.

먹고살기 힘든 시기에 인간의 욕구는 '먹고사는' 문제에 한정되어 있었다. 그러나 그 문제가 해결되자 좋은 차, 좋은 집, 좋은 음식, 좋은 옷, 좋은 신발 등으로 욕구가 확장되었다. 물질적 재화를 확대하여 인간의 행복을 높이고자 한 첫 번째 계획은 더 빠른 욕구 성장으로 '유보'되었다.

❀ 행복을 향한 분배경쟁과 '시장과 국가의 실패'

인류의 생산력은 급속하게 늘었다. 그러나 즉각적으로 모든 인류의 행복의 문제가 해결되지는 않았다. 따라서 문제의 원인을 찾아야 했다.

사람들은 문제는 그것에 대한 정의로운 분배 여부에 있다고 믿었다. 자본주의는 이 문제를 시장을 통해 해결하고자 하여 개인에게 자신의 노동력을 팔아서 분배의 과정에 참여할 것을 주문했다. 사회주의는 국가의 계획에 동참한다는 조건으로 분배의 과정에 참여시켰다.

인간은 물질생산이 높아지면 분명히 행복도 높아질 것이라고 믿었다. 그러나 현실은 그렇지 못했다. 그것의 이유가 욕구의 문제를 제대로 다루지 못했다는 것에 주목하여 생산물에 대한 '분배'의 문제에 관심을 가졌다. 그래서 생겨난 것이 소위 '국가계획'과 '복지국가모델' 이었다.

그러나 시장은 경쟁에서 소외되는 사람을 낳았고, 국가는 모든 사람에게 창조적인 동참을 끌어내지 못했다. 그래서 정의로운 분배에 대한 대안으로 제시되었던 이러한 모델들도 다시 한 번 흔들렸다.

복지국가모델의 경우 1970~1980년대를 거치면서 흔들리기 시작했다. 유럽 사회의 복지국가모델은 1970년대의 석유파동과 경제 위기를 거치면서 복지정책의 축소로 나타나게 되었다. 그리고 사회주의의 '국가계획경제' 체제는 1990년대를 거치면서 급격하게 무너졌다. '정의로운 분배' 를 통한 행복 추구의 길도 여전히 지속적이지 못했다.

물질적 생산의 증가와 불안한 행복

❀ 늘어난 물질적 부, 더욱더 늘어난 인간의 욕구

인류는 20세기에 이미 모든 인류가 먹을 만큼의 생산량을 달성했다. 자본주의와 사회주의 간 대결과 혹은 협력 과정을 통해 인류 전체가 먹을 식량을 초과 달성했다. 하지만 이러한 물질생산의 증가는 곧바로 '행복' 으로 이어지지 못했다.

지금도 지구상의 어떤 곳은 '절대적인 식량' 과 '적절한 의료체계' 가 없어서 죽어 가는 이들이 있는 반면, 어떤 곳에서는 매년 수조 원의 음식쓰레기가 버려지고 있으며, 선진국에서는 다이어트 열풍이 사회적 병리 현상이 되고 있다.

모든 인간의 '행복한 삶' 을 위해 시작된 체제경쟁은 '물질생산' 의 증가를 가져 왔지만, '행복한 삶' 을 선사하지는 못했다. 그야말로 반박에 성공하지 못한 것이다.

경제학에서 행복방정식의 세 가지 요소[4] 중 마지막 하나를 검토해야 할 때다. 즉, 남은 것은 욕구다.

현대 사회는 자본을 늘려 왔고, 기술 개발을 통한 생산력을 증가시켰다. 따라서 물질적 재화의 공급을 급격히 늘려 온 것이 사실이다. 그에 비해 인간의 욕구는 한층 더 증가했다. 인간의 욕구는 '생존의 필요'를 넘어서서 '생활의 풍요'를 추구했다. 그리고 더 나아가 '소비는 미덕'이라는 것으로 확장되어 갔다.

인간의 확장된 욕구에 따라 행복의 크기가 줄어들고 있다. 분자인 재화가 조금 늘어난다고 해도 분모인 욕구가 그보다 빠르게 증가하면 행복은 증가하지 않는다. 물질적 재화를 통한 인류의 행복 실험이 위기에 봉착한 것이다.

생산의 영역에서 물질적 재화를 늘려 행복을 추구하고자 했던 실험이 인간 욕구의 무한팽창으로 한 번 꺾였던 것처럼, 정의로운 분배를 통해 인간의 행복을 추구했던 흐름도 현대 사회에서 한계를 보이기 시작했다.

인간의 욕구는 무한대로 늘어나지만, 물질적 재화를 공급해야 할 '지구는 한계가 있다!'라는 강력한 사실이 우리 앞에 다가와 있는 것이다.

'미래의 불안'에 저당 잡힌 현재의 행복

행복을 추구하는 인간의 의지는 중요하며, 소중하기까지 하다. 따라서 이를 추구하는 것을 탓하는 것은 옳지 않다.

근대 사회에서는 일정한 생존욕구를 해결하기 위해 어느 정도 행복을 유보하고 물질적 재화를 생산하기 위해 노력해야 했다. 근

4) 행복, 재화, 욕구

대와 현대의 수백 년간 인류는 행복을 유보한 상태로 살아왔다. '절대적인 빈곤'을 넘어서는 것이 중요한 목표였기 때문이다.

그러나 기본적인 생존욕구를 충당한 이후에도 여전히 인류는 행복을 느끼는 것을 유보하고 있다. 이것은 순전히 '미래에 대한 불안'[5]이라는 요인이 현재의 행복을 저당 잡고 있기 때문이다.

현재 일정한 수준으로 욕구와 재화가 균형을 이루고 있다고 할지라도 어느 순간 경쟁에 뒤처지면 다시금 이 균형이 깨지는 불안한 미래를 느끼고 있는 것이다.

이러한 미래의 불안은 자본주의나 사회주의에서 여전히 나타났으며, 분배를 시장경쟁에 맡기든지 혹은 국가모델에 맡기든지 마찬가지로 생겨났다. 여전히 미래의 불안이 현재의 행복을 압도하는 것이다.

이런 불안함은 국내적으로는 각종 계급계층 간 갈등으로 표출되고 있다. 국외적으로는 국제적 남북국가 간의 빈부갈등과 제3세계에 만연된 기아와 질병 등에서 확인되고 있다.

물질적 부를 '풍요롭게 생산'하고 '정의롭게 분배'하여 행복을

5) 불안은 특정한 대상을 가지고 있지 않은 두려운 감정이다. 자기에게 닥칠 위험이 모습을 드러내지 않고 있지만, 미래의 가능성으로서 존재하고 있어 자기 안전이 깨어질 것이라는 두려운 감정을 뜻한다.
불안해지면 심장의 고동이 세고, 가슴이 죄는 듯하며, 머리가 무겁고, 식은땀이 난다. 불안은 두려움이나 공포 감정과 비슷하지만, 다음과 같은 점에서 다르다. ① 두려움에는 두려움을 일으키는 위험물이 목전에 있지만, 불안에는 그런 것이 없다. 그러므로 불안은 상상된 위험물에 대한 반응이고 주관적인 것이다. 이런 의미에서 불안의 대상은 무(無)라고 한다. ② 두려울 때는 위험물에서 도망치려고 하거나, 위험물을 극복하려고 하는 충동을 느끼지만, 불안할 때는 무력감밖에 없다(네이버 백과사전 참조).

추구하고자 했던 것이 위기를 맞게 되었다. 이러한 경험을 통해 새로운 문제의식이 싹트게 되었는데, 바로 행복을 결정하는 욕구를 정의하는 문제다.

지금까지 인류는 '물질적 재화' 를 갖고자 하는 것을 인류의 최대 '욕구' 라고 보았으며, 이를 잘 해결하기 위해 '물질적 생산' 을 잘 해야 한다고 보았다. 그래야만 행복이 증대할 것이라고 믿었다.

그러나 인간에게는 물질적 재화에 대한 욕구 이외에도 여러 가지 비물질적 재화에 대한 욕구가 존재한다.

이제 인류에게는 '생존을 위한' 물질적 재화를 잘 배분할 수 있는 지혜가 필요하며, 동시에 물질적 재화를 충족하여 행복을 추구하는 길이 아닌 '또 다른 인간의 욕구(비물질적 욕구)' 를 찾아 나서는 용기가 필요한 시기가 되었다.

물질적 풍요와 맞바꾼 또 하나의 문제:
총체적 생명 위기

물질적 풍요가 만들어 낸 또 다른 측면

최근 자연의 빠른 변화는 우리를 적잖이 당황하게 한다. 이러한 현상은 '이상기후'[6] '생태계 교란'[7] 등의 용어를 통해 잘 나타난

6) 세계 언론매체들은 최근 몇 년 동안 이어지는 이러한 이상기후에 대해 '기상이변' 이라는 용어를 사용해 가며 우려를 표시했다. 이러한 이상기후는 일과성 이변인가, 아니면 지구온난화 등에 따른 지속적인 현상인가.
기상학자들은 유럽 대륙에 뜨거운 공기가 유입됨에 따라 7월의 이상 열파가

다. 인간은 자연의 일부이고 인간에게 장 · 단기적으로 피해가 없다면 자연에 변화가 있다고 해도 그것을 무조건 나쁘다고 할 수는 없다.

그러나 현재 일어나고 있는 자연 변화의 방향과 속도는 장기적으로 인류에게 결코 긍정적으로 비치지 않는다. 그렇기에 인간은 두려움을 느낀다.

초래됐다고 진단하면서, 장기적 관점에서 보면 발전소, 자동차, 항공기 등의 이산화탄소 배출에 의한 지구온난화가 이상 혹서의 중요한 원인이라고 지적했다.

일부 언론은 이 현상을 '기상이변' 이라고 표현하지만, 기상학계에서는 '극한기후' 또는 '극한기상' 이라는 용어를 사용한다. 이것은 올해에만 국한된 일과성 현상이 아니다. 과거 11년간 지구 전체의 평균기온을 보면 기상관측이 시작된 1850년부터 지금까지 가장 더운 10년이 과거 11년에 몰려 있다. 전 세계 평균기온이 최근 몇 년간 계속 높은 상태를 유지하는 것이다.

지난해에도 역시 극한기후가 기승을 부렸으며 유엔의 공식기구는 이 극한기후의 가능한 원인 중 하나로 지구온난화를 언급했다(한겨레신문. 2006. 9. 5).

7) 생태계 교란은 매우 포괄적이다. 특히 요즘에 문제가 되는 것은 환경호르몬을 통한 인간 내부의 신진대사에 대한 교란이다. 환경호르몬은 인간이 만들어 낸 환경오염 물질에서 나오는 가짜 호르몬(환경성 내분비교란물질, Endocrine disruptors)이다. 즉, 인간이 만들어 쓰다 버리거나 사용 중인 각종 화학물질, 농약 등이 먹이사슬을 통해 체내에 들어와 마치 진짜 호르몬처럼 작용하며 성장 프로그램을 방해하는 것으로 극히 작은 양에도 생체에 치명적인 영향을 미친다. 환경호르몬 유입의 공통점은 편의주의의 결과로 생긴 것이라는 점이다. 즉, 농사를 편하게 짓기 위해 농약을, 쓰레기 처리를 쉽게 하기 위해 소각을, 각종 비닐제품, 인스턴트 식품, 배 밑에 칠하는 페인트 등 모두가 인간들의 소비를 촉진하고 생활수준을 높이려고 한 데서 기인한 것이다. 이렇게 사용된 물질들이 우리도 모르는 사이에 온 지구를 덮어서 생태계를 파괴하고 있다. 그런데도 사람들은 아직도 편리함에 빠져서 환경호르몬으로부터 벗어나지 못하고 있다. 더욱이 상업주의는 사람들을 유혹하고 호도하며 환경 파괴와 죽임의 문명을 부채질하고 있으니 큰 걱정이다.

요즘 현대 문명에 대해 많은 사람들이 걱정한다. 그중에서 현대 사회를 특징짓는 대표적인 말들을 살펴보자. 생태계 위기, 식량 위기, 에너지 위기가 가장 많이 회자되는 단어들이다. 이를 연기적 세계관에 입각해 해석하면, '총체적 생명 위기' 라고 표현할 수 있다.

생태계 위기를 인간에게 적용해 보면, 총체적 삶의 환경이 위태롭다는 것이다. 식량 위기라는 말은 국가 간에 먹을거리를 가지고 싸워야 한다는 것을 뜻한다. 그리고 에너지 위기는 '석유전쟁' 이 만연하게 될 것이라는 불안감을 내포한다.

현대 사회의 불안감, 총체적 생명 위기의 모습

인간은 물질적 재화를 얻기 위해 자연물을 개발해야 했다. 그것의 결과가 생태계의 위기로 나타났다. 물질적 풍요와 편리를 위해 대도시화와 공업화를 추진했고, 그것의 결과가 식량 위기와 에너지 위기를 초래한 것이다. 세상의 모든 결과는 항상 우리 의도대로 움직이지 않는다.

이와 같은 몇 가지의 위기 징후가 왜 총체적 생명 위기로 치닫게 되었는가를 살펴보면 다음과 같다.

첫째, 생태계 위기를 살펴보자. 현대 사회는 물과 흙과 공기의 오염 등 자연환경의 위기가 심각하다. 이제는 한 발 더 나아가서 단순한 환경오염의 문제에 그치지 않고 있다.

'경제 개발 중심적인 현대 문명' 이 문제의 주범으로 인식되고 있다. 편리하고자 선택한 각종 자동차와 공장의 기계들이 이산화탄소를 뿜어 대고 있고, 이 이산화탄소는 '온실효과'[8]의 주범이 되어 지구온난화를 일으키고 있다. 풍성한 먹을거리와 편리한 생활을 위해 인류에게 선택되었던 과학기술들이 이제 많은 위협적인 문제들을 초래하고 있다. 인간의 생존 터전인 환경이 위험에 처했다면 우리의 삶 전체가 흔들리게 되는 것은 당연하다.

둘째, 식량 위기 문제를 살펴보자. 식량의 문제는 이제 아프리카의 몇몇 국가나 북한 등 일부 국가의 국지적인 문제로만 국한되지 않는다. 이미 1990년대 중반을 넘기면서 세계 곡물시장에서 식량의 절대량이 모자라는 현상이 종종 연출되고 있다.

1990년대 초반까지만 해도 중국은 세계에서 가장 많은 식량을 수출하는 나라였다. 그러나 지금 중국은 세계 최대의 식량 수입 국가[9]가 되었다. 이는 중국이 추구한 공업화, 도시화를 위한 대규모

8) 태양으로부터 오는 가시광선의 많은 부분이 대기를 통과하여 지면까지 도달해 지면을 가열한다. 이 에너지의 일부는 파장이 긴 적외선 형태로 지면에서 재복사되나, 이 적외선 중 많은 양이 대기 중의 이산화탄소나 수증기에 의해 흡수되어 열로서 지면으로 다시 방출된다. 이렇게 적외선이 포획되면 온실효과가 없는 경우보다 지면과 하층 대기가 더 가열된다. 많은 과학자들은 금세기 이후 기후 양상에 상당한 변화가 나타날 것이라고 예언하며, 21세기 중반까지 전 지구상의 평균기온이 5℃ 정도 상승할 것으로 추정하고 있다(네이버 백과사전 참조).

9) 실제로 농경지는 마음대로 증대될 수가 없다. 지난 30년간, 전 세계의 경지 면적은 약 15억 헥타르에 머물러 있다. 러시아나 남아메리카에서 새로운 농지가 더해지고 있는 반면, 아시아와 유럽에서는 줄거나 산업개발 용도로 점점 더 많은 땅이 유실되고 있다. 중국에서는 10년 사이에 경작되던 토지 800만 헥타르가 사라져 버렸다. 비교를 위해 예를 들면, 독일에서는 1,200만 헥타르에 조금 못 미치는 면적의 땅이 현재 농업용으로 사용되고 있다. 이들 공간적 제약에도 불구하고 만약 세계 인구가 지금과 같이 급속하게 증가하지 않는다면 문제되지 않을 것이다. 1950년에 태어난 사람은 인류가 25억에서 현재의 66억으로 그 수가 배 이상으로 불어나는 것을 경험했다. 수학자 프란츠 요셉 라데마허는 만약 2050년

의 인구이동으로 초래된 것이다.

동남아시아의 여러 국가들과 아메리카 지역의 광대한 식량 생산 지대도 점차 생산량 감소 추세를 보이고 있다. 이 외에도 여러 가지 상황의 결과는 현재 전 세계적으로 1억 이상의 사람이 굶어 죽어 가고 있으며, 인류의 거의 1/3인 15억 명이 매일 밤 허기진 상태에서 잠자리에 들고 있는 현실[10]로 나타나고 있다. 식량의 문제는 점점 더 구체적인 현실로 나타나고 있다. 컴퓨터, 배, LCD 텔레비전보다 더욱더 중요한 것으로 '식량'이 전 세계적으로 등장하고 있다.

셋째, 이제 에너지 위기를 살펴보자. 현대문명의 주요 에너지원은 석유와 석탄 그리고 원자력이다. 그러나 이러한 자원이 석유의 경우, 논자에 따라 차이는 있지만 대략 30~50년이면 한계를 보이게 될 것이라고 한다. 석탄의 경우도 50여 년, 원자력의 경우라도 100년을 넘지 못할 것이라는 전망이다.

이러한 통계는 인류가 현재의 수준으로 에너지를 소비했을 때를 기준으로 나온 계산이다. 그러나 지금과 같이 세계의 모든 나라가 도시화, 공업화의 추세를 더해 간다면 이 기간은 더욱 단축될 것이다. 이런 식의 자원 고갈 가능성에 대해서는 많이 들어 왔을 것이다. 그러나 에너지 문제에 관련하여, 이런 고갈의 문제만 있는 것이

까지 세계 인구가 90억 혹은 100억으로 증가한다면 "세계는 막대한 양의 추가적 생산을 농업 분야에 요구하게 될 것이다."라고 경고했다. 로마클럽 회원인 라데마허는 "농업 생산 부족이 극적으로 심화될 것"이라고 전망하고 있다. 김정현 역. 2008. 우리의 배고픈 행성—식량이냐 연료냐. 『녹색평론』 3/4월호(이 글의 출전은 독일 시사주간지 *Der Spiegel*(온라인판) 2008년 1월 24일자다.).

10) 이창희 역. 2000. 『엔트로피』(Jeremy Refkin 저). 세종연구원.

아니다. 에너지 문제는 가격 상승과 쓰레기의 문제로 구체적인 생활에 개입한다.

점점 비싸지는 에너지 가격과 그에 따른 일상생활에서의 에너지 비용의 증대와 에너지를 쓰고 남은 쓰레기에 의한 각종 오염 문제 등이 더하여, 인류 전체가 중대한 생명 위협에 처해 있다.

현대 사회에 새롭게 제기되는 문제는 하나의 특징으로 수렴되고 있다. 그것은 우리가 근현대 시기를 거치면서 풍요롭게 살고자 했던 욕구에 대한 반응이라는 점이다. 우리에게 풍성한 물질적 부를 주었던 그 원인이 우리에게 '총체적 생명 위기'의 씨앗이 되고 있다.

'생명 위기'에 대한 불교적 진단과 대응 방법

이제 우리는 '총체적 생명 위기' 현상들을 안고 살아야 한다. 행복하게 살기 위해서는 이 현상에 대해 살펴보아야 한다. 현대 문명에 대한 제대로 된 진단과 그에 관한 해결방법론을 찾는 데 유용한 도구로 불교적 세계관이 주목받고 있다.

현대 문명에 대한 무엇이 연기적 세계관에 입각한 진단이고, 무엇이 그렇지 않은 진단인가?

첫째, 생태계 위기의 원인을 '자연을 지배 대상으로 여기는 생활방식'에서 찾는 것이 연기적이고, 자연환경의 오염과 인간의 생활방식이 무관하다고 보는 것이 비연기적이다.

둘째, 식량 위기의 문제를 '진정한 나의 아픔'으로 인식하는 것이 연기적이고, 식량을 통한 국제경쟁력 제고를 외치는 것은 비연기적이다.

셋째, 에너지 문제를 '자원 고갈 가능성' 을 열어 놓고 접근하는 것이 연기적이고, '인간의 물질문명을 유지하는 지속가능한 도구' 로 접근하는 것은 비연기적이다.

이제 가장 안타까운 것은 이러한 생명 위기 현상이 이미 죽음의 연쇄고리를 형성하고 총체적으로 우리 삶의 곳곳에서 건강과 생명을 위협하고 있다는 점이다.

행복을 위한 최소한의 물질적 생존 조건

❀ 지속가능한 사회를 위해 필요한 종교적 지혜

지난 2002년에 리우선언 10주년을 평가하는 세계대회가 진행되었다. '지속가능성' 에 대한 회의는 산업선진국이나 개발도상국, 정부기구나 비정부기구 모두가 공유했다. 그러나 이제 지속가능성이라는 수식어에 붙는 명사는 정부기구와 비정부기구 간에 새로운 단어를 사용하고 있다. 정부기구는 '개발' 을, 비정부기구들은 '생존' 혹은 '사회' 를 사용한다.

잠시 우리 사회로 눈을 돌려 보자. 우리나라는 어떠한가. 과연 지난 10여 년 동안 충분하게 이 '지속가능성' 이라는 화두에 대해 깊이 있게 성찰했을까?

지난 10여 년 동안 몇몇 환경단체를 중심으로 우리 사회에 '지속가능성' 에 대한 경고를 해 왔다. 그러나 이러한 경고가 사회적 반향을 일으켜 우리 사회를 '지속가능한 사회' 로 만들어 내지는 못한 것 같다.

여전히 정부기구는 '개발과 성장' 을 외치고 있으며, 이 과정에서 지속가능한 생존의 기반인 농지(農地)가 투기의 대상이 되고 지역의 도시 간 고속도로로 우리의 산야는 구멍 나고 파헤쳐지고 있다.

새만금의 갯벌은 죽어 가고 있으며, 천성산의 도롱뇽은 미래의 인간처럼 죽음을 기다리고 있다. '고에너지 소비사회' 에서 나날이 증가하는 에너지 수요를 위해 우리 산야 어디엔가는 반드시 '핵발전쓰레기장' 을 지어야 하는 처지로 내몰리고 있다.

이미 언급하였듯이 물질적 재화를 위한 근현대 시기의 노력은 중요한 과정이었다. 왜냐하면 '절대적인 빈곤' 의 선을 극복해야 하는 것이 중요했기 때문이다. 그러나 지구상의 모든 나라들이 우리나라와 같은 방법을 택한다면 그 이야기는 달라진다. '현대 문명' 의 지속가능한 '생존' 에 관한 화두를 성찰하지 않는다면 모든 국가들은 편리함과 물질적 부를 향한 무한경쟁에서 빠져 나올 수가 없을 것이다.

현대 사회는 이미 생산력 면에서는 모든 인류를 먹여 살릴 수 있는 양을 생산하고 있다. 다만 그것이 국가 간, 인종 간에 불균등한 배분으로 지역에 따라 굶주림이 가속화되는 것이다. 이러한 국가 간, 인종 간에 불균등한 분배 형식이 그대로 이어진다면, 조만간 식량과 에너지가 점점 더 중요한 국가 간 분쟁의 소재로 변할 가능성이 많은 것이 현재 우리가 안고 있는 문제다.

이러한 현실에서 종교인의 역할은 '떠드는 사람 혹은 경고하는 사람' 임을 새삼스레 되새겨 본다. 역사 이래 종교의 역할이 그러했던 것 아니겠는가? 새로운 문명운동과 '새로운 행복 찾기' 를 위한 제안은 탈세속적인 종교인의 신념 속에서 시작될 수밖에 없을 것 같다.

사회적 성찰을 위한 길은 고단하다. 특히 이를 먼저 떠들고 다녀야 하는 종교인의 길은 더욱 고단할 수밖에 없다. 그러나 이 길을 가는 신념의 근원이 종교로부터 우러나오는 지혜이고, 이런 지혜를 바탕으로 한 꾸준한 실천이 '수행'의 길이지 않을까 싶다.

❀ 지속가능한 사회를 위한 최소 조건

현대 사회에서 '식량'과 '에너지'를 지속가능하게 인류의 공통의 것으로 만들기 위해서는 다음과 같이 주의할 요소가 있다.

첫째, 현대 산업사회에서 식량과 에너지 문제 등의 거대한 사안들을 제대로 다루는 세계관이 확립되어야 한다. 식량에 관한 세계 농업의 현실을 보면, 식량은 태양과 흙과 공기를 통해 지속될 수 있다는 신뢰가 무너졌다. 현대 농업, 어업 등은 자연과 인간의 '조화로운 기술'에 의해 좌우되지 않고 있다. 점점 화석연료가 농업 등의 1차 산업에 비중을 더해 가고 있다.

물론 이러한 현상의 주요 원인은 자기 행위에 대한 총체성을 생각하지 않는 우리의 세계관에 문제가 있다. 그러나 전도된 세계관과 그에 입각한 생활방식을 고칠 수 있는 힘은 이제라도 우리들이 윤리적 선택을 하느냐에 달려 있는 것이다.

두 번째로는 지속가능한 농업과 지속가능한 농촌사회가 '지속가능한 생존'을 위한 필수 요소임을 확고히 해야 한다.

축적된 태양에너지인 화석연료가 빛나는 태양과 푸른 초원 그리고 시원한 공기를 대신하여 우리에게 식량을 공급하고 있다. 그러나 애석하게도 화석연료는 한계점을 눈앞에 두고 있으며, 도시의 두꺼운 공해층에 태양은 빛을 잃어 가고 있다.

더욱 애석한 것은 시간이 지남에 따라 수천 년을 내려오던 농경문화의 주체인 농부들이 속절없이 은퇴의 벼랑에 몰리고 있으며,

동시에 땅과 태양, 물과 인간의 결합으로 이루어지는 식량을 위한 대합창의 기술이 사라질 위기 혹은 독점화될 위기에 처해 있다는 것이다.

지속가능한 생존과 행복을 위한 욕구의 변화

❀ 현대 사회 최고의 가치로서의 '지속가능성'

최소한의 생존욕구와 '이기적 욕망'은 분명히 구분되어야 한다. 그렇기 때문에 20세기 이후 인류의 대부분의 노력은 '최소한의 생존욕구'를 채우기 위한 것으로 향했다. 하지만 이제는 인류의 문제가 다르게 나타나고 있다. '최소한의 생존욕구'를 채우기에 '인간의 생산 능력'이 모자라지 않다. 인류는 '최소한의 생존욕구'가 아닌 '이기적 욕망'에 의해 '삶의 근거'를 허물어뜨리는 새로운 시대를 살게 되었다.

남북국가 간의 빈부격차로 대다수의 중후진국의 '발전'하고자 하는 욕망을 어찌하지 못하고 있다.

그리고 미국을 중심으로 한 20여 개의 국가가 인류가 사용하는 모든 에너지 총량의 80%를 쓰고 있다. 이 국가들의 '경제적 부'가 지구상의 '부'의 80%를 차지하고 있으며, 다른 100여 개의 국가는 나머지 20%를 나누어 사용하고 있다.

이와 같은 상황에서 중국과 인도의 공업화, 대도시화에 의한 지구 환경의 위기는 속도를 더해 가고 있다. 중국의 경우 지난 10여 년의 공업화, 대도시화로 세계 최대 '식량수입국'이 되었다. 10여 년 전만 하더라도 12억 인구의 '중국'은 세계에서 식량을 수출하는 나라 중에 하나였다.

중국과 인도의 공업화는 농업에 종사하던 사람들이 대도시로 몰려 가고 있다는 것을 뜻한다. 이제 중국과 인도는 세계시장에 곡식을 대신하여 '소비제 공업품'[11)]과 '생활가전기구'를 내놓는 국가로 변하고 있다. 그러나 문제는 식량과 에너지에 관한 걱정에서 그치지 않고 있다는 것이다. 이제 전 세계는 매년 기후 변화의 속도와 방향에 대한 걱정이 늘고 있다. 뜨거워지는 지구에 대한 우려가 커지고 있다. 소위 '지구온난화'가 초래하는 대규모의 이상기후가 새로운 '위기'로 나타나고 있다.

지구온난화는 화석연료를 사용하는 거대 공장과 자동차들이 뿜어내는 이산화탄소에 비해 이 이산화탄소를 먹고 사는 나무와 숲이 줄어 가는 데서 생겨나는 문제다. 대규모의 밀림이 각종 개발사업자들에 의해 쓸려 나가고, 점점 더 많은 지역이 석유문명권으로 접어들고 있으니 지구온난화는 당연한 결과다.

지금까지 인류는 배곯지 않고, 아프지 않을 최소한의 '생존욕구'에 대한 가치 추구를 하고 있었다. 그러나 지금부터는 새로운 '가치 추구'가 필요한 국면이다. 이제 '지속가능한 생존' 혹은 '지속

11) 월마트는 지난 2004년 중국에서 180억 달러의 제품을 수입했다. 중국 수출품의 약 20%가 최대 해외시장인 미국으로 반입된다. 또한 중국이 세계 의류산업에서 차지하는 비중은 약 16~19% 정도인 것으로 알려져 있다.
이런 상황에서 미국 소비자 지출이 급감하면 중국 기업들과 경제 전체에 큰 타격이 된다. '보샨 라이너 의류사'의 사례는 이러한 사실을 단적으로 보여 준다. 중국의 의류 수출 관계자인 샤오 줄리앙은 몇 달 전 최대 고객사인 월마트로부터 내년 봄 시즌에는 수입 주문을 하나도 낼 수 없을 것이라는 최악의 통보를 받았다.
샤오는 "월마트 측으로부터 재고가 쌓여 가고 있다는 통보를 받았고, 이제 월마트로부터 돈을 벌기는 힘들게 됐다."면서 "사실 우리는 월마트가 없으면 끝장난 것이나 다름없다."라며 울상을 지었다(연합뉴스. 2007. 5. 30).

가능한 사회' 가 필요하다.

대규모의 식량 위기와 에너지 위기에 대비하는 지혜가 필요하다. 그리고 빠르게 진행되는 '생태계 교란' 을 멈추게 할 인류의 결단이 필요하다. 이러한 인류의 노력은 '지속가능한 생존' 의 터전을 확보하기 위한 최고의 가치라고 볼 수 있다.

❀ 물질에 의존한 행복을 넘어서 '소욕지족' 의 행복한 삶으로

요즘 세간에는 '사회적 양극화' 에 대한 논의가 뜨겁다. 사회 전 분야에서 부와 권력 그리고 각종 이권에 관한 뚜렷한 쏠림 현상이 점점 더 심해지고 있다. 우리 사회가 '20대 80의 사회' 를 지나 '10대 90의 사회' 로 접어들고 있다는 우려도 있다.

이러한 양극화 속에서는 사회 통합이 불가능하다는 진단이 있다. 불교인의 입장에서는 일단 이러한 우려에 대해 고개를 끄덕일 수밖에 없다. 우리 사회는 이러한 사회불평등의 문제를 여전히 지니고 있으며, 게다가 지난 1990년대 이후 새로운 요구에 직면하고 있다.

즉, 우리 사회는 사회평등성과 함께 '생태건강성' 을 걱정해야 할 상황이다. 연일 텔레비전에서 보도되는 자연재해나 이상기온이 산업사회의 대량생산과 대량소비라는 현대 문명과 관계가 깊다는 진단은 우리를 불안하게 한다.

또 다른 형태의 '생태건강성' 의 문제는 에너지 위기로부터 비롯된다. 날로 높아지는 석유의 가격이 걱정이다. 만일 고유가가 우리 경제에 커다란 영향을 미치고, 우리나라가 능히 이 시련을 견디지 못하면 '오염된 공기와 물 그리고 먹을거리' 라는 걱정보다 훨씬 더 큰 '지구 차원의 생태건강성' 에 대한 위협이 현실화될 수 있는 상황이다.

그렇기 때문에 우리 사회가 '사회평등성'과 '생태건강성'을 유지하여 지속가능한 사회체계를 만들어 갈 수 있도록 지혜를 모아야 한다.

불교인들은 근본에서 생각하도록 배워 왔다. 즉, 올바른 관점과 문제의식이 문제를 풀어가는 데 기본이라는 것이다.

지금까지 살펴보았듯이, 이제 현대의 우리 사회는 한계를 안고 살아가야 할 처지에 있다. 여전히 20세기의 문제인 '사회적 평등'을 원만히 해결하지 못하고 있다. 나아가 지구의 자원이 더이상 인류의 먹을거리와 에너지를 무한대로 공급하지 못할 수도 있는 상황이다.

이러한 상황에서 행복을 유지할 수 있는 새로운 방법으로서 '욕구의 전환'이 필요한 시점이다. 다시 말하면, 물질적 재화를 추구하는 우리의 '행복 찾기' 방법을 바꾸어야 할 때다.

욕구의 '절대량'을 인간의 지속가능성이라는 더 높은 가치를 가지고 절제할 수 있는 능력을 키워야 할 때다. 그리고 '욕구의 방향성'도 물질에만 두지 않고, 인간과 인간, 인간과 자연이 함께 살기 위한 다양한 형태의 가치에 맞출 필요가 있다.

이러한 방법론은 현대 사회를 지탱해 왔던 기존의 가치와는 분명히 다른 방향이다. 도리어 이러한 방법론은 '종교적'이고, '탈세속적'이다. 따라서 세속에서 이러한 방법론이 설득력을 가질 수 있을지도 의문이지만, 이 방법론의 방향은 불교의 세계관과 삶의 방식을 향하고 있다는 것만은 분명하다.

이런 이유로 점점 더 현대 사회에서 '불교의 사회적 역할'이 커지고 있다. 적게 갖고도 행복할 수 있는 방법 그리고 물질적 소유를 자제하고, 정신적 대자유를 추구하는 방법은 향후 현대 사회의 새로운 방향타가 될 수 있는 불교의 소욕지족의 철학과 삶의 방식에서 찾을 수 있다.

'행복 찾기'를 위해 생태적 눈으로 바라보기

국가와 시장이 보장 못하는 인생이모작의 시대

인생이모작[12)]의 시대가 도래하고 있다. 지난 시기 우리 사회는 거의 '완전고용'에 가까운 시대를 살고 있었다. 1997년 외환위기 이후 이 '신화의 시대'는 지나갔다.

이제 '회사'는 나의 인생을 전부 책임져 주지 않는다. 40대 중반을 넘어서면 거의 대부분의 직장인들이 자신을 지켜 주던 '회사'의 문을 나서야 한다. 그리고 고단한 '자영업자'의 길로 들어서야

12) 이화여대 최재천 교수가 몇 년 전부터 주장하는 것이 있다. 주장이라기보다는 '제발 겁먹기 바란다.'라는 경고에 가깝다. 그것은 바로 인생 후반전을 준비하라는 것이다. 최재천 교수는 『당신의 인생을 이모작하라』라는 책에서 자녀 양육이 끝나는 이른바 '번식기 50년'을 인생의 일모작, 이후 번식 후기를 인생의 이모작으로 구분했다.
이모작에 해당하는 인생은 잉여인생이 아니라 제2의 인생이란 것이다. 고령화 사회 추세를 진단한 최재천 교수는 인구의 고령화가 몰고 올 사회적 충격이 '쇼크'나 '시한폭탄'을 넘어 천재지변에 가까울 것이라고 이야기하며, 본인뿐만 아니라 다른 사람들도 이에 대한 철저한 준비가 있어야 한다고 말하고 있다. 아이들이 장성한(또는 대학에 들어가는) 50세부터는 제2의 인생을 시작해야 한다는 것이다. 이를 위해서는 40대 초, 중반에는 준비를 시작해야 하며, 따라서 인생에는 은퇴란 없는 것이다. 다만 새로운 인생이 있을 뿐. (최재천. 2005. 『당신의 인생을 이모작하라: 생물학자가 진단하는 2020년 초고령 사회』. 삼성경제연구소. 서평 중에서.)

한다. 자영업자가 전체 산업인구에서 차지하는 비중은 30%를 넘나들고 있다. 다른 선진국가들의 경우 20%를 넘지 않는 데 비해 자영업자의 비중이 매우 높은 편이다.

이런 고된 삶을 맞이하게 된 과정을 살펴보자.

1999년 국제통화기금 사태 이후 우리 사회는 아직 뚜렷한 원인 분석이 되지 않는 두 가지 고통을 안고 있다. 하나는 '고성장에 대한 욕망' 이 실현되지 못하는 고통이고, 다른 하나는 '고용불안정' 에서 초래되는 고통이다.

첫째, 경제 성장의 욕망은 실현될 수 있는가?

지금 우리 사회의 화두는 '경제 성장' 이다. 그러므로 경제 성장을 위해서는 그것을 위한 동력을 찾아야 한다. 지난 정부에서는 이를 지식정보산업에 있다고 보고, 코스닥시장을 바짝 성장시켰다. 더불어 신행정수도, 기업도시와 혁신도시, 300개의 골프장과 이를 연결할 각종 도로와 고속철도 등의 건설산업이 선봉에 섰다. 현재 우리나라의 산업 생산에서 건설업이 차지하는 비중은 약 24%다.

몇 가지의 선진산업(자동차, 전자, 선박, 컴퓨터, 반도체 등)에 지식정보산업이 부가되면서 지금 우리나라는 3% 후반에서 4%대의 성장을 유지하고 있다. 우리나라의 역량을 모아 총력을 다해 추진하고 있는 것이므로, 이제 우리나라의 실질적인 역량은 이 3~4%대의 저성장사회로 맞추어지는 것이 합당한 인식일 것이다. 이제는 저성장사회를 살아야 한다.

둘째, 고용불안정을 어떻게 해결할 것인가? 지금 우리 사회의 경제 성장과 고용 증대의 문제는 따로 가고 있다. 정통경제학의 지식에서 경제 성장과 고용 증대는 정비례해야 하지만, 현실은 '정비례관계에서의 이탈' 로 이어질 걱정을 해야 할 상황이다.

우리나라에서 고용이 문제가 된 지 그리 오래되지 않았다. 1993년 국제화의 흐름이 급격히 진행되고, 1997년 이후 급속한 자본자유화가 IMF를 매개로 구체화되면서 소위 '산업구조조정'의 본격화를 통해 사회문제로 제기되었다.

실업률 계산에 따른 '자연발생적 요소'를 감안한다면 1980년대의 2% 후반대의 실업률은 완전고용에 가까운 비율이라고 할 수도 있다. 더욱이 그때의 고용 형태가 '평생직장'이라는 '일본-한국적 고용 형식'을 취한 소위 정규직의 형태였음을 확인할 필요가 있다. 그런데 1997년 이후 우리나라의 실업률은 4%를 전후로 하여 점차 높아지는 추세이며, 고용 형식도 비정규직이 취업 인구의 57%를 차지하는 등 고용불안정의 형태가 굳어지는 추세다.

현재 구조적인 고용불안정의 장기구조적 요인들인 1, 2, 3차 산업의 자동화, 기계화 그리고 국내 산업의 외부로의 이동, 인력의 자유로운 이동 등을 긍정적으로 바꿀 수 있는 힘이 신자유주의를 신봉하는 국가기구에는 없는 것이다. 더구나 현재의 정부는 '기업하기 좋은 나라'를 자신의 국가 비전으로 삼고 있지 않은가? 현재의 기업 현실에서 가장 간단하게 경영 현실을 조정하는 방법으로 '노동유연화'를 통한 인력 구조조정을 택하고 있다.

1997년 이후 우리 사회는 '회사'가 지켜 주지 못하는 '인생이모작' 시기를 '사회적 안전망'을 확보하는 것으로 해결하기 위해 노력했다. 이를 위해 국가는 소위 '공공근로'와 '자활사업'이라는 사회적 보장체계를 실험했다. 그러나 이 사업은 사회적으로 차상위계층의 '긴급구조'를 위한 '시혜적 복지사업'을 넘어서지 못하고 있다. 그야말로 30~50대의 가장에게 안정적인 '사회적 일자리'를 마련하지는 못하고 있다.

1997년 이후 우리 사회는 '시장'도 '국가'도 개인의 삶을 책임지지 못하게 되어 개인의 생존을 위한 노력이 한층 더 필요하게 되었다. 그리고 새로운 사회적 안전망에 대한 필요성으로 사회적 경제에 대한 논의가 급속하게 이루어지고 있다.

자연과 함께하는 또 하나의 행복

우리 사회에서 생태적 시각에서 미래를 바라보는 사람은 대부분 농업과 농촌의 역할을 중요하게 생각한다. 인생이모작의 후반부를 도시에서 보내는 것이 아니라, 농업과 농촌에 바탕한 삶에서 개척해 보라는 제안이다. 그러나 이마저도 그리 쉬운 일이 아니다.

우리나라에서 농업과 농촌에 대한 문제는 오직 농민의 문제로만 국한되고 있다. 그러나 농업과 농촌의 문제는 식량 주권의 문제이며, 국민의 건강권과 국토생태계의 안전에 대한 문제다. 그래서 농업과 농촌의 문제는 전 국민의 문제이며, 전 국가적 과제로 다루어야 할 문제다. 그러나 우리 사회는 농업과 농촌의 문제를 대수롭지 않게 여기고 있다.

따라서 자유무역론에 입각한 공업 제품에 대한 경제적 기회비용으로 단순화시켰고, 급기야 우리나라의 농업과 농촌 문제는 단지 농민의 피해를 줄여 주는 선에서 다루어져 왔다.

이러한 인식은 국제시장의 안정적 식량 공급에 따라 '생산자 잉여는 줄어들더라도, 소비자 잉여는 늘어남'으로써 도시 소비자에게 이득을 주게 된다는 결론에 이른다. 이는 또한 '사회후생의 증진' 효과로 나타나 시장 개방의 유용성을 높이고 있다.

최근에는 이러한 인식이 더욱 발전해 '시장개방 불가피론'으로 이어져, WTO 시대에 공산품 수출과 관련하여 '농산물 미개방' 이 발목을 잡아서는 안 된다는 논리[13]로 이어졌다.

그러나 이와 같은 경제적 논리는 '국제시장에서 안정적인 식량 공급' 이라는 것을 전제로 한다. 그리고 더 나아가 이 공급되는 식량의 가격이 우리가 원하는 가격[14]에 맞추어져 있어야 함을 전제로 한다. 그러나 국제 농산물 시장의 추이는 향후 식량 공급이 절대적으로 모자랄 수 있으며, 가격도 그리 안정적이지 못할 것이라는 예측이 지지를 받는 상황이다.

어디서부터 잘못되었는가? 농업과 농촌의 문제를 농민만의 문제로 치부한 데서 잘못된 것이다. 농업과 농촌을 포기하는 것은 단지 농민이 없어지는 것에 그치지 않는다. 이것은 한 국가의 모든 국민의 목숨을 위태롭게 하는 행위다.

현대 사회에서 농업의 문제가 국민 경제에서 차지하는 위상이 점점 더 작아지는 것은 사실이지만 농업이 가지는 미래의 가치는 무궁하다는 것을 간과해서는 안 된다.

이를 실업문제에 놓고 잠시 살펴보겠다. 우리나라에서 유기농업은 노동집약적 산업이다. 유기농업은 집단적으로 조직해야 한다. 예를 들어, 전국 농촌에 유기농업단지를 중규모로 추진하고, 이것의 주체로 50명 단위의 생산자 협동조합을 만든다고 하자. 그러면 현재 전국적으로 귀농학교를 졸업한 약 5,000명의 사람들과 지역의 주민이 함께하여 약 200개 정도의 협동조합을 구성할 수 있다고 보자. 여기에 약 10억 원씩만 지원하더라도 약 2,000억 원이면 충

13) 이준구, 이창용. 2005. 『경제학원론』(3판). 법문사, 730쪽.

14) 공산품 수출로 벌어들이는 것보다 작아야 한다.

분하다. 정부에서 수도를 위해 쓰이는 약 10조 원 정도를 투자하면 앞으로 10년간 50만 명의 새로운 농업일꾼들이 생겨날 수 있다. 그것뿐이겠는가? 이를 통해 파급되는 새로운 고용 효과는 굉장할 것이다. 이 계산을 확대하면 더욱더 많은 일자리를 만들어 갈 수 있다. 4배의 돈이면 200만 명의 새로운 농업 인력이 생겨나게 된다.

물론 국민 경제가 가지는 모든 문제를 농업과 농촌을 되살리는 '유기농업운동'을 통해 해소할 수는 없는 일이다. 그러나 향후 일할 수 있는 사회에 대한 전망은 국민 경제에서 매우 중요한 요소가 될 것이다. 이를 농업과 농촌에 대한 새로운 가치 부여를 통해 접근할 수 있다면 유기농업운동을 시작하는 것이 손해 보는 일은 아닐 것이다.

그런데 한 가지 장애가 있다. 내 가치관과 내 삶의 방식을 바꿔야 하는 일이 선결적인 과제다. 그동안 우리가 너무나도 쉽게 버렸던 농업과 농촌의 가치, 마을공동체와 지역사회의 가치, 인간과 자연과의 공존, 인간 간 협력과 협동의 가치 등에 대해 새롭게 학습하는 시간을 가져야만 한다.

귀농은 우리 시대에 '작은 오솔길'일 수 있는가

우리 사회에서 진행되는 귀농 이야기

10여 년 전 우리 사회에는 귀농(歸農)이라는 말이 생소했다. 아니 그러한 말이 이 땅에 존재하지 않았던 시절이다. 귀농사업을 하는 사람의 입장에서 보면 지난 10년의 기간은 매우 의미가 크다.

지금은 우리 국민 중 귀농이라는 말을 모르는 사람이 거의 없을 정도가 되었다. 귀농이라는 말이 사회적 의미를 갖게 된 것이다. 현재 귀농자가 귀농에 접근하는 유형을 크게 세 가지 부류로 나누어 볼 수 있다.

첫 번째 유형은 전원형 혹은 펜션형 귀농정착 유형이다. 이러한 경향은 대략 50대 이후 세대가 추구하는 유형이다. 전원형 접근에서 큰 어려움은 문화적 이질감과 고립감을 이겨 낼 충분한 용기가 없다는 것이다. 그리고 이를 피하기 위해 펜션형의 경우를 택할 경우 자금력과 경영력에 관한 부담이 만만치 않다.

두 번째 유형은 운둔자형이다. 이는 백두대간의 산중을 찾는 '극단적 자연친화적' 혹은 '문명거부형' 귀농을 단행하는 경우다. 이 경우는 아주 소수이긴 하지만 귀농운동의 초기부터 면면히 이어 오는 유형이다.

세 번째 유형은 '생태적 · 공동체적 귀농'을 추구하는 경향이다. 귀농운동의 초창기에 이런 유형의 귀농자는 소수에 지나지 않았지만, 지금은 이러한 유형이 다수를 차지하고 있다.

지금까지의 귀농 현상을 살펴보면, 귀농정착률이 가장 높은 유형은 생태적 · 공동체적 귀농 유형이다.

〈귀농교육의 유형과 현황〉[15]

형태	이론 과정	실습 과정	정착 과정
시작 년도	1996년 10월	1998년 8월	2006년 3월
설립 시 목표	• 귀농입문 과정 • 생명살림에 대한 세계관과 철학 • 귀농에 대한 다양한 정보와 네트워크 형성	• 공동생활을 통한 공동체적 삶을 체험 • 생태농업 실습 • 귀농 후 살림에 대한 교육 • 농촌활동가 양성	• 지역별 특성에 맞는 교육 • 마을 정착에 필요한 다양한 정보 취합 • 농민이나 마을 주민으로 살아가기 위한 정착교육
현재 목표	• 철학이 있는 귀농교육 • 도시인의 교양 강좌	• 농업, 농촌 생활 맛보기 • 도시적 삶에 대한 쉼과 성찰	
교육 내용	• 현대 사회에 대한 새로운 시선 정립 • 귀농에 대한 철학과 세계관 • 도시 속에서 귀농 실천 방안	• 철학과 세계관 체득 • 생태농업 이론과 실제 • 귀농살림에 필요한 집 짓기, 염색, 효소 담기 • 마음 다루기, 몸 다루기	• 현대 사회와 농업, 농촌에 대한 이해 • 각 지역에 대한 이해 • 생태농업 실습 • 농촌에서 관계 맺기와 살아가기 실습
현황	• 지역귀농학교 5개, 종교귀농학교 2개, 총 7개 개설 중	• 실상사귀농학교(지리산)	• 봉화, 실상사농장, 지리산영농조합(지리산 지역) 남원남농, 장수, 횡성, 거창, 하동, 이천(이상 인드라망) • 귀농연수원제도(귀농본부)
운영 방식	연 2회, 봄가을로 주 2회씩 2개월간	연 2회, 봄가을로 2개월간 실습을 위주로 한 숙박교육	1년 동안 지역에서 함께 살며 지역 중심의 교육
귀농률	4,500여 명 졸업자 중 15~20%의 귀농률 추정	총 400여 명 졸업자 중 70%의 귀농률	16명 졸업(전원 귀농)

15) 이향민. 2006. 인드라망생명공동체와 전국귀농운동본부 귀농교육의 유형과 현황. 『인드라망 불교귀농학교 자료집』. 인드라망생명공동체.

현재 귀농교육을 받은 사람 중 몇 명이 귀농을 단행했는지에 대한 체계적인 통계는 이루어지지 않고 있다. 지난 2005년에 대략적인 조사 결과, 귀농교육을 받고 2년 정도 후 약 20% 이하의 사람들이 귀농을 단행한 것으로 나타났다.

이는 불교귀농학교와 실상사귀농학교를 중심으로 살펴본 것이며, 불교귀농학교를 거친 사람 중 대략 10%가 귀농을 했고, 실상사귀농학교 졸업자는 대략 60%에 육박하는 귀농 비율을 보여 주었다.

곧 지금까지 불교귀농학교의 졸업생 약 1,100여 명과 실상사귀농학교 졸업생 약 400여 명을 합산한 대략 1,500여 명 중 20%[16]인 300명 정도가 귀농을 한 것으로 볼 수 있다.

현재 실상사 인근 및 넓게 지리산 주변까지 포함하여 귀농자들의 정착 현황을 살펴보면, 실상사 인근에 대략 250여 명의 귀농자가 이사해 왔고, 실상사 인근의 몇 개 면을 제외한 지리산 주변까지 대략 총 300여 명[17]에 이를 것으로 추산한다.

불교귀농학교와 실상사귀농학교를 통해 귀농을 단행한 사람들의 경우, 귀농교육 동안에 맺은 강사와의 인연으로 주변에 정착하는 경우를 많이 볼 수 있다.

실상사 인근과 같이 기존의 생태적 지역공동체운동을 진행 중인 곳에 귀농자들이 꾸준히 증가하는 이유를 살펴보면 대략 두 가지의 장점에서 비롯된다고 볼 수 있다. 하나는 문화적 고립감을 넘을

16) 시간의 경과에 따라 이 비율은 높아졌을 것이다.

17) 실상사작은학교나 한생명 등 여러 인연으로 이사를 온 이들을 합하면 대략 300여 명에 이르는 사람들이 실상사와 지리산 인근으로 이사했다고 보고 있다.

수 있는 포괄적인 지역문화를 창출하는 지역이기 때문이다. 그리고 다른 하나는 전업농이건 '반농-반업'의 방식이건 간에 지역의 특성에 기반한 사업을 함께 만들고, 생산과 가공을 협동하는 방식을 통해 끊임없이 일자리를 만들어 가는 곳이기 때문이다.

귀농운동은 교육운동에서 시작했다. 교육운동에는 두 가지의 요소가 필요한데, 하나는 교육에 필요한 인프라를 마련하는 것이고, 다른 하나는 모범적 사례를 만들어 가는 것이었다.

귀농교육의 인프라는 다시 세 가지로 나누어 볼 수 있다. 첫째, 귀농교육을 진행할 공간과 구조를 갖추는 문제다. 둘째, 귀농교육을 진행할 강사를 확보하는 문제다. 셋째, 귀농교육의 사회적 분위기를 조성하는 문제다.

귀농교육의 하드웨어 측면으로는 전국귀농운동본부와 인드라망생명공동체 그리고 각 지역의 귀농학교를 진행한 단체들의 노력으로 전국적으로 12개의 이론과정과 몇 개의 실습과정을 형성했다.

지난 10년의 역사를 통해 귀농운동의 주체들은 귀농담론을 사회적으로 형성하는 데 일정한 성과를 이루어 냈다. 이는 그동안 많은 사람들에게 내재해 있던, 고향과 자연에 대한 동경을 사회적 흐름으로 만들었다는 데 의미를 가진다.

이 과정에서 분명 귀농운동의 성과는 있었다. 일단 장기적 관점에서 귀농운동을 진행할 인프라를 구축했으며, 귀농운동의 초동 주체들을 형성할 수 있었다. 이제 남은 것은 초동 주체들이 귀농지에 얼마나 잘 정착하느냐 하는 문제다.

개인의 생태적 각성으로부터 시작되는 대안사회(代案社會)

이 시대의 귀농은 환영받지 못하고 있다. 그것은 귀농에 뜻을 둔 사람들의 주변 관계에서도 살필 수 있고, 귀농을 바라보는 지방자치단체나 정부의 태도 그리고 사회적 조류에서도 알 수 있다.

그렇기 때문에 귀농에 대해 관심을 가지는 개인은 피곤하다. 이 피곤함을 능히 넘어설 힘이 필요한데, 이 힘은 두 가지 방향에서 나온다.

첫째, 자신의 삶을 성찰할 수 있는 힘이다. 한 인간에게 성찰하는 삶은 중요하다. 지금까지 경쟁적이고, 욕망 충족적 삶을 살아온 자신의 모습에 대한 근원적인 성찰이 필요하다. 즉, '철학과 세계관 그리고 삶의 방식' 을 중심에 둔 성찰이 일정 기간 진행되는 과정이 필수적이다.

이 과정은 대단히 지루하다. 지속적으로 과거로 회귀하려는 경향이 시차를 두고 밀려온다. 따라서 이 과정을 함께 꾸려 갈 도반의 필요성이 절대적이다. 함께 이 일을 도모한다면 그 과정이 덜 어렵고, 준비의 철저함이 조금 더 훌륭해질 수 있을 것이다.

둘째, '사회적 성찰' 의 힘이다. 개인은 사회를 떠나서 살 수 없기 때문에 개인은 사회적으로 의미 있는 일에 대해 항시 깨어 있게 마련이다. 기왕이면 사회에 기여하는 삶을 꾸려 가길 원한다. 귀농운동에 뛰어드는 사람들도 또한 그렇다.

그렇다면 현재 우리 귀농운동의 주체들은 온전히 시대정신을 구현하고 있는 것인가? 우리 스스로를 되돌아봤을 때, 아직은 그렇지 못함을 고백해야 할 것 같다. 귀농운동 주체들은 대부분 개인적으로 성찰하는 힘을 가꾸어 가는 것과 사회적 성찰을 수행하는 것에 대해 적절한 조화를 이루고 있지 못하다.

그럼에도 지난 10년간의 역사를 통해 드러난 몇 가지 시대적 과제에 대한 귀농운동으로부터의 메시지는 분명하다. 첫째는 '지속가능한 사회' 를 위한 평화적 토양을 형성한다는 메시지다.

우리 사회가 지속가능하기 위해서는 생태계 위기, 식량 위기 및 자원 위기로부터 빗겨 갈 수 있어야 한다. 이 문제는 두 가지의 시대적 위기를 반영한다. 현대 사회는 인류의 안전과 생명에 대한 직접적 위험이 항상 존재한다.

귀농운동은 이 문제에 대해 '지속가능한 사회' 로 진입하기 위한 기본 토대를 제안하고 있다. '유기농업' 과 '협동적 지역공동체' 는 이러한 사회로 향하는 강력한 토양을 형성할 수 있는 원천이다. 현재까지 인류 사회는 생태계 위기, 식량 위기 등의 문제를 국가 간의 경쟁에 입각하여 다루어 가고 있다. 1990년대 이후 생태계 위기의 대안으로 국가 간의 협력 질서를 모색하고 있지만, 여전히 협력보다는 경쟁이 앞서고 있다. 유기농업운동과 협동적 지역공동체운동은 각 국가 내부의 역량을 생태계 보존과 식량 위기 및 자원 위기의 문제를 풀기 위해 집중하여 발휘하자는 운동이며, 나아가 국제적으로도 협력과 연대에 기반하여 생태계 위기와 불가피한 자원 위기의 문제를 풀어 나가자는 운동이다. 귀농운동은 이 두 가지 과제에 대해 평화로운 해결책을 우회적으로 제안하고 있는 것이다.

둘째는 실업문제로부터의 해방이라는 메시지다.

각종 산업에서 자동화, 기계화의 경향이 높아지면서 인간에게는 직접적으로 일하지 못하는 고통으로 구체화된다. 우리나라에서도 이러한 경향은 그대로 적용되고 있는데, 성장 수준이 저성장으로 들어섰지만 '고용 없는 성장' 의 시대로 본격 진입한 것이 최근의 경제 동향이다.

또한 이러한 경향은 단지 고용이 어려워지는 문제로 그치지 않는다. 우리 사회의 투자처가 없는 자본이 비생산적인 아파트와 토지 투기로 몰려드는 '만성적 투기자본주의화'의 단계로 본격화되어, 그것이 국민경제적 어려움으로 구체화되는 경향으로 치닫고 있다.

이제 이러한 경향이 이론적 우려 수준에서 머물지 않고, 구체적인 '현재 진행형'으로 생활에 영향을 미치기 시작하고 있다. 이러한 추세의 구체화가 고용불안을 유발하는 '노동의 유연성'이다. 그리하여 사회의 바탕을 이루고 있는 국민의 삶은 무너지고 있다.

현실에 대한 적절한 진단을 전제하지 않는 해법은 문제를 풀지 못하며, 문제를 더욱더 꼬이게 만든다. 건강하게 성찰하는 삶에 대한 대중들의 욕구는 절실하다. 이를 풀어 가기 위해 앞서 인드라망생명공동체를 비롯한 사회 일각에서는 지난 1990년대 이후 지속적인 노력을 해 왔다. 이는 '소지역도농공동체운동'을 통한 문명의 전환을 시도하는 것이었다.

지금까지의 경험으로 미루어, 우리의 문제의식과 방향성은 충분히 설득력이 있다. 그러나 문제는 이 길을 가는 데 기존의 것을 버리는 과감함이 전제되어야 한다는 부담이 있다는 것이다. 또한 우리가 제시하는 '소지역도농공동체운동'을 통한 문명의 전환이 이러한 개인적 차원의 문제를 능히 넘어설 수 있는 가치와 의미를 가지느냐는 것이다. 누구나 그것의 필요성이 절실하다면 개인적 양보를 할 결심을 할 여지를 가지고 있다고 본다. 문제는 개인의 합리적인 기회비용을 이끌 수 있는 가치인 것이다.

행복으로 가는 작은 오솔길

희망의 길이라는 확신을 갖고 추구해 온 변화와 발전의 문명사를 되짚어 보며 참된 길을 찾는 진지한 몸짓이 있어야 할 때다. 농업사회에서 산업사회를 거쳐 정보화사회로 변화, 발전해 왔다. 그리고 우리가 오래전에 내팽개친 '지속발전 가능사회' 를 만드는 일만이 유일한 희망의 길이라고 외쳐 대고 있는 게 첨단문명사회라는 현재의 주소다.

현대 사회의 마지막 카드로 내놓은 것이 이미 우리 조상들께서 꿈꾸어 왔던 '지속발전 가능사회' 라니 왠지 서글프다.

…… 중략 ……

일찍이 우리 조상들은 요즈음 희망의 길이라고 외쳐 대는 '지속발전 가능사회' 를 '진속불이(眞俗不二)의 사회' 라고 했다. 생명의 안전성과 삶의 건강성이 담보되는 '진속불이의 사회' 를 만들기 위해 고인들은 무엇을 어떻게 했을까? 미국, 중국, 일본, 한국을 건설하고 키워 준 큰 터전의 자연을 하느님으로 모셨다. 부모, 형제, 손자, 서울, 경기, 자동차, 컴퓨터, 생명공학, 대통령, 과학자, 자본가를 낳고 길러 준 농촌과 농업을 영원한 부모님으로 모셨다. 자연과 농업을 모셔야 한다는, 기본을 무시하는 그 어떤 변화와 발전도 희망이 될 수 없음을 만고의 철칙으로 여겼다.

…… 길은 하나밖에 없다. 자연의 하느님과 농업의 부모님을 무참하게 짓밟는 경제성이나 경쟁력이라는 무례한 논리들을 당장 내려놓아야 한다. 더 늦기 전에 자연이라는 하느님 앞에 다소곳이 무릎을 꿇어야 한다. 농촌 · 농업이라는 부모님 품에 달려가 안겨야 한다. '지속발전 가능사회' '진속불이의 사회' 가 21세기 희망의 길이

> 라고 믿는다면 목숨 걸고 가야 할 길이 이 길 말고는 있을 수 없다. 국가사회의 근간인 농촌만큼은 돈벌이하는 무대가 아니라, 생명이 안전하고 건강성이 담보되는 생명활동의 무대로 가꿔야 한다. 국민의 목숨 줄인 농업만큼은 경제 소득을 위한 농업이 아니라, 생명살림의 농업으로 본래의 자리를 되찾아야 한다.[18]

현대 사회를 살고 있는 우리에게 희망의 길은 필요하다. 주변이 불안하고, 자신의 내면이 불안함을 느끼고 있으므로 분명한 목표로서 '행복과 희망' 이 우리 마음속에서 피어나야 하는 것은 어쩌면 당연하다.

우리의 삶의 방법은 어떠한가? 불행하게도 우리가 생활 속에서 선택해 온 대부분의 것들은 우리의 염원과는 다른 길로 우리를 안내하고 있다. 우리가 선택하는 삶의 방법론이 '불안과 절망' 의 길로 들어설 수밖에 없는 것이라면, 우리가 아무리 마음속으로 '행복' 을 지니고 있어도 결과는 우리가 선택한 삶의 방법론에 의해 규정될 수밖에 없다.

지난 10여 년 동안 우리 인드라망생명공동체는 하나의 길을 발견하고자 노력했다. 행복으로 가는 다양한 길 중에 어느 한 길을 발견하고 싶었다. 우리 단체에서 제시한 길은 '귀농' 과 '마을공동체' 와 '도농공동체' 의 길이다. 그것도 '니가 가라, 시골!' 류의 남에게 싫은 일을 시키는 방법이 아니라, '내가 가고, 보고 좋은 것 같으면 같이 가자!' 라는 방법을 택했다. 아직까지 이것을 시대의 대안이라고 할 만한 성과를 내지는 못했다. 그러나 우리는 여러 가

18) 경향신문. 2005. 1. 6. 도법 스님. 眞俗不二의 사회.

지 행복의 길 중에 하나를 제시할 수는 있었다고 믿고 있다.

나가는 말을 대신하여 한 가지 제안을 하고자 한다. 앞에서 이야기했던 우리 단체의 귀농사업이 정말로 새로운 '희망의 오솔길'이 될 수 있으려면 지금보다 더 많은 사람의 지혜와 힘이 모여야만 할 것이다.

지금부터 향후 십 년간 예비 귀농자와 초보 귀농자에게 가장 필요한 것은 '자신의 선택'을 지지하고 지원해 줄 응원단을 확보하는 일이다. 귀농자가 농촌에 잘 정착하기 위해서는 향후 10여 년의 기간이 중요하다.

이제 귀농자의 귀농교육은 일정한 정상 궤도에 오르고 있다. 오늘도 전국의 귀농학교들은 꾸준하고, 진지하게 지속되고 있다. 그러나 이제는 '귀농자의 정착'의 문제가 새로이 대두되고 있다.

귀농자가 잘 정착한다는 것은 '귀농을 단행하고, 농촌 지역에서 머물고, 뿌리를 내리고, 지역공동체의 구성원이 되는' 전 과정을 일컫는다. 그런데 지금까지 귀농교육은 귀농자가 스스로 귀농을 하도록 하는 데 필요한 사상과 교양지식을 중심으로 진행되어 왔다. 그러나 귀농 이후를 위해 지금보다 좀 더 나아가야 한다.

이제는 귀농자가 머물고, 정착할 수 있는 힘이 필요하다. 그 힘은 지속적으로 '유기농업'을 진행할 수 있게 하는 것에서 나온다. 지금 시기에 귀농자가 지속적으로 '유기농업'을 할 수 있도록 하는 힘은 '도시인'의 개입 없이는 불가능하다. 도시인이 소비자가 되어서 귀농자의 '유기농산물'을 꾸준히 소비하는 것이 필수적이다.

따라서 인드라망생명공동체에서는 도시의 사찰에 '유기농 매장'을 꾸준히 늘려 갈 수 있는 사업을 함께 꾸리고 있다. 현재는 15개의 사찰에 크고 작은 유기농 매장을 두고 있는데, 이 매장에서는 실상사 인근을 비롯한 횡성과 남원 지역, 괴산, 보은, 원주 등 전국의 여러 지역으로부터 귀농자의 농산물을 받아서 팔고 있다.

그러나 아직까지 불교계에 이러한 유기농 매장은 극소수에 불과하다. 유기농 매장의 확산은 앞으로의 과제다. 지금껏 진행해 왔던 귀농운동이 한 차원 높아져서 '귀농자의 정착' 단계로 나아가기 위해서는 여러 형태의 유기농 매장이 필수적이다.

불교계의 사회복지기관에서도 이러한 사업에 관심을 가져 주었으면 하는 바람이다. 이 일에 동참하는 일은 '지속가능한 사회복지'의 새로운 영역을 개척하는 일일 것이라는 생각을 가지고 있다. 좋은 인연이 되었으면 하는 바람이다.

참고문헌

강수돌(1999). 작은 풍요: 삶의 자율성 회복을 통한 기업과 사회의 재구성. 이후.

경향신문(2005. 1. 6). 도법 스님. 眞俗不二의 사회.

김정현 역(2008). 우리의 배고픈 행성—식량이냐 연료냐. 녹색평론, 3/4월호.

연합뉴스(2007. 5. 30). WSJ "월마트 재채기하면 中 경제 감기 걸린다".

이준구, 이창용(2005). 경제학원론(3판). 법문사.

이창희 역(2000). 엔트로피(Jeremy Refkin 저). 세종연구원.

이향민(2006). 인드라망생명공동체와 전국귀농운동본부 귀농교육의 유형과 현황. 인드라망 불교귀농학교 자료집. 인드라망생명공동체.

최재천(2005). 당신의 인생을 이모작하라: 생물학자가 진단하는 2020년 초고령 사회. 삼성경제연구소.

한겨레신문(2006. 9. 5). 이상기후와 지구온난화—① 이상기후와 원인.

6 자발적 가난과 느림의 삶

무엇을 이야기할 것인가

"빨리 빨리"가 세계 식당가의 공용어라는 우스갯소리를 들은 적이 있다. 요즘 한국 사람도 세계여행을 많이 다니는데, 한국 사람은 성질이 급해서 잘 참지 못하고 외국 식당에 가서도 음식이 빨리 나오기를 독촉한다는 말이었다. 또 언제부터인지 "부자되세요."가 자연스럽게 덕담으로 정착되었다. 1980년대 초반만 해도 더치페이도 잘 관행화되지 않았다. 그때만 해도 아직 유교문화가 우리 의식에 어느 정도 작동을 하고 있었다고 볼 수 있다. 또한 얼마 전까지만 해도 생일선물로 상품권을 주었지, 돈을 직접 건네지는 않았다. 물론 직접 받고 싶은 것은 돈이었지만, 얼굴을 맞대고 돈으로 달라는 말을 차마 하지 못했다. 그것은 유교문화의 체면이 남아

* 이병욱 | 고려대학교 · 중앙승가대학교 · 안동대학교 강사

있었기 때문이다. 그러던 것이 언제부터인지 받는 사람도 드러내 놓고 선물하지 말고 돈으로 직접 달라고 하고, 주는 사람도 이것저것 고민할 것도 없이 돈으로 주는 것이 간편해서 좋다고 한다.

이러한 현상 뒤에는 '경제제일주의' 라는 우리의 의식이 감추어져 있다. 물론 이를 반드시 좋지 않은 현상이라고만 볼 수는 없을 것이다. 과거에도 추구하던 것은 경제적 가치였지만 그때에는 차마 드러내 놓고 말하지 못하였던 것을 이제는 솔직하게 말하는 것이라고 이해할 수 있다. 그러니까 공연히 체면이니 뭐니 하면서 다른 사람의 이목에 신경을 쓸 것이 아니고 내가 원하는 것을 당당하게 말하는 것이 나쁠 게 없다는 주장이다. 이 말이 틀린 것은 물론 아니다. 그럼에도 "부자되세요."라고 덕담을 주고받는 한국 사회에서 경제적 가치에 대한 지나친 쏠림현상이 일어나는 것은 아닌가 하는 생각이 든다. 돈을 위해서 인신매매하는 나라, 돈을 위해서 다른 가치는 모두 희생할 수 있다는 문화, 이는 결코 정상이 아니며 나아가 한국 경제 발전에도 걸림돌로 작동할 것이라고 본다. 왜냐하면 모두가 경제적 가치만을 추구하면 경쟁이 지나쳐서 건전한 경쟁관계를 형성할 수 없기 때문이다.

따라서 이 글에서는 지나친 '경제제일주의' 와 뭐든지 빨리빨리 이루려는 '속도지상주의' 에 대한 반성으로 자발적 가난과 느림의 삶에 대해 서술하고자 한다. 우선은, 한국의 자본주의가 경제적 가치만 추구하는 '천민자본주의' 임을 밝히고, 그에 대한 대안으로 가치의 다원화에 대해 언급하고자 한다. 더불어 불교문화의 현주소에 대해 살펴보고자 한다.

그다음으로, 경제적 가치만을 추구하는 경향에 대해 마조(馬祖)의 가르침인 즉심즉불(卽心卽佛)을 통해서 대안을 모색하고자 한다. 이는 관점을 바꾸면 그만한 경제적 효용은 마음속에 깃들어 있다는 의미다. 그다음으로, 가다머(Gadamer)의 철학적 해석학을 응용해서 '돈'의 문제에 접근하고자 한다. 여기서는 가다머의 철학적 해석학을 통해서 상대적 박탈감을 넘어설 수 있는 길을 모색하고자 한다.

그리고 느리게 가는 것이 오히려 빨리 가는 것임을 화엄종(華嚴宗)의 일즉일체(一卽一切)를 통해서 드러내고자 한다. 마지막으로 팔정도(八正道)의 재해석을 통해서 천천히 기초를 쌓아 가는 것이 불교 수행이나 인생에서 매우 중요하다는 점을 밝히고자 한다.

천민자본주의와 가치의 다원화, 불교문화의 현주소

중국 운남성에 9박10일 정도 여행을 다녀온 적이 있다. 운남성은 한국으로 치면 강원도 산골에 해당하는 곳이다. 처음 이틀은 학술발표회였고, 나머지 기간은 운남성을 답사하는 일정이었다. 여러 가지 좋은 체험을 했지만, 그중에 가장 인상에 남은 것은 운남성의 사람들이 천천히 느릿느릿 산다는 것이었다. 무엇하나 급한 것이 없고 그저 유유히 살고, 달리 보면 느려 터지게 살아가는 것이었다. 9박10일은 길다면 길고 짧다면 짧은 시간이다. 그동안 나도 운남성 사람이 사는 방식에 약간이라도 영향을 받았던 모양이다.

내가 김포공항에 처음 발을 내딛었을 때 제일 처음 느꼈던 것은 두 가지였다. 나도 한국 사람이지만, 한국 사람은 바쁘다는 점이었고, 그리고 한국인의 눈에서 돈에 대한 열망을 느낄 수 있었다. 물론 나도 한국인의 삶에 이내 동화되었겠지만 말이다. 그러면서 삶의 질을 생각해 보았다. 운남성 사람처럼 가난하지만 느리게 사는 것과 한국 사람처럼 경제적으로 윤택하지만 바쁘게 사는 것 가운데 어느 것이 삶의 질이 높은 것일지 생각해 보았다. 나는 지금도 운남성 사람이 삶의 질에서는 한국 사람에 비해서 높다고 생각한다. 무엇을 위해서 그렇게 바쁘게 살고, 무엇을 위해 그렇게 경제적 안락함을 추구하는지 다시 한 번 돌이켜 볼 필요가 있다고 생각한다.

한편 한국의 자본주의를 '천민자본주의' 라고 부르는 학자도 있다. 이는 같은 자본주의 국가 가운데서도 유독 한국의 자본주의가 도덕적 가치를 무시하고 경제적 가치만을 최고로 보고 추구한다는 점에서 나온 말이다. 자본주의 국가에서는 다 경제적 이익을 추구하겠지만 유독 한국은 다른 선진 자본주의 국가에 비해서 그 정도가 심하다는 것이다. 나는 이 천민자본주의가 한국 경제 발전에 장애가 될 것이라고 감히 말하고 싶다. 모두가 추구하는 것이 경제적 가치라면 결국 한국 사회는 경쟁이 치열해질 것이고, 처음에는 공정한 경쟁이 될지 모르겠지만, 경쟁이 치열해지면 결국은 물불을 가리지 않는 혼탁한 경쟁이 되기 쉽다. 만약 과정을 무시하고 결과만을 추구한다면, 공정한 경쟁을 할 필요가 없을 것이다. 수단과 방법을 가릴 것 없이 이기면 될 것이고, 나머지 이야기는 패자의 넋두리에 지나지 않을 것이기 때문이다. 만약 이렇게 된다면 지나친 경쟁으로 인해 오히려 한국 사회는 경제 발전도 제대로 하지 못할 것이라고 예측한다.

또한 역사에서 교훈을 배운다고 한다. 조선조 역사에서 우리는 교훈을 얻어야 한다. 조선조 역사에 장점도 많겠지만 여기서는 단점을 부각하고자 한다. 조선조의 통치 계급은 양반이었고, 이들의 출세 수단은 과거에 합격해서 관리가 되는 것이었다. 그런데 관직은 한정되어 있고 양반의 숫자는 늘어났다. 따라서 관직을 향한 암투가 벌어질 수밖에 없는 상황이 된 것이다. 게다가 양반이 추구하는 가치는 오로지 입신양명(立身揚名), 곧 과거에 급제해서 관리가 되는 것이고, 다른 것은 크게 부각되지 않았다. 모든 양반이 관리가 되길 원하고, 그 관리의 숫자는 제한되어 있는 상황이다. 그러면 자연히 서로 경쟁하게 되어 있고, 처음에는 게임의 룰이 제대로 작동되었는지 모르겠지만, 시간이 지나면서 서서히 게임의 룰은 지켜지지 않았고, 결국은 세도정치(勢道政治)라고 하는 왕실의 일부 외척세력 속으로 권력이 이동하는 현상이 일어났다. 이는 크게 보면, 모두가 한 가지 가치만을 추구한 결과 생겨난 현상이다. 조선조의 세도정치의 병폐가 한국의 자본주의 사회에서 다시 일어나지 말라는 보장이 없다. 모두가 경제적 가치만을 우선시한다면 언젠가는 공정한 게임의 룰이 무너질 것이다.

따라서 한국 사회에서 가장 시급한 것은 '가치의 다원화'라고 본다. 경제적 가치가 중요한 것은 물론이겠지만, 어느 정도 경제적 가치가 충족되었다면 인생의 의미를 다른 가치에서 찾는 다원적 가치관이 한국 사회에서 빨리 뿌리내릴 필요가 있다. 경제적 가치가 어느 정도 충족이 되었으면 인생의 의미를 종교나 예술, 철학 등의 영역에서 추구할 수는 없는 것일까? 나는 가치의 다원화가 이루어져야 지나친 경쟁이 완화될 것이고, 그래야 한국 경제도 더 발전할 것이라고 생각한다.

그리고 한국 자본주의가 천민자본주의라는 오명을 듣게 된 원인 가운데 하나는 급격한 산업화 때문이다. 급격한 산업화를 통해서 전통 사회의 문화가 송두리째 사라지게 되었고, 이 전통문화 속에는 부정적인 측면도 있겠지만 긍정적인 요소도 포함되어 있다. 전통문화가 사라지게 되자 한국 사회에서는 정신적 귀족문화도 아울러 자취를 감추었다. 조선조 양반문화가 근대화에 부정적 기능을 했다고 평가하는 것이 일반적이지만, 그러나 양반문화에는 순기능의 측면도 있다. 금전적 가치에 의해서 움직이기보다는 도덕적 가치와 정신적 가치를 높이 평가하는 측면도 양반문화에는 분명히 있었다. 그런 순기능을 하는 측면이 산업화가 이루어지면서 급속하게 한국 사회에서 사라져 버렸다. 이런 터전 위에 경제 발전이 이루어지고, 졸부문화가 등장하게 되었다. 이들은 경제적으로는 부유하지만 정신적으로 우월한 위치에 있지 않다. 그래서 자신의 열등감을 과시하기 위해서라도 더 과시적인 소비를 한다. 수백만 원짜리 외제 옷을 입고 남 앞에서 과시하는 것은, 뒤집어서 보면 그것 이외에 남에게 보일 것이 없다는 빈곤함을 보여 주는 것이기도 하다. 양반문화가 몰락한 다음, 이를 대신할 정신문화가 한국 사회에서는 아직 형성되지 않았다.

한편 불교문화는 한반도에서 유교문화와 함께 2,000년 가까이 뿌리를 내려온 것이지만, 조선조에서는 주류문화가 아니었기 때문에 근현대 한국 사회에서 역동적으로 활동하기 어려웠다. 하지만 현재는 불교문화가 한국 전통의 저수지 기능을 하고 있다. 여기에는 긍정적인 부분과 부정적인 부분이 아울러 섞여 있다. 긍정적 부분은 불교의 사찰이 전통문화를 지탱하는 디딤돌 역할을 한다는 점이다. 현재 사찰음식이 웰빙 음식으로 널리 알려져 있다. 나도 학회워크숍에서 사찰요리전문가가 만든 사찰음식을 먹어 본 적이 있는데, 웰빙 음식으로 손색이 없다고 본다. 그리고 불교미술은 한국 미술사에서 그 비중이 70% 정도 차지한다고 한다. 이처럼 불교미술의 유물이 많기 때문에 다른 종교기관에서 이름 없는 탑이라도 맡겨 주면 자신의 기관에서 관리하겠다고 제안을 할 정도라고 한다.

그러나 이렇게 긍정적인 부분만 있는 것은 아니다. 불교문화가 현대 사회에 적응할 수 있도록 변화할 때, 변하지 못한 부정적인 부분도 있다. 우선, 불교에서는 문중(門中)개념이 아직도 살아 있다는 점이다. 이는 조선조 가문(家門) 중시 관념에서 나온 것으로 보인다. 현재 한국 사회에서 가문 또는 문중을 강조하는 집단 가운데 가장 대표적인 곳은 불교 사원일 것이다. 가문 또는 문중 관념이 전통문화 가운데 긍정적인 요소라고 보기는 어렵다. 이런 부정적인 부분을 개혁하지 못하고 계속 유지하고 있는 점은 문제라고 할 수 있다.

또한 불교 사원에서 남존여비(男尊女卑)의 경향이 아직도 강하게 남아 있다. 한국 사회에서는 호주제 폐지 등 남존여비의 관념이 빠르게 사라지고 있는 데 비해, 불교 사원에서는 남존여비의 관념이 강하게 남아 있다. 신도의 대부분이 여성임을 감안할 때, 남존여비의 관념은 불교 사원에서 불교 신도를 스스로 무시하는 결과가 된다. 이 또한 빨리 극복되어야 할 과제일 것이다. 불교문화가 한국 사회에 더 많은 영향력을 행사하기를 바란다면, 전통문화로서 불교문화의 장점은 더욱 살리고, 부정적 요소는 점점 줄여 나가야 할 것이라고 본다.

이상의 내용을 정리하면 다음과 같다. 한국 사회가 경제 발전하고 산업화를 이룬 것은 분명 긍정적 대목이지만, 산업화 뒤에 숨어 있는 부정적 그림자도 분명히 존재한다. 전통문화가 빨리 붕괴했고, 그 속에는 오늘날에도 계승되어야 할 긍정적인 부분도 상당히 있다. 그 때문에 한국 자본주의는 천민자본주의라는 오명을 듣게 되었다. 천민자본주의를 극복하는 길은 여러 가지가 있을 수 있겠지만, 사상의 측면에서 보자면 '가치의 다원화'라고 할 수 있고, 이 점에서 전통문화의 건설적 복원이 강력히 요청된다. 현재 불교문화가 전통문화의 대표 주자가 되었는데, 이 가운데는 긍정적인 부분도 있고 부정적인 부분도 있기 때문에 긍정적인 부분은 더욱 살리고 부정적인 요소는 줄이려는 노력이 뒤따라야 할 것이다.

즉심즉불(卽心卽佛)의 해석

나는 강의할 때 돈의 액수가 중요한 것이 아니고 모든 것은 마음먹기에 달려 있다고 한다. 나는 여러 대학에서 불교사상을 포함한 철학 관련 과목을 강의하는데, 강의가 끝나면 대학 캠퍼스를 거닐곤 한다. 아마도 대한민국에서 아무리 부자라고 해도 마당이 대학 캠퍼스 정도 되는 집을 소유한 사람은 드물 것이다. 아니 없을 것이라고 생각한다. 이 넓은 캠퍼스를 거닐면서 이 땅이 땅문서에 내 이름으로 되어 있지 않다고 해서 지금 내가 이 캠퍼스를 거닐면서 누리는 만족감을 손상시키지는 않는다고 생각하곤 한다. 적어도 강의 끝나고 남는 시간에 한가롭게 캠퍼스를 거닐 여유는 그 누구도 막을 수는 없을 것이다. 나아가 내가 이 캠퍼스를 내 이름으로 소유했다고 해도 이 캠퍼스를 거닐면서 풍광을 즐기는 횟수와 만족감이 지금보다 더 많지는 않을 것이라고 본다. 그래서 나는 생각만 바꾸면 상당한 부분의 스트레스는 극복할 수 있다고 생각한다.

이 캠퍼스가 내 소유라고 땅문서에 쓰여 있지는 않지만 내가 거닐고 만족감을 느끼는 데 방해가 되지 않는다면, 그때만큼은 나의 소유라고 믿는다. 이처럼 소유의 개념을 확장할 필요가 있다.

또 나는 책 욕심이 많다. 일주일에 한 번 대형서점에 가서 아이쇼핑을 하면서, 책에 대한 불타는 욕심을 다음과 같이 가까스로 달랜다. '이 책을 지금 내가 사 가지고 간다고 해도 읽을 시간이 없다. 굳이 내 서가에 꽂아야만 내 책이고 대학도서관에 있으면 내 책이 아니라고 볼 필요가 있을까? 필요할 때 볼 수 있으면 다 내 책이라고 할 수 있지 않을까? 대학도서관에 있는 책을 다 내 책으로 볼 수 있지 않을까?' 물론 이렇게 다짐을 해도 가끔은 충동구매를 한다. 그러면서 가정주부가 새로 나왔다는 김치냉장고를 충동구매하는 심정을 헤아리곤 한다. 이때 나는 내 자신에게 쓴웃음을 짓는다.

이번에는 장난감을 사 달라고 조르는 어린아이를 보자. 어린아이는 아주 떼를 쓰고 그것 없이는 한시도 못 살 것처럼 응석을 부리지만, 실제로 그 원하던 장난감을 가지게 되면 만족감이 사흘도 못 가고 다른 장난감으로 관심이 옮겨 간다. 그러다가도 다른 어린아이가 와서 바로 그 장난감에 관심을 보이면 자신은 더 이상 흥미를 느끼지 않으면서도 다른 어린아이가 가지고 노는 것은 싫어한다. 이 광경을 어른들이 보면서 실소를 금치 못한다. 그러나 더 높은 관점에서 보자면, 이런 어른도 어린아이와 마찬가지의 태도를 나타낸다. 다만 관심의 대상이 어린아이의 장난감에서 자동차나 아파트 등 값이 더 비싼 쪽으로 바뀌었을 따름이다. 어른들도 '값이 비싼 아파트, 아파트' 하면서 그런 집에 살기를 바라고 실제로 넓은 평수의 아파트에 살게 되면 만족감을 느낀다. 그러나 어린아이가 장난감에 대해 누리는 만족감이 오래가지 못하듯이, 이런 종류의 만족감은 오래가지 못한다. 이제 자신이 소유한 아파트는 당연한 것이고 더 넓은 평수의 아파트를 향해 나간다. 마치 더 신기한 장난감을 향해 나가는 어린아이처럼 말이다. 따라서 나는 어른이 어린아이보다 더 현명하다고 말할 자격이 없다고 본다.

그러면 마조(馬祖, 709~788)와 그의 제자 대매법상(大梅法常, 752~839)과 관련된 이야기를 살펴보자. 마조가 그의 제자 법상(法常)에게 다음과 같이 가르침을 주었다. 법상이 마조를 처음 방문하였을 때 "무엇이 부처입니까?"라고 물었고, "마음이 그대로 부처다(卽心卽佛)."라고 마조는 대답하였다. 법상은 이 대답에 불교의 진리를 깨달았다. 후에 법상은 대매산(大梅山)에 정착하였다. 그러자 마조는 법상의 경지를 알기 위해서 다른 스님을 보내서 질문을 하게 하였다. 이 스님이 "스님은 마조스님을 뵙고 무엇을 얻었길래 이 산에 머뭅니까?"라고 물으니, 법상은 "마조스님은 나에게 마음이 그대로 부처라고 말하였고, 그 가르침으로 인해 이 산 속에 머문다."라고 하였다. 그러자 심부름 간 스님은 "요즘 마조스님의 가르침의 내용은 그것과 다릅니다."라고 하였다. 법상이 어떻게 다르냐고 물어보자, 그 스님은 "요즘에는 마음도 아니고 부처도 아니다(非心非佛)라고 한다."고 대답하였다. 그러자 법상은 "이 노인네가 사람을 미혹하게 하는 것이 그칠 날이 없구나. 그대는 마조스님의 가르침이 '마음도 아니고 부처도 아니다.'라고 이해하라. 그러나 나는 '마음 그대로 부처이다.'라고 이해할 것이다."라고 하였다. 심부름 간 승려가 이 대화 내용을 마조에게 알리자, 마조는 "매실이 익었군." 하면서 법상의 경지를 인정하였다.[1)]

사실 '이 마음이 그대로 부처' 라는 말은 말하기는 쉬울 줄 몰라도 이해하기는 매우 어려운 것이다. 내 마음은 조석으로 변한다. 아침에 기분이 안 좋았다가도 점심 때 다른 일로 인해서 풀리기도 하고, 또 저녁 때 다른 일로 인해서 기분이 망치기도 한다. 사람의 마음은 자주 바뀐다. 어떤 때는 욕심의 불길에 휩싸이기도 하고, 어떤 때는 분노가 폭발하기도 하며, 어떤 때는 어리석음의 바다에 빠져 있기도 하다. 그런데 어떻게 이 마음이 그대로 부처일 수 있단 말인가? 일상의 마음은 분명 번뇌의 마음이고 탐욕과 성냄의 불길 속에 타오르고 있는 마음이지만, 본래의 마음은 청정하다고 불교에서는 가르침을 편다. 그래서 이 마음 그대로 부처라고 말한다. 이 대목에 대해 나는 사실 자신이 없다. 내 생활을 돌이켜 보건대, 내 마음이 부처라고 말할 용기가 나지 않는다. 이 부분에 대해서는 나는 알지 못하겠다고 고백하는 것이 솔직한 태도라고 생각한다.

하지만 분명히 아는 부분도 있다. 이 마음이 부처라는 부분은 잘 모르겠지만, 이 마음을 바꾸면 사람들이 추구하는 세속적 가치인 돈, 권력, 명예는 충분히 얻을 수 있다고 생각한다. 이미 앞에서 말한 대로 대학 캠퍼스를 거닐면서 걷고 있는 이 순간만큼은 이 캠퍼스의 주인이 '나' 라고 생각할 수 있다. 그러면 잠시 동안만큼은 나는 어느 누구도 부럽지 않은 부자가 되곤 한다. 대통령이 되어서 누릴 수 있는 만족감을 관점을 바꿔서 평민의 입장에서도 누릴 수 있고, 유명인이 누리는 인기와 명예로 인한 쾌감을 관점을 바꾸면

1) 백련선서간행회 편역. 1989. 『마조록 · 백장록』. 장경각, 36-37쪽 참조. 번역은 새롭게 하였다.

현재 이 자리에서 누릴 수 있다. 이것을 나는 즉심즉전(卽心卽錢)이요, 즉심즉권력(卽心卽權力)이며, 즉심즉명예(卽心卽名譽)라고 부른다. 관점을 바꾸면, 다시 말해서 마음을 바꾸면 우리가 그토록 원하는 세속적 가치는 이 마음속에 이미 깃들어 있는 것이다. 더 이상 외부를 향해서 추구할 필요가 없다.

해석의 문제: 천 원을 만 원처럼 쓰는 지혜

1998년 한국이 외환위기를 만났을 때, 한 여성 연예인이 광고에 출현해서 "천 원을 만 원처럼 쓴다."고 말하였다. 이는 절약하라는 말이겠지만, 그렇다고 해서 단순히 돈의 노예가 되라는 말은 아닐 것이다. 나는 이 말을 '천 원을 만 원처럼 쓰는 지혜'라고 부른다. 천 원의 가치가 갑자기 객관적으로 열 배나 상승할 수는 없을 것이다. 이는 객관적 가치는 천 원이지만 주관의 효용에서는 열 배로 극대화하자는 것이다. 그러면 어떻게 해야 천 원을 만 원처럼 사용할 수 있을까? 이는 인문학적 교양에 기초한다. 나는 철학 교양수업을 할 때 학생들에게 이렇게 말하곤 한다.

> "여러분은 이 철학 교양수업을 마지못해 선택했고, 이 수업이 나의 미래에 어떤 영향을 끼칠 것이며, 노골적으로 말하자면 돈벌이에 무슨 도움이 되겠는가 생각할 것입니다. 하지만 이러한 생각은 잘못된 것입니다. 우선, 철학도 돈이 되는 경우가 있습니다. 나같이 철학과목 강사는 철학을 강의해서 부족한 대로 생활을 꾸려 가고 있습니다. 그리고 인문학, 특히 철학을 잘 공부해서 창의력을 개발할 수 있

습니다. 모든 참신한 아이디어는 기성의 선입견에 물들지 않을 때 생기는 것이고, 기성의 선입견을 무너뜨리는 커다란 무기는 철학적 사고와 논리입니다. 하지만 여러분의 경우는 나와는 다를 것입니다. 여러분의 경우에는 최소한의 철학을 공부해서 적게 벌고도 풍부하게 소비할 수 있는 지혜를 배우게 됩니다. 지금 여러분은 많이 버는 것에 관심이 있겠지만 많이 버는 것은 생각만큼 쉽지 않고, 자본주의 사회에서 돈벌이가 생각만큼 쉽게 이루어지지 않습니다. 보통의 사람에게 요구되는 것은 자신이 번 돈에 대해 풍요롭게 소비할 수 있는 능력입니다. 여러분이 만약 이 교양수업을 듣고 세계적인 고전을 읽을 수 있는 안목을 가지게 된다면, 단돈 만 원으로 일주일을 아주 만족스럽게 보낼 수 있습니다. 아마 단돈 만 원으로 누릴 수 있는 최대의 행복일 것입니다. 이렇게 보면, 돈을 어떻게 사용할 것인지 하는 점은 자신의 지혜에 달려 있다고 할 수 있습니다. 돈의 노예가 되지 않고서도 절약정신을 배울 수 있는 길은 바로 인문학을 제대로 익히는 데 있습니다."

이렇게 강의 초반에 철학 수업의 경제성을 강조하면, 어느 정도 학생의 호응을 이끌어 낼 수 있다. 물론 그 호응이 중간고사 이후로는 시들시들해 가는 경향이 있기는 하지만 말이다.

우리는 구두쇠를 '자린고비'라고 부른다. 자린고비는 시장에 가서 생선을 사 가지고 와서 그것을 먹지 않고 천장에 매달아 놓고 쳐다보면서 밥을 먹었다고 한다. 이러한 자린고비의 일화는 조선조 후기에 몰락한 양반이 처한 위치를 잘 보여 주는 것이다. 조선조에서 양반은 생산활동에 종사할 수 없었다. 과거시험을 통해서 관리가 되는 것이 입신양명하는 길이고, 그 길을 통해서 재산을 모을 수 있다. 하지만 과거에 합격하는 것은 험난한 길이었다. 더구나 과거시험이 점점 공정성을 잃게 되면서부터는 더더욱 일반 양반에게는 그림의 떡이 되었다. 이제 양반들의 고민은 시작되었다. 과거를 통해 관리가 되면 좋겠지만 그 길은 너무 멀고, 그렇다고 중인(中人)이나 평민처럼 생산활동에 종사할 수도 없었다. 이때 양반이 할 수 있는 길은 바로 '절약'이었다. 자린고비는 그 절약정신이 몸에 밴 대표적 인물이었고, 그 당시 조선팔도에는 자린고비와 어깨를 나란히 하는 구두쇠가 여러 명이 있었다고 한다. 이 양반들은 이런 식으로 자신의 생존방식을 구할 수밖에 없었다. 여기서 나는 이들이 돈의 노예가 되었다고 보고 싶지는 않다. 이들이 절약정신을 충실히 발휘할 수 있었던 것은 바로 유교경전을 충실하게 익힌 교양에 있었을 것이라고 생각한다. 이들은 마음이 이미 넉넉하였기 때문에 객관적인 궁핍생활에 적극적으로 대처해 나갈 수 있었을 것이다.

이러한 내용에 대해 철학적으로 접근한다면 가다머의 철학적 해석학에서 어느 정도 단서를 찾을 수 있다. 독일의 현대철학자 가다머는 1960년에 『진리와 방법(*Wahrheit und Methode*)』이라는 저서에서 '정당한 선입견의 복권'을 주장하면서 전통과 권위에 대해 새로운 지위를 부여하고자 했다. 일반적으로 선입견은 올바른 해석을 가로막는 것이므로 배제해야 할 대상이다. 하지만 가다머는 선입견 가운데서 '전통적 요소'는 배제해야 될 대상이 아니라 우리의 해석이 이루어지는 기반이 된다고 한다.[2] 예를 들자면, 한국인

2) 가다머의 철학적 해석학에 대해서는 이한우 역. 1990. 『해석학이란 무엇인가』 (Richard E. Palmer 저). 문예출판사. 2부 11장과 12장(238-315쪽)을 참조하기 바란다.

의 관점에서 서양문화를 보는 것은 잘못된 선입견이 아니라 개성 있는 해석을 할 수 있는 근거가 된다는 것이다. 한국문화의 관점에서 서양문화를 본다면, 잘못 해석할 가능성도 물론 존재하겠지만, 서양 사람이 보지 못하는 새로운 관점을 이끌어 낼 수도 있다.

또한 가다머는 예술작품의 존재방식에 대해서도 색다른 주장을 펼친다. 그는 '놀이' 의 비유를 제시했는데, 여기서는 '제기차기' 를 예로 들어 보고자 한다. '제기' 를 차려는 사람만 있다고 해서 제기차기가 이루어지는 것은 아니다. 또한 '제기' 와 '사람' 이 따로 있어도 제기차기는 형성되지 않는다. '제기' 라는 놀이기구와 그 놀이기구를 활용하는 사람이 한데 어우러져야 제기차기는 이루어진다.

예술작품의 존재방식도 이와 같은 방식으로 설명할 수 있다. 예술작품이라는 '객관' 만 있어도 안 되고, 그것을 감상하는 '주관' 만 존재해서도 안 되며, 이 둘이 서로 어울려야 비로소 예술작품의 의미가 드러난다. 가다머의 주장에 따르면, 아무리 엄청난 예술작품이 있다손 쳐도 그것을 감상할 줄 모르는 사람에게는 무용지물이라는 것이다. 나는 베토벤 교향곡 같은 것을 들으면 졸리거나 싫증을 느낀다. 그에 비해 버스에서 간간이 흘러나오는 유행가에는 내 몸이 반응을 한다. 이러한 현상을 가다머의 철학적 해석학에 비추어 설명하면, 예술작품의 존재방식은 주관과 객관이 서로 어우러지는 데 있는 것이므로 나에게 유행가는 훌륭한 예술작품이지만 교향곡은 자장가밖에 되지 않는다는 것이다.

이것을 일반화해서 말하자면, 객관 대상이라고 해도 모두에게 공통의 의미를 갖는 건 아니라는 것이다. 설악산을 예로 들어 보자. 설악산에서 신혼여행을 보낸 금실 좋은 부부라면 낭만과 추억

이 서린 곳이겠지만, 만약 설악산에서 떨어져 죽을 뻔한 사람이라면 두 번 다시 보기 싫은 곳이 될 것이다. 이처럼 동일한 대상이라고 해도 각자의 체험에 따라 각기 다른 의미로 나타난다.

이번에는 이 내용을 '돈'에 적용해 보자. 이제까지 우리는 돈을 객관적 가치라고 생각해 왔다. 그래서 천만 원은 백만 원보다 크고, 일억 원은 천만 원보다 열 배의 가치가 있다고 받아들인다. 하지만 가다머의 철학적 해석학을 적용하면 내용이 달라진다. 객관적인 '돈'을 어떤 사람이 활용하는가에 따라 그 의미가 달라진다고 할 수 있다. 젊었을 때 무척 고생해서 모은 돈 일억과 아버지가 유산으로 물려준 돈 일억이 같은 의미일 수는 없다. 자신이 고생해서 번 돈은 쉽게 낭비하지 않고 더 큰 사업을 위한 기반이 될 수 있다. 그에 비해 유산으로 물려받은 돈 일억은 어떻게 될지 예측하기 어렵다. 수완 있는 사람에게 일억은 사업자금이 될 수 있는 것이지만, 아무 재주 없는 사람이라면 한순간에 날릴 수 있는 돈이기도 하다. 이렇게 보자면, 동일한 일억 원이지만 어떤 사람이 활용하는가에 따라 그 의미가 달라진다고 할 수 있다. 이것을 텔레비전의 광고에서 말한 대로 하자면, '천 원을 만 원처럼 쓰는 지혜'라고 할 수 있다.

이러한 가다머의 철학적 해석학의 원리는 불교의 유심(唯心)에서 다시 확인된다.[3] 불교에서는 "모든 것이 마음에 의해 만들어진다(一切唯心造)."라고 하는데, 이를 쉽게 이해한다면 모든 것은 마음먹기에 달렸다고 할 수 있고, 또한 의미 부여하기 나름이라고 할

3) 『화엄경』의 유심사상에 대해서는 정순일 역. 1996. 『화엄사상』(平川彰 외 편). 경서원. 6장 '유심(唯心)과 성기(性起)'를 참조하기 바란다.

수 있을 것이다. 그래서 어떠한 역경을 만나더라도 스스로 의미를 부여할 수 있다면 그 역경은 그 사람을 성숙하게 하는 기회가 될 수 있다. '돈'도 마찬가지다. 돈의 액수가 문제가 아니라, 어떤 마음으로 돈을 대하느냐에 따라 천 원도 만 원처럼 활용할 수 있다. 불교에서는 객관적 가치를 부정하지 않지만, 그보다 의미 있는 것은 주관의 마음씀이라는 점을 일깨워 준다. 그렇다면 객관적 가치를 늘리는 데 신경을 쓰는 것은 당연한 것이겠지만, 더 중요한 것은 내면의 가치라고 할 수 있다. 그리고 이 대목은 우리가 그냥 대수롭지 않게 바라본 부분이면서 동시에 노력하면 노력한 만큼 정직하게 결과가 나타나는 것이기도 하다.

느림의 삶: 일즉일체(一卽一切)의 원리

떨어지는 낙엽 하나로 천하에 가을이 왔음을 안다고 한다. 이는 하나의 현상을 통해서 전체의 의미를 읽는다는 것이다. 이처럼 하나의 현상이 전체의 변화를 의미하는 경우가 많다. 이는 자연과학에서도 통용되는 원리다.

자연과학에서 말하는 프랙털(fractal, 자기닮음)은 하나의 변화가 전체 변화의 축소판이라는 것을 의미한다고 한다. 프랙털 도형은 어느 부분을 잘라내도 전체 모형과 닮아 있는 것이다. 예를 들면, 고사리 전체의 모양은 고사리 잎사귀와 같은 구조이고, 또한 그 잎사귀의 한 부분은 잎사귀 전체와 같다고 한다. 고사리는 어느 부분에서도 전체를 재구성할 수 있는 정보를 가지고 있다. 또한 프랙털은 수지침의 원리로 설명할 수 있다. 손바닥은 몸의 한 부분에 지나지 않는 것이지만, 이 손바닥 안에 인체 전체의 정보가 담겨 있다고 가정하고 출발하는 것이 수지침의 원리다. 이런 의미에서 부분은 전체와 연결되어 있다(一卽一切).

또한 자연과학에서 카오스이론을 말하기도 한다.[4] '카오스'는 혼돈을 의미하는 말이다. 가령 비가 내린다고 하자. 이 빗발의 강도가 어느 때는 강하고 어느 때는 잠잠하기도 한데, 이처럼 자주 변하는 빗발의 강도는 원인이 있으면 결과가 있다는 단순한 인과관계만으로 설명하기 어렵다. 이러한 미묘한 불규칙성은 하나의 원인으로 설명할 수 없다는 것이 바로 카오스이론이다.

그러면 카오스이론을 우리의 삶에 적용해 보자. 내가 미래에 어떻게 될 것인가? 나의 직업은 미래에도 계속 유지될 것인가? 카오스이론에 따르면 미묘한 불규칙성이 작용하기 때문에 예측하기 어렵다. 한두 가지 변수만을 가지고 보자면, 어느 정도 예측이 가능하겠지만 현실을 움직이는 요인이 한두 가지일 수 없고, 다양한 요인이 음으로 양으로 작동하고 있다. 그런 변수를 모두 예측한다는 것은 불가능하다. 또한 카오스이론에서는 사소한 원인이 커다란 결과를 이끌어 낼 수도 있다는 예측 불가능성을 말하고 있다. 이는 지구 남반부에서 나비가 날갯짓한 것이 북반부에서 폭풍우로 변할 수 있다는 '나비효과'라는 것이다. 아주 사소한 원인이 여러 원인과 서로 만나면서 엄청난 결과를 몰고 올 수 있다는 것이다. 이것도 하나의 현상이 전체에 영향을 미치는 예가 될 것이다.

이제까지 불교의 일즉일체(一卽一切)를 설명하기 위해서 자연과

4) 프랙털과 카오스이론에 대해서는 김용운. 2001. 『카오스와 불교』. 사이언스북스를 참조하기 바란다.

학의 내용을 잠깐 소개하였다. 하나의 현상은 전체와 맞물려 있고, 경우에 따라서는 작은 현상의 변화가 전체에 엄청난 결과를 일으킬 수 있다는 것이다. 이런 관점에서 '일즉일체' 다. 하지만 불교에서 일즉일체를 이러한 관점에서 말하는 것만은 아니다. 불교에서 일즉일체를 말하는 이유는 공(空)을 설명하려는 데 있다. '공' 은 대승불교의 핵심 개념이고, 이는 매우 어려운 개념이지만, 쉽고 간단하게 말하자면 집착의 마음을 비운다고 할 수 있을 것이다. 또 '공' 을 주관과 객관의 도식으로 설명하면, 집착의 세계 또는 분별의 세계는 보이는 객관과 그것을 보는 주관의 구분이 존재하는 것이지만, '공' 은 이러한 주관과 객관의 구분을 넘어섰다는 것이다.

예를 들어, 커다란 황금송아지가 있다고 하자. 사람들은 황금송아지에 대해 욕심이 생기기는 하지만 그것을 참고 눌러둘 수 있다. 그러나 불교에서 말하는 '공' 은 그런 것이 아니다. 욕심이 생기지만 눌러두는 정도를 불교에서 요구하는 것이 아니다. 근원에서부터 이러한 욕심이 생기지 않을 것이 요구된다. 그래서 인식의 전환을 말하는 것이다. 보이는 객관과 그것을 보는 주관이 존재하는 한, 황금송아지에 대한 욕심은 사라지지 않을 것이다. 이제까지 황금송아지로 보아 왔던 것이 잘못된 인식임을 알게 될 때 욕심에서 자유로울 수 있다. 이런 차원에서 주관과 객관의 구분을 넘어선다고 말하는 것이다. 이는 주관과 객관이 둘이 아니라는 것이고, 다른 말로 하자면 우주와 내가 하나로 된다는 신비체험이기도 하다. 온 우주와 더불어 하나가 된 체험을 한 사람이 그깟 황금송아지에 무슨 미련이 남겠는가? 이것이 바로 '공' 의 의미이고 집착의 마음을 비운다는 의미이기도 하다.

이 '공' 의 의미에 대해 중국의 화엄종에서는 '일즉일체' 로 설명하고 있다.[5] 앞에서 '공'을 주관과 객관의 구분을 넘어선 것이라고 했는데, 그렇다면 이는 시간과 공간의 한계를 넘어선 것이라고 할 수 있다. 왜냐하면 주관과 객관의 구분을 가능하게 하는 것이 바로 시간과 공간이기 때문이다. 우선 공간의 한계를 벗어난다는 점에 초점을 맞추어 보자. 공간의 한계를 벗어났다면, 세상에서 가장 큰 것이 세상에서 가장 작은 것 안으로 들어갈 수도 있다. 왜냐하면, 공간이라는 장벽이 있다면 큰 것이 작은 것 속에 들어갈 수 없지만, 공간이라는 장벽을 넘어서면 큰 것이 작은 것 속에 들어갈 수 있기 때문이다. 이 점을 화엄종에서는 세상에서 제일 크다는 수미산이 세상에서 가장 작은 겨자씨에 들어간다고 말한다. 이것이 바로 '일즉일체'의 의미다.

이번에는 시간의 한계를 벗어난다는 점에 초점을 맞추어 보자. 사실 시간은 느끼는 사람에 따라 그 길이가 달라진다. 이는 시간을 느끼는 점에서는 주관성이 강하게 작용한다는 말이다. 듣기 싫은 강의를 듣는 학생에게는 50분이라는 시간이 5시간처럼 길게 느껴질 수도 있고, 재미있는 영화를 관람했다면 아주 순식간에 영화 보는 시간이 지나갔다고 할 수 있다. 이처럼 시간은 사람의 일상생활에서도 주관적인 측면이 강하게 드러난다. 이런 대목에 대해서 화엄종에서는 영겁(永劫)이라는 영원한 시간이 한 '찰나'이고 한 찰나가 영원한 시간일 수 있다고 한다. 이 점은 우리의 일상생활을 돌이켜 보면 결코 불가능한 말이 아닐 것이다. 화엄종에서는 이런 점에서 '일즉일체'를 말한다. 따라서 화엄종의 일즉일체는 대승

5) 화엄종의 일즉일체에 관해서는 이병욱. 2000. 『천태사상연구』. 경서원. 3부 1장을 참조하기 바란다.

불교의 '공'의 다른 말에 지나지 않는 것이다.

하지만 여기서 강조하고자 하는 일즉일체는 수행덕목에 관한 것이다. 화엄종에서는 하나의 수행덕목을 완성했다면, 다른 모든 수행의 덕목을 갖추고 있다고 한다. 이런 점에서 일즉일체라고 한다. '보시(布施)'라는 수행을 철저히 했다면 다른 수행을 닦지 않았지만 다른 수행을 해서 얻을 공덕도 보시를 행한 수행 속에 간직되어 있다는 것이다. 이는 다른 말로 바꾸어 한다면, 기본기를 중시한다는 말과 통할 것이다. 축구 국가대표 감독이었던 히딩크는 기본기를 강조하였는데, 이는 기본기를 철저하게 익히면 다른 여러 가지 기술도 그 속에 녹아 있다는 의미다. 그리고 이 말은 동시에 위대한 인물은 천천히 이루어진다는 대기만성(大器晩成)이라는 말과 통하는 것이기도 하다.

또 나는 국가유학시험에 합격한 사람의 수기를 읽은 적이 있는데, 이 사람은 영어를 아주 잘하는 사람이었다. 그러면 내가 모르는 어려운 영어책을 공부할 것이라고 생각하고 책을 보았는데, 뜻밖에도 이 사람은 중학교 3학년 영어 교과서를 외우라고 하였다. 중3 영어는 쉬운 것이다. 이런 것을 공부하고 그 어려운 국가유학시험을 붙을까 생각했지만 이내 그 말에 고개를 끄덕였다. 중3 영어 교과서에는 기본적인 사항이 모두 실려 있고 이 사항을 모두 완벽하게 소화할 수 있다면, 그것을 바탕으로 해서 어려운 영어도 대처해 나갈 수 있다는 말이라고 생각했다. 이처럼 기본기의 중요성은 강조된다.

요즘 세태를 보자면 자신의 자식이 똑똑한 인물이라는 점을 남에게 드러내기 위해 부모가 안달하는 경향이 있다. 시험 성적에 지나치게 민감하게 반응하고 그래서 사교육에 더 몰두하는 부모님이 많다. 하지만 길게 보는 눈이 필요하다. 하나의 기본기를 충실히 익히면 그 속에 다른 어려운 기술이 모두 녹아 있다는 가르침을 제대로 이해할 필요가 있다. 그리고 이 기본기는 단순한 것이어서 배우는 사람은 금방 질린다. 싫증을 참고 계속 기본기에 충실하기 위해서는 우선 가치관이 제대로 성립되어야 할 것이다. 남이 하라고 해서 하는 공부나 기술 습득은 제대로 몰두하기 어렵다. 자신이 원해서 공부하고 기술을 익힐 때 싫증을 참아 내고 천천히 더 큰 미래를 위해 기본기에 전념할 수 있다. 이것이 천천히 가는 것처럼 보이지만 오히려 빨리 가는 것이다.

팔정도(八正道)의 재해석

얼마 전에 축구경기를 보았는데, 수비수(곽태휘)가 골을 넣는 것을 보았다. 말이 수비수지 골을 넣은 것만 보아서는 공격수와 다름이 없었다. 그런데 한 가지 더 놀란 사실이 있다. 이 선수가 17세 때 축구가 하고 싶어서 뒤늦게 입문했다는 것이다. 보통 그 나이가 되면 이미 축구선수로서 어느 정도 앞날이 결정된다고 한다. 그런데도 뒤늦게 입문해서 오히려 다른 선수를 제치고 국가대표가 되고 수비수가 공격수 못지않게 골을 넣었다.

이러한 사실이 의미하는 것은 두 가지다. 하나는 기본기에 충실해야 한다는 것이고, 다른 하나는 어떤 일이든 진실로 원하는 것을 해야 한다는 것이다.

불교가 출세간의 종교이긴 하지만, 그렇다고 해서 세간의 삶을 무시하는 것은 아니다. 초기불교에서 수행을 대표하는 가르침은 팔정도이고, 팔정도의 항목에 정명(正命), 곧 올바른 직업이 포함되어 있다는 점에서도 이러한 사실을 확인할 수 있다. 불교에서는 올바른 직업을 선택해서 생업에 종사할 것을 요구하며, 정당하지 않은 방법으로 생활을 영위해서는 안 된다고 말한다.

팔정도를 해석하는 데는 두 가지 방법이 있다. 하나는 팔정도 각각의 덕목을 모두 갖춘다는 것이고, 다른 하나는 각각의 덕목을 단계적으로 구비해 간다는 것이다.[6] 여기서는 단계적으로 접근해 나가는 방식을 택하고자 한다. 이런 입장에서 보자면 팔정도는 다음과 같이 해석될 수 있다.

첫째, 정견(正見)은 불교에 대한 기본적 관점이 서 있는 상태를 말하는 것이다. 인과(因果)의 도리를 알고 불교 수행의 경지를 받아들이는 것이다.

둘째, 정사유(正思惟)는 정견의 상태에서 더욱 사고의 방향을 구체화하는 것이다. 앞의 정견 단계에서 불교의 가르침을 우연히 만났고 그 가르침이 진리라고 받아들였다면 이제 생각이 더욱 성숙해 가는 단계다. 이는 불교의 가르침이 자신 내면에 머무는 단계라고 할 수 있다.

셋째, 정어(正語)는 정사유의 단계에서 정리한 자신의 생각을 다른 사람에게 전달하는 단계다. 남에게 좋은 말을 하기 위해서는 우선 자신의 관점이 정리되어야 할 것이다. 그래서 정사유의 단계에서 불교에 대한 자신의 관점이 분명해졌으면, 이 내용을 다른 사람

6) 藤田宏達. 1982. 원시불교의 윤리사상. 『강좌 불교사상—윤리학 · 교육학』. 이상사, 37-41쪽에서는 팔정도는 세간적인 팔정도와 출세간적인 팔정도로 구분할 수 있다고 한다. 여기서 말하는 팔정도는 세간적인 팔정도에 속한다.

에게 말하는 단계가 '정어'의 수준이다.

넷째, 정업(正業)은 말을 하는 정도가 아니라 자신의 말한 내용을 어느 정도 실천하는 수준이다. 대개의 경우, 좋은 말은 잘해도 막상 그것을 실천하라고 하면 자신이 한 말이라고 해도 생활에서 그대로 옮기는 경우는 드문 것 같다. 역시 말 따로 실천 따로인 경우가 상당수다. 이는 그 사람이 아직 '정업'의 수준까지 이르지 못했기 때문이다. 자신의 관점이 정리되고 그것을 다른 사람에게 전하다 보면, 자신의 말에 책임지려는 생각이 들고 그 힘은 자연스럽게 자신의 일상생활에서 드러나게 된다. 이때 어느 정도 불교적 가치에 근거한 삶을 살려고 노력하게 된다. 물론 이 단계에서는 아직 범부이므로 완전히 부처님 가르침대로 사는 것은 불가능하겠지만 말이다.

다섯째, 정명(正命)은 올바른 직업을 선택하는 것이다. 앞 단계에서 자신의 관점이 정리되고, 그 관점에 근거해서 자신의 생각을 발언하고, 또 그 발언에 근거해서 일상생활에서도 어느 정도 실천하려고 노력했다면, 이제 생각하고 말하고 행동하는 내용을 직업으로 삼는 단계에 이른다. 그리고 직업을 선택할 때 자신이 원하는 분야를 고르라고 한다. 그런데 문제는 자신이 무엇을 원하는지 모르는 데 있다. 아마도 상당수의 사람은 부모님이나 다른 사람이 이렇게 살아라 저렇게 살아라 하는 내용에 따라 왜 하는 줄도 모르고 노력해 왔을 가능성이 많다. 자신이 원하는 것은 다른 사람이 선망하는 가치를 구하는 것이지, 자신의 내면에서 울려 나오는 소리를 들을 수 없는 경우가 많다. 그에 비해 '정명'의 단계에서는 이제 자신이 무엇을 원하는지 분명히 안다. 그동안 자신의 생각을 정리하고 말하고 행동으로 옮겨 왔기 때문에 자신이 무엇을 구하는지 분명하게 드러난다. 이처럼 자신의 구하는 내용에 기초해서 그것을 실현할 수 있는 직업을 고르는 단계가 바로 '정명'이다. 따라서 자신이 원하는 가치를 바로 알기 위해서는 상당한 노력이 필요하다. 그냥 저절로 얻어지는 것이 아니다.

여섯째, 정정진(正精進)은 올바른 노력을 말하는 것인데, 이는 자신이 올바른 직업을 선택했다는 것과 짝을 이루는 것이다. 자신이 원하는 직업을 골랐다면, 이제 남은 것은 그것을 실천하는 것이다. 예를 들어, 부모님의 반대를 무릅쓰고 화가가 되려는 사람이 있다고 하자. 이 사람이 화가라는 직업을 선택하고자 한 것이 단순한 호기심이 아니고 오랫동안 고민하고 자신의 내면에서 울려 나오는 소리에 따라 선택한 것이라고 하자. 그렇다면 이 사람이 미술 공부에 전심전력할 것은 분명하다. 부모님의 반대까지 무릅쓰고 이 미술 공부의 길을 택했는데, 이런 사람이 미술 공부를 게을리할 리가 없다. 대학에서도 강의를 해 보면 나이가 들어서 대학에 늦게 들어온 사람은 수업을 대하는 태도가 아주 진지하다. 그것은 자신이 오랫동안 원하던 것이기 때문이리라. 이처럼 무엇에 헌신적으로 노력하기 위해서는 자신이 좋아하고 원하는 것을 택해야 한다. 그럴 때 누가 뭐라고 해도 자신이 좋아하는 것을 위해 열심히 노력할 수 있다. 하지만 우리 주변을 돌아보면 자신이 원하는 직업을 선택하여 열심히 노력하는 사람을 만나기 힘들다. 만약 그런 사람이라면 누가 뭐라고 해도 자신의 일에 응분의 대가가 주어지든 그렇지 않든 상관없이 그 일에 매진할 것이다. 그것은 자신과의 약속이기 때문이다. 나는 이런 사람이 우리 사회에서 어느 정도 성공할 것이라고 믿는다. 노력한 것만큼 반드시 대가를 받지 못한다 할지라도 말이다. 자신의 분야에서 뛰어난 능력을 발휘하는 사람은 대개 이런 종류에 속한다고 생각한다. 자신이 원하는 것이 무엇인지 분명히 알 때 그에 상응하는 노력이 나올 수 있다. 이 점을 축구에 비교하면 인생의 기본기라고 할 수 있을 것이다. 기본기가 충실해야 여러 가지 응용기술이 나올 수 있는 법이다.

일곱째, 정념(正念)은 올바른 정신집중이다. 이 단계부터는 출세간의 경지다. 앞에서 언급한 여섯 가지는 꼭 출세간에 속한다고 볼 수 없다. 오히려 세간에 속한다고 보아야 할 것이다. 하지만 '정념' 은 세간의 삶과는 어느 정도 거리를 두는 것이다. 이는 세속적 가치를 위해서 노력하는 것이 아니라 그 이상의 가치가 있음을 자각하고 자신의 내면에 잠자고 있는 보물을 드러내기 위해 명상훈련을 하는 것이다. 명상훈련이 사람의 인격 형성에 도움이 되는 것은 물론이겠지만, 어느 정도 준비된 사람에게 더 도움이 될 것이라는 점도 놓쳐서는 안 된다. 자신이 추구한 가치를 위해서 노력해본 사람이 세속적 가치에 한계를 느끼고 그 이상의 가치를 구하고자 할 때 명상훈련이 더욱 빛을 발한다.

여덟째, 정정(正定)은 올바른 삼매다. 앞 단계에서 말한 명상훈련을 통해서 드디어 삼매에 들어가는 것이다. 불교에서는 우리 내면에 보물이 있는데 자신의 탐욕과 성냄과 어리석음으로 인해서 그것을 제대로 보지 못한다고 한다. 삼매에 들어가면 이제 탐욕과 성냄과 어리석음을 어느 정도 녹여 낼 수 있다. 흙탕물을 가만히 놔두면 흙은 가라앉고 맑은 물이 되듯이, 삼매에 들어가면 자신의 내면을 바로 볼 수 있다. 이것이 불교에서 추구하는 세계다.

팔정도를 이렇게 단계적으로 해석하면, 정견(正見)에서 정정진(正精進)까지는 세속의 생활에서 이루어질 수 있는 내용이다. 여기서 느림의 미학을 발견할 수 있다. 우리는 무언가 이루려고 빨리 빨리 서두르고 결과를 속히 내려고 애를 쓰지만, 불교의 수행이든 인생의 성공이든 먼저 가치관이 올바르게 성립되고 그것에 기초한 올바른 직업 선택과 그에 따른 노력이 중요하다는 것을 팔정도를 통해 알 수 있다. 급할수록 돌아가라는 말이 있듯이, 인생이라는 긴 마라톤을 제대로 달릴 수 있는 지구력이 매우 중요하고, 이는 단순하게 눈앞의 이익만을 좇아서 얻을 수 있는 것이 아니다. 따라서 팔정도의 가르침은 천천히 기초를 다져 나가는 측면을 강조하는 것이다.

경제제일주의와 속도지상주의를 넘어서

이 글에서는 한국 사회에 널리 퍼져 있는 경제제일주의와 속도지상주의에 대한 대안을 모색하고자 하였다. 우선 한국의 자본주의가 천민자본주의이고, 이를 넘어서기 위해서는 '가치의 다원화'가 필요하다는 점을 강조하였다. 더불어 한국의 자본주의가 천민자본주의가 된 역사적 원인의 하나로 급격한 산업화로 인한 양반문화의 몰락을 거론하였고, 현재 불교 문화가 한국 사회에서 전통문화의 근원지이긴 하지만, 여기에는 긍정적인 모습과 부정적인 측면이 아울러 있음을 지적하였다.

둘째로, 경제제일주의 경향을 극복하기 위해 마조(馬祖)의 즉심즉불(卽心卽佛)의 가르침을 재해석할 것을 제시하였다. 마음 그대로 부처라는 가르침은 매우 어려운 가르침이지만, 관점을 바꾸어 이해하면 마음속에 돈, 권력, 명예로 인한 만족감이 그대로 간직되어 있음을 서술하였다. "모든 것은 마음먹기에 달렸다."고 하듯이,

이 세상일은 의미를 부여하기 나름이다. 실패를 경험한 사람도 이 일이 나를 더 성숙하게 하는 과정이라고 의미 부여한다면 그 실패를 통해서 더욱 진보할 수 있을 것이고, 그와 반대로 왜 나만 실패를 경험하느냐고 불만을 토로하는 사람에게는 커다란 상처일 수 있다.

셋째, 가다머의 철학적 해석학을 재해석해서 경제제일주의 경향을 극복할 수 있는 단서를 제공하고자 하였다. 가다머는 놀이의 비유를 통해 예술작품의 존재방식을 설명하고 있는데, 이는 주관과 객관이 함께 어울리는 것이 예술작품의 존재방식이라는 것이다. 이를 다른 말로 하면, 아는 만큼 보인다고 할 수 있다. 예술을 보는 안목이 있는 사람에게 예술작품이 의미가 있는 것이지, 그저 심드렁한 눈빛으로 예술작품을 본다면 돌덩이나 고철덩어리 이상의 의미가 없을 것이다. 이 점을 경제적 가치에다 적용할 수 있다. 돈은 무조건 객관적 가치라고 생각하는 경향이 있는데 반드시 그런 것은 아니다. 어떤 사람이 활용하는가에 따라 동일한 액수의 돈이라도 그 파괴력이 다르다고 할 수 있다. 사업 수완이 있는 사람이라면 어느 정도 액수의 돈이라고 해도 그 돈을 불려서 큰돈으로 만들 수 있다. 따라서 돈을 바라보는 마음자세가 중요함을 강조하였다.

넷째, 속도지상주의 경향에 대하여 화엄종의 일즉일체(一卽一切)를 재해석해서 새로운 대안을 모색하고자 하였다. 화엄종의 일즉일체는 '공'의 가르침의 다른 표현이지만, 여기서 강조하는 것은 하나의 수행덕목을 관통하면 다른 수행덕목의 공덕도 갖추고 있다는 점이다. 이는 하나에만 몰두하면 다른 것을 구할 수 있다는 것이고, 관심을 이곳저곳으로 분산시킬 것이 아니라 하나에만 몰두해도 그 속에 다른 것을 함축할 수 있는 길이 있다는 것이다. 그러므로 하나에 몰두하는 것이 미련한 짓 같지만 진정 하나에 관통한다면 그것을 통해서 다른 이치에 대해서도 안목을 얻게 된다는 것이다. 그래서 옛말에도 "한 우물을 파라"는 말이 있는 것 같다.

다섯째, 팔정도의 재해석을 통해서 기초가 중요함을 강조하고자 하였고, 그래서 한국 사회의 속도지상주의 경향에 대해서 하나의 대안을 제시하고자 하였다. 여기서는 팔정도의 일반적 해석과는 다른 내용인 단계적 해석에 주목하였고, 이 해석을 통해서 자신의 가치관이 투영된 올바른 직업 선택이 중요함을 부각시키고자 하였다. 올바른 직업 선택이 이루어졌을 때 진정 자신을 던져 가면서 노력할 대상을 찾을 수 있다. 불교에서 강조하는 것은 대개 출세간의 삶이긴 하지만 그렇다고 현실의 삶을 무시하는 건 아니라는 것을 팔정도의 재해석을 통해서 드러내 보이고자 하였다.

이상의 내용에서 검토하였듯이, 불교사상을 포함한 불교 문화를 현대적으로 해석해서 한국 사회가 직면하고 있는 문제를 풀어 갈 수 있는 단서를 발견할 수 있다. 우리는 불교문화의 엄청난 자원을 현대 사회에 맞게 제대로 활용하고 있는지 돌이켜 볼 필요가 있다.

참고문헌

김용운(2001). 카오스와 불교. 사이언스북스.

藤田宏達(1982). 원시불교의 윤리사상. 강좌 불교사상—윤리학 · 교육학. 이상사.

백련선서간행회 편역(1989). 마조록 · 백장록. 장경각.

이병욱(2000). 천태사상연구. 경서원.

이한우 역(1990). 해석학이란 무엇인가(Richard E. Palmer 저). 문예출판사.

정순일 역(1996). 화엄사상(平川彰 외 편). 경서원.

7 현대인과 명상

현대적 삶과 명상

현대인은 과거 어느 시대에도 누리지 못했던 풍요로운 물질적 혜택 속에서 살고 있다. 그럼에도 불구하고 현대인은 스스로에 대해 더 행복하다는 느낌을 갖지 못하는 듯하다. 급변하는 사회 분위기는 현대인에게 끝없는 긴장과 스트레스를 유발하고 있다. 생존을 위한 무한경쟁의 소용돌이는 삶의 의미에 대한 성찰마저 사치스럽게 만드는 지경이다. 현대인이 누리는 물질적 환경은 분명 과거에 비해 나아졌다고 할 수 있다. 그러나 편해진 만큼 더욱 부산한 나날들 속에서 실속 없는 시간을 허비하고 있는지도 모른다.

당장 한 끼 먹을 것을 고민했던 과거의 궁핍을 떠올린다면 현대

* 임승택 | 경북대학교 철학과 교수

는 분명 축복받은 시대라 할 수 있다. 그러나 예전에는 흔치 않았던 갖가지 성인병과 스트레스성 질환처럼 현대 문명의 이기에 휘둘린 탓에 겪게 된 고통들이 적지 않다. 많은 전문가들이 소식과 운동 그리고 적당한 안정만 취하더라도 그러한 질환들을 호전시킬 수 있다는 조언을 내놓고 있다. 그러나 그것을 실행으로 옮기기란 결코 쉽지 않다. '없어서 못 먹던 시대' 로 되돌아가는 방법을 선택할 수도 없거니와, 적절한 수준에서 만족할 줄 아는 내면의 여유 또한 잊힌 까닭이다.

사회적 분위기는 어쩔 수 없다고 하더라도, 그 속에서 살아가는 개개인의 마음가짐에 대해서는 아직 논의의 여지가 있을 것이다. 동양 전통에 뿌리를 둔 불교나 요가학파의 가르침은 삶의 고통이 발생하는 원인을 외부적 환경이 아닌 내부적 원인에서 찾는다. "잠 못 이루는 이에게 밤은 길고 지친 이에게는 지척도 천리이나니, 바른 진리를 알지 못하는 이에게 윤회의 밤길은 아득하다."라는 『법구경(法句經, *Dhammapada*)』 말씀이 있다.[1] 밤은 누구에게나 찾아오는 법, 그것을 편안한 휴면으로 보내느냐 그렇지 못하느냐는 스스로에게 달려 있다. 자신에게 주어진 최소한의 여유조차 누리지 못한 채 허겁지겁 살아가는 것은 아닌지 되돌아볼 일이다.

"요가는 마음작용의 가라앉힘이다(yogaś citta-vṛtti-nirodhaḥ)."[2]로 시작되는 『요가수트라(*Yogasūtra*)』의 가르침 또한 부산한 현대인의 삶에 대해 반성의 계기를 부여한다. 현대적 삶은 의도하고 계획하고 따지는 쪽으로만 발달해 온 느낌이 없지 않다. 무엇인

1) *Dhammapada*(*Dhp.*). 60 게송.

2) *Yogasūtra*(*YS.*). 1-2 게송.

가를 해야만 한다는 관념에 지배되어 겉으로 드러난 일에만 신경을 쓰게 하는 경향이 있다. 그러나 요가학파에서는 그러한 일체의 부산함이 가라앉은 연후라야 비로소 참된 본성이 드러난다고 가르친다. 현대의 들뜬 분위기는 우리로 하여금 고요히 머무는 것을 허락지 않으려 들지만, 요가학파에서는 마음의 동요부터 가라앉힐 것을 권한다.

인류 역사상 인간의 삶을 질적으로 고양시키고자 했던 시도는 무수히 되풀이되었다. 그러나 인간성 자체가 새롭게 변화하였거나 혹은 발전되었다는 징후는 아직 나타나지 않고 있다. 외부적 환경은 바뀌었다고 할 수 있지만 희로애락의 감정은 변화하지 않았다. 성인병이니 스트레스성 질환이니 하는 것들도 따지고 보면 인간성 자체가 달라지지 않았다는 사실을 반증한다고 할 수 있다. 감당해 낼 수 있는 기본 용량은 그대로인데 과중한 부하가 걸린 탓이라는 의미다. 예나 지금이나 인간에게는 적절한 휴식이 필요한 것이다.

요가학파나 불교의 명상 관련 가르침들은 한마디로 '잘 쉬는 방법' 으로 요약할 수 있다. 내면의 안정을 통해 참된 자신을 회복하자는 것이며, 또한 그 속에서 진정한 행복을 얻자는 것이다. 이러한 이유에서 그들의 가르침은 오늘날에도 유효하다고 할 수 있다. 특히 불교에서는 인간에게 발생하는 모든 고통이 내면의 탐욕과 집착에서 비롯된다는 사실을 강조한다. 바로 그것이 해소되지 않는 한 인간은 '끝없이 이어지는 번뇌의 사슬', 즉 윤회(saṁsāra)를 벗어날 수 없다고 가르친다. '고통에서 벗어나 즐거움을 얻는다(離苦得樂)' 는 일관된 모토 또한 그러한 맥락에서다. "욕망의 포기에 의해 마음의 동요가 가라앉는다."[3)]라는 『요가수트라』의 가르침 또한 동일한 의미다.

현대인은 이전의 시대와는 다른 공동의 업(共業, sādhāraṇa-karma)을 지닌다. 지금까지 언급한 물질적, 사회적 조건들이 그것이다. 이러한 사회적 분위기는 우리가 선택하기 이전에 우리에게 이미 주어져 있다. 그러나 그것을 수동적으로 받아들이는 데서 그치느냐 아니면 주체적으로 활용해 나가느냐는 의지에 따른 선택의 문제다. 현대인에게 주어진 공동의 업은 이제 외향적인 진화의 극한점에서 내면적인 방향으로 선회해야 할 필요성을 제기한다. 명상에 관련한 가르침들이 지닐 수 있는 의의는 바로 그러한 주체적 삶의 가능성과 맞물려 있다고 하겠다.

명상의 원어적 의미

'고요히 생각에 잠기는 것' 혹은 '고요히 생각을 재우는 것'이라는 두 가지 의미로 풀이될 수 있는 명상(瞑想)은 'meditation'에서 유래한 번역어다. 이 용어는 라틴어 'meditari'에서 유래한 것으로, '깊숙이 생각에 잠겨 있는 상태'를 가리킨다. 한편 'meditation'의 현대적 의미는 '고요히 혹은 깊이 생각하는 것(to think seriously or deeply)'과 '특정한 대상에 (마음을) 고정하거나 집중을 유지하는 것(to fix and keep the attention on one matter)'이라는 두 가지로 해석된다.[4] 따라서 명상이라는 번역어는 'meditation'의 현대적 해

3) *YS*. 1-12 게송.

4) Procter, P. (Editor-in-chief). 1983. *Longman Dictionary of Contemporary*

설을 충족한다고 할 수 있다.

'meditation'에 상응하는 또 다른 표현으로 'contemplation'(관상(觀想))이 있다. 이들 둘은 종종 혼용되기도 하지만, 일반적으로 전자는 후자의 상태를 이끌어 내기 위한 과정으로, 그리고 후자는 그렇게 해서 이루어진 결과로 언급된다.[5] 'contemplation'은 라틴어 'cum'(with)과 'templum'(a consecrated place)의 합성어로 '명상의 실천에 의해 얻어진 신성한 영적 상태(spiritual state)'로 설명된다. 특히 일신교 전통에서는 이것을 일컬어 '신의 은총에 의해 드러난 축복의 비전(beatific vision)을 누리는 상태'로 부르며, 또한 '성서의 진리에 부합하는 행위에 직접 참여하는 경지'로 언급하기도 한다.

전통에 따른 차이를 부정할 수는 없겠지만, 'meditation'에 비교적 정확하게 일치하는 산스크리트 어로서 'dhyāna'가 있다. 『요가수트라』에서는 이것에 대해 '의식의 작용이 한결같이 집중된 상태'[6]로 정의하며, 또한 주객의 대립이 사라진 삼매(samādhi)의 상태에 이르기 위한 과도적 경지로 언급한다. 'dhyāna'를 초기불교의 빨리어로 옮기면 'jhāna'가 되는데, 이는 다름 아닌 선나(禪那), 선(禪), 선정(禪定), 참선(參禪) 등의 원어가 된다. 초기불교에서 이들 용어는 삼매의 상태를 세분화하여 설명할 때 주로 사용된다. 예를 들면, 바른 삼매(sammāsamādhi)를 구성하는 하위 개념으로서 첫 번째 선정(初禪, paṭhamajjhāna), 두 번째 선정(第二禪, dutiyajjhāna) 등의 용어들이 사용된다.[7]

English. Longman Group Limited, 675쪽.

5) Frederic, B. U. 1987. Meditation. *The Encyclopedia of Religion, 9*. Macmillan Publishing Company, 324–331쪽.

6) *YS*. 3–2 게송.

한편 『빠띠삼비다막가(*Paṭisambhidāmagga*)』라는 문헌에서는 jhana라는 용어에 대해 '여실하게 숙고한다(jhāyant īti dhammā)' 는 의미와 '번뇌를 태워 없앤다(jhāpet īti kilese)' 는 두 가지 의미가 있다고 해석한다.[8] 이것은 앞에서 언급한 명상 및 'meditation' 에 대한 두 가지 풀이와 일치한다고 할 수 있다. 즉, '고요히 생각에 잠기는 것' 은 '여실하게 숙고한다' 는 의미와 통하며, '고요히 생각을 재우는 것' 은 '번뇌를 태워 없앤다' 는 뜻에 부합한다. 이러한 해석의 구체적 사례로서, 초기불전에서는 첫 번째 선정을 탐욕과 같은 마음의 장애(n īvaraṇa)가 사라진 상태에서 집중을 야기하는 생각(vitakka)의 기능이 존속하는 단계로 규정한다.[9] 반면에 두 번째 선정 이상의 단계에서는 언어적 움직임(語行, vac ī saṅkhārā), 즉 생각 자체가 정지한다고 가르친다.[10]

이와 같은 선정의 위계는 생각에 몰입해 들어가는 단계와 생각(語行, =언어적 움직임) 자체가 멈추는 일련의 과정을 지시하는 것

7) *Paṭisambhidāmagga*(*Ps.*). *I*, 43쪽 등. 바른 삼매란 무엇인가? 여기에 한 비구가 있어……. 첫 번째 선정(初禪)을 얻어 머문다……. 두 번째 선정(第二禪)을 얻어 머문다……. 세 번째 선정(第三禪)을 얻어 머문다……. 즐거움이 끊어지고 고통이 끊어져, 이전의 모든 즐거움과 근심이 사라진…… 네 번째 선정(第四禪)을 얻어 머문다. 이것을 바른 삼매라 한다.

8) *Ps.* II, 44-45쪽.

9) 여기에서 마음의 장애(n īvaraṇa)란 수행자의 지혜를 약화시키는 것으로 흔히 다섯 가지로 분류된다. 이와 관련하여 "다섯 가지 장애가 있다. 감각적 욕망의 장애, 성냄의 장애, 혼침과 졸음의 장애, 들뜸과 회한의 장애, 의심의 장애다." (*D ī ghānikāya*(*DN.*). *III*, 234, 278쪽; *Aṅguttaranikāya*(*AN.*) *IV*, 457-458쪽, *Majjhimanikāya*(*MN.*). *II*, 203쪽 등)라는 문구가 있다.

10) 임승택. 2005. vitakka(尋) 개념의 수행론적 의의에 대한 고찰. 『불교학연구』 제12호. 불교학연구회, 181-195쪽.

으로, 명상 체험이 깊어져 가는 순차적 계기를 드러낸다. 예를 들면, 최초로 명상을 행할 때에는 특정한 생각을 적극적으로 일으켜 거기에 의식을 모아 나가지만, 명상이 무르익으면 그러한 생각 자체에 몰입되어 의식이 멈춘 듯한 상태가 된다는 것이다. 『요가수트라』에 기술되어 있듯이, '대상만이 홀로 빛나고 자기 자신은 없어진 것같이 된 상태'[11]가 바로 그것일 것이다. 결론적으로 명상 혹은 선정이란 '고요히 생각을 일으켜 거기에 몰입하고 마침내는 의식 자체가 가라앉는 상태에 이르는 것'으로 정의할 수 있다.

물론 명상(meditation)과 선정(jhāna)의 귀결로 얻어지는 관상(觀想, contemplation)과 삼매(三昧, samādhi)는 동일한 경지가 아니다. 전자는 유일신 전통에 속한 것으로 신의 은총에 의해 신과 직접적으로 조우하는 체험을 가리키는 반면에, 후자는 일체의 동요가 가라앉은 내면의 평정 상태를 의미하기 때문이다. 그러나 이러한 차이에도 불구하고 명상과 선정은 지금까지 언급한 정의에 부합하는 내용적 공통점을 지닌다. 바로 이 점은 두 개념을 배태한 종교적, 문화적 배경의 현격한 차이를 고려할 때 그 의미가 크다고 할 수 있다.

일신교적 전통에서 보면, 내면의 평정을 의미하는 삼매(samādhi)란 단순히 무기력해진 심적 상태로 오해될 여지가 있다. 그러나 삼매의 체험은 단순히 마음작용의 가라앉힘만을 겨냥하는 것이 아니며, 오히려 존재의 실상을 꿰뚫는 반야지(般若智, prajñā) 혹은 식별지(識別知, viveka-khyātir)의 획득을 목적으로 한다.[12] 한편 불

11) *Ys.* 3-3 게송.

12) 예를 들면, 초기불교에서는 네 번째 선정(第四禪, catutthajjhāna)의 단계에서

교나 요가학파의 입장에서 보면, 신과의 만남을 의미하는 관상(contemplation)이란 일종의 들뜬 상태로서 무언가에 홀려 있는 것과 다를 바 없다. 그러나 그러한 체험의 와중에도 주객의 대립이 사라지고 자아의 느낌마저 완전히 사라지는 몰아의 상태가 나타나는 것으로 언급된다.[13] 이러한 사실은 양자가 상이한 전통에 속함에도 불구하고 완전히 다른 것으로 취급될 수만은 없다는 것을 시사한다.

이 논의를 통해 분명히 하고 싶은 것은 동서양을 막론하고 유사한 맥락의 명상 관련 가르침들이 전해져 왔다는 사실 자체다. 명상이든 관상이든 혹은 선정이든 삼매든, 집중과 평온 그리고 관조와 지혜라는 고유의 측면들을 지닌 가르침이 존재해 왔다는 것이다. 바로 이것에 대한 희구야말로 오랜 세월에 걸쳐 인류가 지녀 온 보편적 욕구 중의 하나일 수 있다고 생각한다. 또한 그간의 장구한 역사 속에서 그러한 가르침들이 소실되지 않고 면면히 계승되어 왔다는 사실 자체가 이것을 뒷받침한다고 생각한다. 그리고 이러한 가르침들이야말로 바쁜 일상에 지친 현대인에게 절실히 필요한 삶의 요소가 될 수 있다고 믿는다.

번뇌가 다한 지혜(漏盡智, āsavānaṁ khaye ñāṇa)를 위시한 세 가지 초월적 지혜(三明, tisso vijjā)가 발현된다고 가르친다. 또한 『요가수트라』에서는 생각이 없는 선정(無尋等至, nirvitarka-samāpatti)의 상태에서 진리를 식별하는 지혜(識別知, viveka-khyātir)가 발생한다고 기술한다. 이 부분에 관해서는 임승택. 2000. 불교의 선정과 요가의 삼매에 대한 비교연구. 『회당학보』 제5집, 239-249쪽을 참조하기 바란다.

13) 박은진 역. 2006. 『어느 관상수도자의 무아체험: 다 비워버린 내 안에서 만난 하느님』(Bernadette Roberts 저). 정신세계사, 27-46쪽.

명상의 종류와 갈래

이와 같이 명상 관련 가르침은 인류의 정신사를 통해 계속되어 왔으며, 또한 시대와 장소에 따라 각기 다른 방식으로 구체화되었다. 따라서 이들에 대해서는 각자의 독특성을 고려하여 유형별로 구분해 보는 것이 가능하다. 여기서는 이러한 맥락에서 시도된 정태혁 선생의 선행 연구에 주목한다.[14] 그에 따르면, 세계의 여러 종교 전통에서 보이는 명상 관련 가르침은 내향적 명상, 외향적 명상, 초월적 명상이라는 세 가지로 구분된다.

먼저 내향적 명상이란 일상에 대한 반성을 특징으로 한다. 이것은 앞에서 살펴본 '고요히 생각한다(to think seriously)'는 사전적 정의와 일치하는 명상 유형이라 할 수 있다. 이것을 현존하는 종교적 가르침과 연관시켜 보면, 일상의 삶 속에서 도덕적, 윤리적 자기반성을 강조하는 경우를 꼽을 수 있다. 예를 들면, 유교에서는 특정한 형식에 구애됨이 없이 스스로에 대한 성찰을 중요시한다. 즉, 일상에 대한 반성을 통해 자신을 다스리고(克己) 바로 이것을 기반으로 인간의 보편성(天命)을 추구한다. 칠불통계(七佛通戒)에 근거한 초기불교의 윤리적 가르침이라든가,[15] 사회적 의무에 입각한 『바가바드기타(*Bhagavadgītā*)』의 행위 윤리도 이러한 내향적

14) 정태혁. 1994. 『명상의 세계』. 정신세계사, 165-167쪽.

15) 칠불통계(七佛通戒)란 석가모니(Śākyamuni)를 포함한 과거의 일곱 부처님들이 한결같이 계율의 근본으로 삼았던 게송을 가리킨다. 구체적인 내용은 다음과 같다. "모든 악을 짓지 말라. 온갖 선을 받들어 행하라. 스스로 그 마음을 깨끗이 하라. 이것이 곧 모든 부처의 가르침이니라." *Dhp*. 183 게송.

명상에 연결시켜 볼 수 있다.[16] 그러나 이러한 유형의 명상은 일상적인 행위 규범의 차원을 크게 벗어나지 못한다는 점에서 한계를 지닌 것도 사실이다.

한편 외향적 명상의 전형적 사례로는 앞에서 언급했던 기독교, 이슬람교, 유대교 등의 유일신교와 불교의 정토교 등을 꼽을 수 있다. 여기서는 외적인 대상, 즉 절대자(神)에게 귀의해 들어가는 방법론적 특징이 부각된다. 따라서 외향적 명상에서는 기도나 염불 등의 종교적 의례가 수반되는 것이 일반적이다. 특히 아미타불(Amitābha-Buddha)에 대한 염불을 위주로 하는 정토교에서는 현실의 모든 고통을 아미타불에게로 가기 위한 과정으로 인식한다. 그리하여 일체의 모든 것이 아미타불의 화현(化現, avatāra)으로 체험되는 경지를 얻는 것을 목적으로 한다.[17] 이러한 외형적 명상은 타자에게로 몰입하는 속에서 스스로의 의미를 실현한다는 공통적 면모를 지닌다. 여기에는 절대자와의 관계, 즉 믿음(信, faith, bhakti)의 문제가 무엇보다도 중요한 덕목으로 부각된다.

마지막으로 초월적 명상은 일상적인 자아의식을 속박된 상태로 규정하고, 거기에서 벗어나는 것을 목적으로 한다. 여기에는 인간의 의식을 여러 층으로 구분하여 저차원적인 자아관념으로부터

16) 『바가바드기타』에서는 행위의 요가(karma-yoga)라는 덕목을 통해 현실의 삶에서 주어진 의무를 성실히 수행하는 것이 곧 궁극의 구원으로 이어진다는 가르침을 전한다. 이러한 행위의 요가에서 무엇보다 강조되는 것은 결과에 대한 집착 없이 마땅히 해야 할 일을 성실히 수행하는 무집착의 행위(niṣkāma-karma)다. 김호성. 1992. 바가바드기따에 나타난 까르마요가의 윤리적 조명. 『인도철학』 제2집. 인도철학회, 127-147쪽; 임승택. 2004. 『바가바드기타 강독』. 경서원, 78-79쪽 등 참조.

17) 이현주 역. 2003. 『겨울부채』(하네다 노부오 편). 생활성서사.

벗어나는 일련의 과정이 전제된다. 요가학파와 불교의 경우를 전형으로 꼽을 수 있다. "요가란 마음작용의 가라앉힘이다."라는 경구를 통해서도 알 수 있듯이, 요가학파에서는 거친 마음 상태를 가라앉힌 연후라야 비로소 초월적 본성을 깨닫는 것이 가능하다고 가르친다. 위빠사나(vipassanā)를 위시한 대부분의 불교 명상 또한 자아관념의 해체와 더불어 일체의 고통에서 벗어나는 깨달음의 과정을 공통된 가르침으로 전한다. 불교의 가르침 일반에서 말하는 지혜(prajñā)란 다름 아닌 자아관념의 완전한 해소 여부와 밀접한 상관관계에 있다.

명상 관련 가르침을 이와 같이 크게 세 가지로 구분해 볼 수 있지만 앞에서 언급했듯이, 이것을 획일적으로 적용하는 데는 어려움이 따르며, 또한 다른 분류법도 존재할 수 있다. 실제로 비베까난다(Vivekānanda, 1863~1902)나 오로빈도 고쉬(Aurobindo Ghosh, 1872~1950)와 같은 현대의 힌두 사상가들은 『바가바드기타』와 『요가수트라』에 근거하여 여러 정신적, 종교적 가르침을 네 가지 요가(yoga)로 나눈다. 그들에게 요가란 앞서 논의한 명상 개념과 동일한 의미로 이해된 듯하다. 그들은 이것을 지혜의 요가(Jñāna-yoga), 헌신의 요가(Bhakti-yoga), 행위의 요가(Karma-yoga), 라자 요가(Rāja-yoga) 등으로 구분한다. 이 네 가지 요가는 앞서 언급한 세 가지 명상과 유사한 맥락을 지니며, 또한 직접적으로 대비해 보는 것이 가능하다.

예를 들면, 지혜의 요가는 무지(avidyā)의 타파를 통한 구원의 방법으로, 앞서 언급한 초월적 명상과 친화적이라고 할 수 있다. 즉, 지혜와 깨달음을 강조하는 불교와 요가학파의 수행은 일상의 거친 의식을 탈피하여 사물의 본성을 꿰뚫는 과정을 실천·수행의 중심에 둔다. 한편 헌신의 요가는 신에 대한 믿음과 헌신을 주된 내용으로 하는데, 이것은 앞서 살펴본 외향적 명상과 거기에 속한 종교 전통들에 부합한다고 할 수 있다. 또한 행위의 요가는 일상에 대한 성찰과 사회적 의무에 기반을 둔다는 점에서 내향적 명상에 상응하는 측면을 지니며, 유교적 가르침 등에 연결시킬 수 있다. 마지막의 라자요가는 위에서 언급한 세 가지 전체를 아우르는 성격을 지니는데, 이것은 『요가수트라』의 실천론을 별도의 체계로 내세워 일컫는 말이기도 하다.

『요가수트라』에서는 금계(禁戒, yama), 권계(勸戒, niyama), 좌법(坐法, āsana), 조식(調息, prāṇāyāma), 제감(制感, pratyāhāra), 응념(凝念, dhāraṇā), 정려(靜慮, dhyāna), 삼매(三昧, samādhi) 등의 여덟 가지 단계적 실천 항목을 내세운다. 이들 중에서 금계 및 권계는 다시 청정(śauca), 만족(samtoṣa), 자재신에 대한 기원(īśvara-praṇidhāna) 등을 세부 내용으로 한다.[18] 이러한 세부적 내용들은 내향적 명상 및 외향적 명상의 가르침과 내용적으로 통한다고 할 수 있다. 한편 좌법부터 삼매에 이르는 일련의 단계들은 초월적 명상에 이르는 체계적 과정으로 이해해도 무방하다. 결론적으로 라자요가는 앞서 언급한 세 가지 명상 모두를 단일한 체계 안에 포섭한다고 할 수 있다.

이와 같이 명상 관련 가르침은 다양한 갈래로 세분화할 수 있고,

18) 구체적으로 금계(禁戒)는 불살생(不殺生), 불망어(不妄語), 불투도(不偸盜), 불사음(不邪淫), 불탐(不貪)이라는 다섯 가지를 세부 항목으로 하며, 권계(勸戒)는 청정행(清淨行), 만족(滿足), 고행(苦行), 독송(讀誦), 자재신에 대한 기도(祈禱)라는 다섯 가지를 세부 사항으로 한다. *YS.* 2-30 게송~2-45 게송 참조.

또한 여러 종교적 가르침들과도 연결시켜 볼 수 있다. 그러나 이러한 분류가 다분히 도식적이라는 느낌을 갖는다. 더구나 내향적 명상이나 외향적 명상 등은 그들이 속한 각각의 종교 전통 안에서 주된 실천 방법으로서의 지위를 확보하지 못하는 듯하다. 예를 들면, 유교 혹은 기독교 등의 실천에서 명상에 관련한 내용은 중심적인 지위에 있다고 보기 힘들다. 나아가 그들이 규정하는 명상의 성격 역시 윤리적 행위나 신에 대한 믿음과 같이 명상 외적 요인들에 의존해 있다. 따라서 그들의 종교를 명상이라는 용어 자체만으로 한정하기에는 무리가 있다.

그러나 초월적 명상이나 지혜의 요가 그리고 라자요가 등은 사정이 다르다. 특히 이들 모두를 실질적으로 포섭하는 불교와 요가학파의 실천은 전형적인 명상 수행으로서의 면모를 지닌다. 이미 언급했듯이, 불교와 요가학파에서는 인간의 의식을 거칠거나 미세한 몇몇 단계로 세분화한다.[19] 또한 거친 의식의 상태를 고요히 가라앉히는 일련의 과정을 거치면서 진리를 꿰뚫는 지혜(prajñā)가 발생한다고 언급한다. 그들이 지향하는 궁극의 목표로서의 독존(kaivalya)이나 열반(nibbāna)은 이러한 과정을 통해 최종적으로 획득된다. 또한 그들은 이러한 경지의 체득을 스스로의 실천에서 중

19) 불교에서는 선정의 상태를 9단계의 순차적 과정(九次第定, nava-anupubbavihārasamāpatti) 등으로 세분화하였고, 요가학파에서도 생각이 있는 선정(有尋等至, savitarka-samāpatti)이라든가 생각이 없는 선정(無尋等至, nirvitarka-samāpatti) 및 번뇌의 종자를 소멸한 삼매(無種子三昧, nirbīja-samādhi) 등으로 나눈다. 이러한 구분들은 일상적인 의식의 지평으로부터 벗어난 초월적 의식 상태를 단계별로 규정한 것이라고 할 수 있다. 이에 관한 자세한 내용은 임승택. 2005. vitakka(尋) 개념의 수행론적 의의에 대한 고찰. 『불교학연구』 제12호. 불교학연구회, 220-239쪽을 참조하기 바란다.

심적인 위치에 둔다. 따라서 불교와 요가학파야말로 명상의 색채가 두드러진 종교적 가르침이라고 할 수 있다.

명상의 현대적 가능성

명상은 일상 삶에 과연 어떠한 효용을 지니는가. 이미 언급했듯이, 바쁜 삶에 지친 현대인에게 '잘 쉬는 방법' 을 제시한다는 것으로 요약할 수 있다. 즉, 내적인 평안을 얻게 함으로써 긍정적인 삶으로의 방향 전환을 모색케 한다는 것으로 그 의의를 생각해 볼 수 있다. 특히 여덟 가지에 이르는 일련의 실천 항목을 제시하는 요가학파에서는 윤리적 문제부터 생리적 측면을 거쳐 심리적 차원으로 승화되는 체계적 과정을 제시한다.[20] 이것은 요가의 실천이 전인적인 삶의 과정으로 확대된다는 것을 의미함과 동시에, '잘 쉬는 방법' 이 과연 어떠한 방식이 되어야 하는지에 관해 시사하는 점이 크다.

예를 들면, 여덟 가지 실천 항목 중에서 세 번째에 해당하는 좌법이 있다. 원어 그대로 아사나(āsana)라고 부르기도 하는 이것은 육체를 이완하는 동작들로 구성된다. 또한 이것은 본격적인 명상을 위한 준비 단계에 해당되며, 대다수의 일반인에게 해부학적 근육 운동에 도움을 주는 체조 정도로 이해된다. 그런데 체조 등의

20) 즉, 금계, 권계, 좌법, 조식, 제감, 응념, 정려, 삼매 등의 여덟 가지 실천 항목 중에서 금계와 권계는 윤리적 수련으로, 좌법, 조식, 제감은 생리적 수련으로, 응념, 정려, 삼매는 심리적 수련으로 분류된다. 이태영. 2003. 『요가철학』. 여래, 133-148쪽.

운동은 교감신경의 기능을 항진시키고 혈압, 심박, 근육의 혈류와 산소 소비량의 증가를 낳는 반면, 요가의 좌법은 육체적 기능을 이완시키고 신진대사의 기능을 오히려 저하 상태로 만든다. 즉, 육체를 쉬게 함으로써 스트레스와 긴장으로부터 벗어나게 하는 방법적 특징을 지닌다. 따라서 요가의 좌법은 체조와 비슷해 보이지만 원리적으로는 전혀 다르다.

대부분의 사람들은 신체의 특정 부위에 압력과 긴장을 가함으로써 해당 부분이 단련되고 건강해진다고 믿는다. 그러나 요가 생리학에서 볼 때, 인체는 각종 신경계와 장기 그리고 골격 등이 복합적으로 망라된 유기체다. 따라서 모든 부분이 원만한 조화를 이루는 것이 중요하며, 몸 상태를 고려하지 않은 과격한 운동과 긴장은 건강에 해로울 수 있다. 좌법은 바로 그러한 상태에 대비하여 육체적 불균형을 해소하고자 고안된 것이다. 이러한 방식으로 요가에서는 인체의 자연적 조절 능력을 원천적으로 회복시키는 데 주력한다. 바로 이것이 '잘 쉬는 방법' 으로 제시되는 요가 좌법의 독특한 면모다.

요가의 좌법이 인체에 긍정적인 영향을 미친다는 보고는 매우 많으며, 적지 않은 성과물이 이미 의학적으로 통계화되어 있다. 그간의 연구 사례들은 일반적인 건강 및 신체 만족의 문제부터 특정한 질병 및 심리적 문제의 치료와 해소에 이르기까지 요가 수련의 긍정적 사례에 관해 다양한 내용을 망라하고 있다.[21] 이러한 성과들은 육체와 정신의 유기적 상관성을 직접적으로 드러낸 것으로, 심신의 문제에 관한 해묵은 철학적 담론에 대해서도 유의미한 논

21) 장현갑, 변광호. 2005. 『몸의 병을 고치려면 마음을 먼저 다스려라』. 학지사.

의의 소스를 제공한다고 할 수 있다.

'잘 쉬는 방법'으로서의 요가 수련의 특징은 본격적인 명상 수련 단계에 해당하는 응념, 정려, 삼매 등에서 더욱 두드러진다. 『요가수트라』에서는 이들 세 가지 심리적 수련을 총제(saṁyama)로 통칭하며,[22] 바로 그것을 닦음으로써 육체의 완전함(kāya-saṁpat)[23]과 감각에 대한 지배(indrya-jayaḥ)[24]를 얻을 수 있다고 기술한다. 즉, 명상의 실천을 통해 육체를 장악하여 다스릴 수 있다는 것이다. 이것은 마음작용(citta-vṛtti)을 가라앉히는 방법으로서의 총제가 단지 무기력한 심적 상태만을 지향하는 것이 아님을 극명히 하는 것이다. 이러한 방식으로 요가 명상은 내면의 안정을 통해 육체적인 조절 능력을 극대화하는 길을 제시한다.

심리적 조절을 위주로 하는 명상의 실천과 건강의 상관성에 관한 실증적 연구 사례 또한 적지 않다. 이와 관련한 대표적인 인물로 허버트 벤슨(Herbert Benson)을 꼽을 수 있다. 그는 심리적 조절을 통해 도움을 받을 수 있는 질병의 목록으로 두통, 협심증, 고혈압, 불면증 등을 제시하고 있다.[25] 나아가 항암 치료나 콜레스테롤의 수준을 낮추는 따위에도 유익한 치료 효과가 있다는 결과를 내놓고 있다. 이것은 내면의 안정을 우선시하는 방법이 좌법에 못지않게 인체의 여러 영역에 걸쳐 긍정적인 영향을 미친다는 것을 의미한다. 바로 이것은 앞에서 언급했던 『요가수트라』의 총제와 그

22) *YS*. 3-4 게송.

23) *YS*. 3-45 게송.

24) *YS*. 3-46 게송.

25) 장현갑 외 공역. 2003. 『과학 명상법』(Herbert Benson, William Proctor 공저). 학지사, 19-20쪽.

것을 통한 육체적 조절의 구체적 사례가 된다고 할 수 있다. 총제로 표현되는 요가의 명상은 이러한 방식으로 현대인의 삶에 대해 구체적인 효용을 지닐 수 있다.

요가학파의 실천은 좌법이라는 육체적 수련 단계를 거쳐 총제라는 본격적인 명상의 영역으로 넘어간다. 따라서 점진적이고 체계적인 특성을 지닌다고 할 수 있다. 그런데 이러한 요가학파의 명상과 달리 불교의 그것은 정신만을 강조하는 입장에 선다. 예를 들면, 초기불교의 명상 관련 가르침에는 육체를 조절하는 기법에 관한 일체의 언급이 나타나지 않는다. 뿐만 아니라 호흡 명상(入出息念, ānāpānasati)에서조차 호흡의 길이를 의식적으로 조절하는 일체의 행위를 배제한다.[26] 이러한 입장은 육체를 통해 마음을 다스리는 것이 아닌, 마음을 통해 다시 마음을 다스리는 것으로 요약할 수 있다.

오로지 '마음 다스리는 법' 에 천착하는 초기불교의 명상에서는 마음지킴(念, sati)과 알아차림(知, sampājana)이라는 두 가지 심리적 기능을 강조한다. 이 두 가지는 습관적인 상념에 빠져 혼란한 상태에 놓이는 것을 막는 역할을 한다. 특히 전자에는 잊지 않음이라는 의미와 함께 주의집중이라는 뜻이 내포되며, 후자에는 '있는 그대로' 를 가감 없이 알아차린다는 통찰의 의미가 수반된다. 초기불교의 명상은 이러한 두 가지를 통해 과거와 미래를 정처 없이 넘나드는 부산한 의식을 항상적인 현재의 상태로 되돌린다. 그리하여 들뜬 상태를 가라앉히고 또한 그것을 통해 진리를 통찰케 한다.

마음지킴과 알아차림은 자체적으로 심리적 기능에 속하지만 다

26) 임승택. 2004. 『위빠사나 수행관 연구』. 경서원, 16-29쪽.

른 여타의 마음을 통제하는 영향력을 지닌다. 예를 들면, 탐내는 마음(貪, rāga)이나 성내는 마음(嗔, dosa) 등이 발생했을 때, 바로 그러한 내면의 상태를 즉시 알아차리고 또한 거기에 오롯하게 집중하는 것으로 평정을 되찾는 것이 가능하다. 『니까야(*Nikāya*)』에는 이러한 방식으로 들뜨거나 흥분된 상태를 극복하는 사례와 함께, 극심한 육체적, 정신적 고통을 대처하는 일화들이 구체적으로 기술되어 있다.[27] 그러한 사례들은 명상 관련 가르침이 육체적, 정신적 건강과 관련하여 지닐 수 있는 의의를 분명히 하는 것이라 할 수 있다.

이상은 건강의 문제를 중심으로 명상의 효용성을 살펴본 것이다. 그러나 명상의 유용성이 개개인의 건강 증진 차원에 국한될 수 없다고 본다. 앞서 살펴본 것처럼, 초기불교의 명상에서는 육체에 대한 조절을 배제한다. 마음을 도외시한 육체에 대한 관심은 곧바로 탐냄과 집착으로 이어질 수 있다는 이유에서다. 이 점은 요가의 그것이 육체적 수련에서 심리적 수련으로 이어지는 체계성을 지니는 것과 대조적이다. 이러한 점에서 초기불교의 명상은 일견 편향되고 부분적인 가르침으로 오해될 여지를 남긴다. 그러나 오히려 여기에서 명상의 실천이 개인적인 차원을 벗어나는 이론적 계기를 확인한다.

육체적인 조절을 수반하는 명상은 개인적인 실천의 차원을 벗어나기 힘들다. 몸이란 항상 개인적인 영역에 한정된 것이기 때문이

27) 『니까야』 전체를 통해 마음지킴(sati)에 의해 육체적, 정신적 고통을 극복하는 사례는 부지기수다. 이와 관련하여 일단 *DN. II*, 99, 128, 140, 158, 162쪽 등 『대반열반경(*Mahāparinibbāna-Suttanta*)』에 나타나는 사례를 지목한다.

다. 그러나 심리적인 조절을 위주로 하는 명상은 타인과의 관계 문제에서 개방된 면모를 보인다. 예를 들어, 탐냄이나 성냄 따위는 개인의 내면적 영역에 속한 것임과 동시에 대타적인 관계 속에서 발생하는 사회적 성격을 지닌다. 따라서 마음의 문제에 주력하는 초기불교의 명상은 심신의 건강은 물론 사회적인 영역에 이르기까지 폭넓은 분야를 관심 범위로 할 수 있다. 바로 이 점은 초기불교의 가르침이 인간의 삶에서 발생하는 모든 문제들로 확대된다는 사실과 무관하지 않다. 공히 전형적인 명상 관련 가르침으로 분류됨에도 불구하고, 불교와 요가학파의 그것이 다를 수밖에 없는 이유가 바로 여기에 있다. 결론적으로 명상의 현대적 가능성은 '마음 다스리는 법' 을 중심으로 하는 초기불교의 명상에서 그 해답을 찾아야 할 것이다.

위빠사나 명상의 요체[28)]

초기불교의 가르침은 탐욕과 번뇌의 해소를 통해 고통에서 벗어나는 방법을 제시한다. 바로 그것을 달성하기 위한 실제적 수단이 곧 위빠사나(vipassanā) 명상이다. 위(vi)란 '꿰뚫다' 혹은 '관통하다' 를 뜻하고, 빠사나(passanā)란 '관찰, 식별, 봄' 등을 의미한다. 따라서 위빠사나의 온전한 의미를 번역하면 '꿰뚫어 봄(洞察)' 정

28) 이 부분은 탐욕과 번뇌를 해소하기 위한 실제 수단으로서 초기불교의 위빠사나 명상을 소개하는 데 목적을 둔다. 이 대목은 기존에 정리해 두었던 본인의 논문에서 발췌 · 정리한 것임을 밝힌다. 임승택. 2006. 불교적 웰빙(well-being) 담론의 모색. 『동서사상』 제1집. 경북대학교 동서사상연구소, 14-18쪽.

도가 적당하다. 한역에서는 이를 관(觀) 혹은 관법(觀法) 등으로 옮겨 왔다. 위빠사나 명상은 몸(身), 느낌(受), 마음(心), 법(法)의 네 가지를 주된 관찰 대상으로 하는데, 이를 사념처(四念處, cattāro satipaṭṭhānā) 혹은 사념처관(四念處觀, cattāro satipaṭṭhānā vipassanā)이라고도 한다.[29)]

초기불교에서는 고통스러운 현실 상황이 발생하는 과정에 관련하여 십이연기설(十二緣起說)을 제시한다. 무명(無明)→지음(行)→의식(識)→정신·육체(名色)→여섯 가지 감각 영역(六入)→접촉(觸)→느낌(受)→욕망(愛)→집착(取)→있음(有)→태어남(生)→늙음·죽음·근심·고통·번민(老死憂悲苦惱)으로 이어지는 연기(緣起)의 사슬이 그것이다. 이러한 십이연기의 연쇄적 발생 과정에서, 첫 번째 지분인 무명(avijjā)부터 일곱 번째 지분인 느낌(vedanā)까지는 이전에 지은 업력(業力)에 의해 미리 정해진다. 다시 말하면, 개인적인 바람에 상관없이 다가오는 경험적 조건들이다. 이들은 현재의 의지와 무관하게 우리의 존재 자체를 조건 지운다. 그런데 여덟 번째의 욕망부터는 의지적인 노력을 통해 통제할 수 있다. 그것을 가능하게 하는 것이 바로 명상의 실천(bhāvanā)이다.

예를 들면, 건강을 위해 소식(小食)을 시도했다고 가정하자. 그러한 인연으로 배고픈 느낌(受)이 드는 것까지는 어찌할 도리가 없

29) 사념처(四念處, cattāro satipaṭṭhānā) 혹은 사념처의 위빠사나인 사념처관(四念處觀, cattāro satipaṭṭhānā vipassanā)에 관해서는 기존의 글에서 이미 충분히 다루었다. 따라서 여기에서는 몸(身), 느낌(受), 마음(心), 법(法) 중의 두 번째에 해당하는 느낌에 대한 관찰을 위주로 위빠사나의 요체만을 간략히 묘사하고자 한다. 임승택. 2003. 마음지킴(sati)의 위상과 용례에 대한 재검토. 『보조사상』 제19집. 보조사상연구소; 임승택. 2000. 위빠사나 수행의 원리와 실제. 『불교연구』 제20호. 한국불교연구원 등 참조.

다. 그러나 그것을 어떻게 대처하느냐는 의지에 따른 선택의 문제이다. 최악의 경우로서, 배고픈 느낌(受)→식욕(愛)→과식(取)→비만(有)→성인병(生)→근심·고통·번민(憂悲苦惱)이라는 수순은 현실의 고통이 어떠한 방식으로 구체화되는가를 나타내는 사례가 될 수 있다. 따라서 느낌 이하의 지분은 실제적인 수행의 문제와 관련하여 매우 중요한 의미를 지닌다. 다음의 경구는 느낌(受)에 대한 통찰이 얼마만큼 중요한가를 다시금 생각하게 한다.

> 즐거운 느낌(受)을 느낄 때, 즐거운 느낌에 대해 알아차리지 못하면, 탐욕의 부림(使)을 받아, 거기에서 떠날 길을 보지 못한다. 괴로운 느낌(受)을 느낄 때, 괴로운 느낌에 대해 알아차리지 못하면, 성냄의 부림을 받아, 거기에서 떠날 길을 보지 못한다……. 만일 비구가 정진하여 바른 지혜가 흔들리지 않으면, 모든 느낌에 대해 지혜로써 알아차린다. 모든 느낌(受)에 대해 알아차리게 되면, 현재의 법에서 온갖 번뇌가 아주 다하게 되나니, 지혜에 의존하여 목숨을 마치게 되고, 열반에 들어 중생의 목숨을 받지 않는다.[30)]

이 내용은 십이연기의 일곱 번째 지분인 느낌(受)에 관련하여 위빠사나(vipassanā) 명상의 실천 과정을 묘사한 것이다. 어떠한 느낌이 발생하면 그 느낌을 곧바로 알아차려 그것이 순간적으로 발생했다가 사라지는 허망한 것이라는 사실을 통찰해야 한다는 내용이다. 그렇게 할 때라야 비로소 여덟 번째 지분인 욕망(愛)이나 아홉 번째 지분인 집착(取) 따위를 미리 차단하고 또한 가라앉힐 수

30) 『잡아함경』 제37권.

있다는 것이다.

이와 같이 느낌에 수반하여 발생하는 갖가지 욕망과 집착을 잠재우기 위해서는 앞서 언급했던 마음지킴과 알아차림이 필수적이다. 이들은 위빠사나의 실제를 이루는 두 가지 요소로서, 느낌(受)의 허망함을 체득하기 위해 반드시 필요한 심리적 기능들이라 할 수 있다. 경전에서는 이러한 과정을 통할 때 무명(avijjā)이 종식된 지혜(vijjā)의 세계에 도달할 수 있다고 기술한다.

> 존자시여! 어떻게 알고서 관찰할 때, 무명(avijja)이 사라지고 지혜(vijjā)가 생겨납니까? 비구여……, 눈(眼) 따위에 의한 접촉(觸)에 의해 즐겁거나 괴롭거나 즐겁지도 괴롭지도 않는 느낌(受)들이 존재하나니, 바로 그것을 무상한 것으로 알고서 관찰할 때, 무명이 사라지고 지혜가 생겨나느니라.[31]

즐거운 느낌이나 괴로운 느낌이 허망한 감각 현상에 불과한 것은 사실이다. 그러나 우리는 그것의 발생과 소멸을 억지로 조작할 수 없을 뿐만 아니라 그것이 야기하는 갖가지 유혹과 재난에 반복적으로 노출된다. 즉, 좋은 느낌을 붙잡고 싫은 느낌을 배척해 나가는 가운데 업의 무게를 더해 간다. 바로 이것이 윤회의 도상에서 살아가는 일반 범부들의 삶의 방식이다. 그러나 좋은 느낌이 지속되기를 바란다고 해서 그것이 계속 머무는 것은 아니며, 싫은 느낌이 사라지기를 바란다고 해서 그것이 없어지는 것이 아니다. 우리는 생로병사의 현실을 애써 외면하려 하지만 그럴수록 그들이 야

31) *Saṃyuttanikāya*(*SN.*). *IV*, 31쪽.

기하는 고통의 강도는 더해지기만 한다.

이러한 상황에서 우리가 지녀야 할 올바른 태도는 과연 무엇일까? 모든 느낌들을 그 자체로서 인정하고 수용하는 것 이외에 다른 방도가 없다. 즉, 좋거나 나쁜 느낌을 가감 없이 인정하되 그것의 무상함을 정확히 인지하여 거기에 얽매이지 않는 것이다. 바로 이것을 위해 우리는 매 순간의 느낌을 곧바로 알아차려야 하고, 또한 그것으로 야기되는 탐욕과 애착에 끌려가지 않도록 마음을 굳건히 해야 한다. 궁극의 목표라 할 수 있는 해탈(vimutti)의 경지는 바로 이러한 과정의 귀결에 다름이 아닐 것이다. 아래의 경전에서는 이러한 방식으로 해탈이 이루어지는 과정에 대해 자연스럽게 묘사한다.

> 이와 같이 무상 · 고 · 무아를 통찰하며 많이 배운 거룩한 제자는 물질 현상(色)에 대해 싫증을 낸다(nibbindati). 느낌(受)에 대해 싫증을 낸다. 지각(想)에 대해 싫증을 낸다. 지음(行)에 대해 싫증을 낸다. 의식(識)에 대해 싫증을 낸다. 싫증을 내게 되면서 탐욕으로부터 떠난다. 탐욕으로부터 떠나면서 해탈한다. 해탈했을 때 해탈했다는 지혜가 있게 된다. 태어남은 다했고 청정한 행위는 완성되었으며 행해야 할 일을 행했고 다시는 이러한 상태가 없음을 알아차린다.[32)]

무상함에 대한 통찰과 그것을 통한 탐욕의 소멸 그리고 해탈이라는 일련의 과정은 이와 같이 간단한 형식으로 묘사될 수 있다. 그러나 여기에는 수행의 전체 과정이 집약되어 있다. 즉, 알아차림

32) *SN. III*, 66-68쪽; *Vinayapiṭaka*(*Vin.*). *I*, 13-14쪽 등.

과 마음지킴에 의한 위빠사나의 과정이 전제되어 있고, 또한 현실의 경험 요인(오온(五蘊, pañcakkhandhā))에 대한 통찰 과정과 함께, 그들에 대해 싫어함(염리(厭離, nibbidā))을 일으키게 된다는 내용이 포함되어 있다. 나아가 해탈이란 바로 그러한 과정을 통해 얻어지는 자연스러운 귀결로 기술된다.

이 글의 도입부에서 현대적 삶이 지니는 부정적 측면을 강조했다. 내면의 욕구를 해소하지 못한 채 밖으로만 구하려는 태도는 결국 방종과 권태만을 부추긴다는 판단에서였다. 이제 우리는 내면을 도외시한 외향적인 삶의 자세에 대해 반성할 때가 되었다. 그리하여 마음 깊숙이 도사린 불건전한 심리적 동기들을 직시하고 또한 그것들을 가라앉히는 방안을 모색해야만 한다. 위빠사나 명상은 바로 그것을 가능하게 해 줄 수 있을 것이다. 생멸을 거듭하는 외부적, 감각적 대상들에 현혹되지 않을 때 우리는 진정한 평안과 즐거움을 누리게 될 것이다. "모든 것은 항상 하지 않나니 바로 그것이 생하고 멸하는 진리다. 생하고 멸하는 그것을 가라앉히면 고요한 즐거움을 얻게 되리라(諸行無常 是生滅法 生滅滅已 寂滅爲樂)." 라는 『열반경(涅槃經)』의 유명한 경구야말로 그러한 이상을 잘 표현해 준다고 할 수 있다.

참고문헌

경전

『잡아함경』 제37권.

Aṅguttaranikāya. IV.

Dhammapada. 60, 183 게송.

Dīghānikāya. *II*, *III*.

Majjhimanikāya. *II*.

Paṭisambhidāmagga. *I*, *II*.

Saṃyuttanikāya. *III*, *IV*.

Vinayapiṭaka. *I*.

Yogasūtra. 1−2, 1−12, 2−30~2−45, 3−2, 3−4, 3−45, 3−46 게송.

김호성(1992). 바가바드기따에 나타난 까르마요가의 윤리적 조명. 인도철학, 제2집. 인도철학회.

박은진 역(2006). 어느 관상수도자의 무아체험: 다 비워버린 내 안에서 만난 하느님(Bernadette Roberts 저). 정신세계사.

이태영(2003). 요가철학. 여래.

이현주 역(2003). 겨울부채(하네다 노부오 편). 생활성서사.

임승택(2000). 불교의 선정과 요가의 삼매에 대한 비교연구. 회당학보, 제5집.

임승택(2000). 위빠사나 수행의 원리와 실제. 불교연구, 제20호. 한국불교연구원.

임승택(2003). 마음지킴(sati)의 위상과 용례에 대한 재검토. 보조사상, 제19집. 보조사상연구소.

임승택(2004). 바가바드기타 강독. 경서원.

임승택(2004). 위빠사나 수행관 연구. 경서원.

임승택(2005). vitakka(尋) 개념의 수행론적 의의에 대한 고찰. 불교학연구, 제12호. 불교학연구회.

임승택(2006). 불교적 웰빙(well−being) 담론의 모색. 동서사상, 제1집. 경북대학교 동서사상연구소.

장현갑, 변광호(2005). 몸의 병을 고치려면 마음을 먼저 다스려라. 학지사.

장현갑, 장주영, 김대곤 공역(2003). 과학 명상법(Herbert Benson, William Proctor 공저). 학지사.
정태혁(1994). 명상의 세계. 정신세계사.

Frederic, B. U. (1987). Meditation. *The Encyclopedia of Religion, 9*. Macmillan Publishing Company.
Procter, P. (Editor-in-chief) (1983). *Longman Dictionary of Contemporary English*. Longman Group Limited.

3부

행복과 함께하는 불교복지

8 생태와 불교복지의 만남

생태와 불교복지의 만남, 왜 필요한가

최근 들어 불교와 복지의 만남이 실천적으로뿐만 아니라 이론적으로도 확대되고 있는데, 이는 바람직한 현상이라 할 수 있다. 우리나라 사회복지는 한국전쟁 이후 고아와 미망인, 상이군인 등을 구호하기 위한 미국의 선교단체들로부터 사회사업이라는 이름으로 소개되었기 때문에 불교와의 만남은 다소 낯선 것이라고도 할 수 있다.

그러나 실제로는 많은 구호사업이 이미 불교의 각 사찰에서 이루어지고 있었다. 다만 그것이 조직화된 구조와 학문적 활동으로 드러나지 않았기 때문에 일반에 널리 알려지지 못했던 것이다. 전통적으로 불교의 각 사찰에서는 갈 곳 없는 노인이나 아동, 부녀자

* 최경구 | 경기대학교 사회복지학과 교수

등을 거두어 부처의 길로 인도하는 교화사업을 해 왔으며, 그것이 오늘날의 사회사업과 흡사한 것임을 알 수 있다.

불교는 신라시대를 거쳐 고려 시대에 와서 더욱 융성했고, 불교의 기본 정신인 자비사상은 우리 국민의 의식구조에 뿌리를 내려 우리나라 구제사업에 큰 영향을 주었다. 하상락에 따르면, 자(慈)는 백성에게 낙(樂)을 주는 것이고 비(悲)는 백성의 고생을 더는 것이다. 이와 같은 이유로 불도들에 의한 구빈(救貧), 시료(施療), 고아보호와 양노사업이 성행했다. 특히 고려 태조 이래로 역대 군주가 불교의 자비심에 입각하여 선정을 베풀게 됨으로써 구제사업은 더 확장되고 제도화되었다.[1] 이러한 전통적 구제사업은 조선 시대에도 지속되었는데, 다만 숭유억불 정책으로 어려움이 있었다. 그러다가 일제강점기를 거치고 한국전쟁을 겪은 다음 미국의 도움을 받게 되면서 구제사업도 미국식 사회사업으로 전개되었다.[2]

1990년대에 들어와서 조계종의 종단 개혁 바람이 불어 1사찰 1복지기관 운동이 시작되면서 실제로 불교와 복지의 만남이 이루어지기 시작했다. 불교계 사회복지시설 및 법인, 단체가 600여 개, 불교계에 종사하는 사회복지실천가가 7,000여 명, 대한불교조계종 자원봉사자가 2만여 명으로 추산되는 것으로 보아 실제로 다른 종

1) 하상락. 1993. 『한국사회복지사론』. 박영사, 47쪽.

2) 미국 선교사들에 의해 우리나라에 소개된 사회사업은 1985년을 전후하여 사회복지라는 용어로 바뀌게 되었다. 1980년에 등장한 전두환 정권은 민주 · 정의 · 복지사회를 지향함으로써 사회복지에 대한 관심을 고조시켰다. 그 후 서울대학교가 사회사업학과를 사회복지학과로 처음으로 개명했고, 오늘날에는 모든 대학들이 사회복지학과라는 용어를 사용하고 있다.

단의 복지 관련 종사자까지 합산한다면 이보다 더 많을 것으로 생각된다. 그만큼 현실적으로 불교사회복지의 수요도 많아지게 되었고, 드디어 조계종에서는 불교사회복지연구소를 설립하고 많은 연구를 진행하게 되었다. 특히 불교사회복지연구소의 '불교복지 아카데미' 프로그램은 불교와 미국식 사회사업 특성 사이의 간극을 좁힐 수 있는 의미 있는 기획사업이다.

그 일환으로 나는 '대안 복지로서의 불교' 라는 제목 아래 부제로서 '생태와 불교 복지의 만남' 이란 주제를 담당하게 되었다. 이 주제는 사람에 따라서는 다소 이해하기가 어려울 수도 있다고 생각한다. 그 이유는 생태와 불교복지를 연결시킬 수 있는 지점이 무엇인가를 묻고 있기 때문인 것으로 풀이된다. 그러나 이를 단순화시켜 이해한다면 결국 생태와 불교복지의 관계는 어떤 것인가를 묻는 것이라 하겠다. 또는 생태적 불교복지는 대안적 복지로서의 불교를 시대적 조류인 생태에 맞게 발전시키고자 하는 기대도 실려 있다고 볼 수 있다. 이러한 여러 가지 수사에도 불구하고 우리의 출발점을 분명히 하는 것이 좋을 것 같다. 즉, 불교란 무엇인가, 생태란 것은 무엇인가 그리고 복지란 무엇인가를 차례로 고찰해 보고 그들 간의 관련성을 확인해 보는 작업을 통해 불교적 생태복지의 의미와 특성을 이해할 수 있다고 여긴다. 이를 고찰해 가는 동안, 불교와 미국식 사회복지 간의 어색함도 해소될 수 있을 것으로 보이며, 결국 생태를 통하여 불교와 복지 간의 자연스러운 만남을 시도해 보는 작업이 될 것이다.

불교란 무엇인가

깨달음의 종교

불교가 무엇인가에 대한 정의는 논자가 종교를 어떻게 정의하는가에 따라 여러 가지로 달라질 수 있다. 예를 들면, 종교에 대한 정의를 삶과 죽음의 문제에 대한 해답을 제시하는 것으로 정의하는 사람과, 유일신이 있는가 없는가에 따라서 정의하는 사람에게 불교에 대한 정의는 다를 수밖에 없다. 전자가 거의 모든 종교를 포괄한다면, 후자는 불교는 종교라기보다는 철학이라고 강변하는 경향이 있다. 그러나 일반적으로 21세기의 종교는 모든 종교를 인정하는 종교다원주의의 경향으로 나아가고 있는 듯하다.[3] 말하자면, 교향악단에서 다양한 악기들의 조화처럼 각 종교 전통들의 음색, 멜로디, 리듬의 특성이 마음껏 발휘되면서 더 높은 차원의 화음을 이루어 내는 방향으로 수렴되는 것처럼 보인다. 동양과 서양의 만남이 일시적으로는 문화 갈등과 불협화음을 낼 수는 있지만, 궁극적으로는 문화 변용을 통해 하나의 조화를 연출해 낼 수 있는 것처럼 종교도 그러하다고 할 수 있다.

그렇다면 불교는 어떤 종교인가? 나는 불교를 '깨달음의 종교'라고 생각하는 관점에 동의한다. 무엇보다도 불교의 시조인 석가모니 부처님께서는 29세에 왕자의 자리를 버리고 카필라 성을 나와서 5년간 여러 가지 고행을 통해 생로병사의 문제를 해결해 보

3) 류성민. 2000. 종교다원주의에서의 종교윤리: 뇌사와 안락사를 중심으로. 『미래사회와 종교』. 원광대학교, 233-248쪽.

려 했으나, 결국은 육체를 괴롭히는 일도 육체에 집착하는 것이라는 생각을 하게 되고, 보리수 아래에서 일주일 동안 사즉생(死卽生)의 깊은 명상을 통해 중도의 깨달음을 얻었던 것이다. 이것은 마음의 안녕과 함께 세상의 모든 이치를 한꺼번에 깨우쳐 영원히 의문이 사라졌다는 것을 뜻하며, 동시에 몸과 마음이 편안하여 모든 욕심이 사라졌다는 뜻도 될 것이다. 부처님의 깨달음의 경지를 어찌 헤아릴 수 있겠는가마는 적어도 깨달음이란 자신의 내면을 깊이 성찰하는 가운데 자아가 우주만큼 확대되어 자아와 우주가 동일시되는 경지에 들어서는 것이 아닐까 생각한다. 거기에는 이미 자아가 없는 것이어서 자타일체, 우아일체의 경지가 되는 것이라 하겠다. 이를 깨닫고 현실화하기 위해 열심히 수행해 나가야 된다는 것이 돈오점수(頓悟漸修)일 것이고, 그렇게 깨닫는 순간 그렇게 된다는 것이 돈오돈수(頓悟頓修)일 것이다. 둘 중 어느 것이 맞느냐의 문제로 골치를 썩이기보다는 아마도 일반인 다수가 돈오점수의 길을 가는 것이라면, 뛰어난 소수가 돈오돈수의 길을 가는 것이라고 볼 수도 있을 것이다. 어쨌든 불교는 깨달음의 종교다. 내가 없다는 것, 나의 본질이 우주와 닿아 있다는 것, 내가 우주와 하나라는 것을 깨닫는 것이 중요하다. 불교는 각자(覺者)의 종교다.

수행의 종교

불교는 또한 수행의 종교다. 돈오점수든 돈오돈수든 간에 불자는 불교에서 정한 수행 방법을 통해 스스로의 껍질을 깨나가면서 자신의 인격을 성숙하게 하고 드디어는 안심입명의 경지에서 완전 원만한 해탈의 길을 갈 수 있다고 믿고 그 길을 수행해 가는 것이라 하겠다.

왜 수행을 하는가? 인격의 완성은 물론, 그 완성의 자리에서 해탈함으로써 생로병사의 고통에서 벗어나 영원한 열반에 이르고자 하기 때문이다. 불자의 수행이나 난행고행은 스스로 경전을 읽거나 염불을 하거나 좌선이나 기도 내지는 용맹정진을 통해 상대의 세계를 극복하여 절대의 세계를 지향하는 특성을 지닌다고 할 수 있다. 그러나 인간은 상대적 존재다. 절대를 지향한다고 해도 상대의 세계를 벗어날 수 없는 모순적 속성을 지니고 있다. 그러나 모순은 수행을 통해 극복할 수 있다. 몸과 마음이 하나가 되는 수행을 하는 것이 바로 그 길이다. 석가모니 부처님은 그러한 모순을 깨뜨리고 해탈의 길이 가능하다는 것을 몸소 보여 주었고, 불교는 그것을 믿고 따라가는 수행자들로 이루어져 있는 집단인 것이다.

싯다르타가 출가하고 얼마되지 않아 마가다 나라의 수도인 라자가하 성(왕사성)에 머물 때 빔비사라 왕이 찾아와 무슨 목적으로 출가를 했는가를 물은 적이 있다. 싯다르타는 생로병사를 벗어나 자신과 이웃을 구하기 위해서라고 대답했다. 그것을 이룰 수 있겠는가 하는 왕의 반문에 대해 싯다르타는 조용히 "되고 안 되고는 해 보지 않고는 모릅니다. 저는 그것을 알기까지는 죽어도 물러서지 않을 각오입니다."라고 말했다.[4] 오직 죽음까지도 각오한 행을 통해서만 모순을 극복할 수 있다. 이러한 의미에서 불교는 행자(行者)의 종교라 할 수 있다.

4) 조계종성전편찬회. 1972. 『불교성전』. 동국역경원, 31쪽.

보시의 종교

깨달음과 수행과 더불어 또 하나 불교의 중요한 특성은 보시에 있다. 『금강경(金剛經)』에 무주상 보시(無住相 布施)의 복덕이 무량하다는 내용이 있다. 상에 의거하지 않는 보시, 즉 도와준다는 생색을 내지 않는 보시야말로 그 복덕이 무한하다는 뜻이다. 우리는 흔히 주위에서 내가 누구를 도와 주었는데 그가 은혜를 모르고 배신했다면서 원망하거나 생색을 내는 소리를 듣는다. 그러나 그러한 생색내기 보시는 아무 의미가 없다. 생색을 내는 순간 복이 사라지게 되어 있다는 뜻이다. 그러므로 무주상 보시란 오른손이 하는 일을 왼손이 모르게 하라는 성경의 말씀과도 통하는 것이다. 남을 도와줄 때 대가를 바라고 해서는 안 된다는 교훈을 주는 것이 부처님의 가르침이며, 이것이 바로 복지의 의미와도 상통하는 것이다. 불교는 보시의 종교이며 복지의 종교다. 그러한 보시는 어떻게 가능할까? 다음의 세 가지 불교적 복지의 의미를 실현할 때 가능하다고 본다. 욕심을 버리고 이웃과 함께 나누면서 생명을 존중하는 복지사상이 바로 불교의 복지사상이라 할 만하다. 이를 일러 시자(施者)의 종교라 할 만하다.

❀ 욕심을 버리는 복지

우선 무주상 보시는 욕심을 버리는 데서 시작된다고 볼 수 있다. 인간의 모든 불행은 자기에게 주어진 것에 감사하지 않고 분수를 지나쳐 욕심을 내는 데서 시작된다고 볼 수 있다. 그러므로 자신이 필요 이상으로 욕심을 내지 않을 때 비로소 세상의 불행한 사람, 부족한 사람에게 시선을 돌릴 수 있는 여유가 생기며, 스스로도 안분지족의 현인이 될 수 있는 것이다.

어느 학자에 따르면, 행복은 '욕망 분의 충족'이라는 공식에 의해서 설명이 가능하다고 한다. 즉, 행복은 욕망이라는 분모를 줄이거나 충족이라는 분자를 늘리면 커질 수 있다는 뜻이다. 전통적으로 서구인의 행복은 충족이라는 분자를 극대화시키는 방법으로 행복을 추구해 왔다. 즉, 서구인은 과학을 발전시켜 끊임없이 물질적 부를 축적함으로써 충족을 확대하는 방법으로 행복을 추구했다. 기독교적 적극성, 예를 들어 땅끝까지 복음을 전파하라는 교리나 땅 위의 것을 정복하고 지배하라는 성경의 가르침은 서구인의 경험과학의 발전과 물질적 부의 축적을 극대화하는 방향과도 잘 맞아떨어졌던 것 같다. 그러나 동양인은 그와는 반대의 방법을 구사했다고 여겨진다. 즉, 동양에서는 분모인 욕망을 줄이는 방법을 택했다. 욕심을 버리라는 불교의 가르침이나 무위자연(無爲自然)의 사상을 강조한 노장철학, 인(仁)을 강조한 공자의 가르침은 대체로 욕심을 버림으로써 행복을 극대화하는 방향을 취했던 것으로 해석할 수 있다.

❀ 이웃과 함께 나누는 복지

욕심을 버리면 이웃과 함께 나누는 복지가 가능해진다. 불가의 평등은 모든 중생이 다 똑같이 부처님의 성품을 지닌 평등한 존재라는 데서 비롯한다. 본래는 금강석과 같이 모두가 고귀한 존재인데 단지 업(業)에 따라 때가 끼어 있기 때문에 그것을 잘 닦아 내면 부처의 성품과 같이 완전 원만한 존재가 될 수 있다는 것이다.

'상구보리 하화중생(上求菩提 下化衆生)'은 대승불교의 의미를 나타내는 말로 알려져 있다. 위로 진리를 구하고 아래로 중생을 교화한다는 보살도를 지칭하는 이 말은 부처님의 진리를 구하여 널리 중생을 구제하는 데 쓴다는 형이상학적인 의미다. 그러나 이것은 형이상학적인 의미만은 아니다. 동시에 배고픈 사람에게 밥을 주고 옷이 없는 사람에게 옷을 주는 것이 중생구제의 본령이다. 이러한 방편을 쓴 다음에 부처님의 말씀을 들려주어야 진리를 믿을 수 있는 것이 보통 중생의 속성인 것이다. 그러므로 중생구제나 포교의 방편에는 언제나 이웃의 고통을 덜어 주기 위하여 가진 것을 이웃과 함께 나눈다는 복지의 의미가 있는 것이다.

생명 존중의 복지

불교에는 불살생의 계가 있다. 모든 생명 있는 것을 죽이는 것을 가장 큰 죄로 규정하고 불상생을 제1의 계로 지키라고 한다. 이것은 채식을 기본으로 하는 식생활을 권장하는 것과도 연관이 있으며, 또한 윤회를 인정하여 죄업을 지으면 축생으로도 태어난다고 하는 일련의 교리와도 상통하는 것이라 하겠다.

모든 생명은 저마다 자신의 업에 따라 이 세상 또는 저 세상에서 끊임없이 윤회하고 있다. 복지라는 것이 타인에 대한 배려와 존중에 기초하는 것이라면, 불교에서 불살생의 계를 지키도록 하는 것은 단순히 사람뿐만 아니라 모든 생명체까지도 배려하고 존중하라는 것으로, 이는 최고의 복지사상이라고 할 수 있다.[5)]

모든 것이 연결되어 있다고 보는 상호의존성의 불교 철학은 궁극적으로 모든 것을 존중해야 하는 상호존중의 자비사상에 연결되는 것이다.[6)]

5) 사실은 불교의 자비는 사람에 대한 배려와 존중을 넘어서 모든 비(非) 생명체에까지도 미치고 있음을 기억할 필요가 있다. 생태학과 가장 유사한 것이 불교의 근본교리라 할 수 있다.

생태란 무엇인가

생태학의 정의와 분류

생태와 생태학은 약간 다르다. 여러 가지 용례를 살펴보면, 생태학은 생태에 대한 학문이고, 생태는 생태학과 환경(생태)운동과 지속가능성의 패러다임까지를 포괄하는 용어로 이해하는 것이 좋을 듯하다.

생태학이 주목받게 된 것은 도시의 발전과 관련이 있다. 시카고 대학교의 사회학과에서 도시생태학 분야를 개척하면서 도시가 발전하는 모습이 흡사 하나의 생명을 지닌 유기체와도 같이 생성, 발전, 소멸의 조건을 충족시켜 가는 것을 발견하게 되었다. 따라서 사람이 가장 살기 좋은 도시란 어떤 조건을 기능적으로 충족시켜야 하는가에 대한 연구가 그 내용이 되었다고 할 수 있다. 이러한 연구는 인간중심주의적이었던 관점에서 생태중심주의적인 방향으로 바뀌어 가고 있다고 볼 수 있다. 21세기에는 생태주주의적 가치의 중요성이 더 커지고 지속가능성의 패러다임이 온 누리에 펴져 가고 있기 때문이다. 그 과정은 다음과 같은 생태학의 발전 과정과 맥락을 같이 한다.

인간생태학(human ecology)은 1920년대부터 1960년대에 나타나 인간과 환경의 관계를 연구했고, 1970년대에는 심층생태학이 출현했으며 1980년대에는 사회생태학으로 발전해 왔다. 먼저 인간

6) 헬레나 노르베르-호지 외. 2006. 『지식기반사회와 불교생태학』. 아카넷, 147-175쪽.

생태학이란 무엇인가? 인간생태학은 환경을 자연환경과 사회환경으로 구분하면서, 한 지역사회를 구성하는 구성원과 학교, 상점, 공장 등과 같은 기능적 단위 간의 상호의존적 관계를 유지하는 사회생태구조를 연구하는 것으로 정의할 수 있다. 즉, 지역사회 구성원과 기능적 단위를 나타내는 사회적 요인을 선정하여 사회생태구조와 변동에 대한 경험적 연구를 하는 것이라 하겠다. 여기서 환경문제는 오직 인간을 위한 자연의 변형을 통해 기술적으로 해결할 수 있다고 여긴다.

다음으로 심층생태학(deep ecology)에 대하여 살펴보자.[7] 1970년대에 환경문제가 범세계적 쟁점으로 대두된 것은 인간생태학의 틀로는 설명되지 않는 환경 재앙이 문제로 드러났기 때문이다. 여기서는 자연 그 자체와 생물윤리까지를 포괄하는 차원에서 인간과 환경의 관계를 본다. 즉, 심층생태학에서는 인간중심주의(anthropocentrism)와 기술중심주의(technocentrism)가 환경 재앙의 발생을 지연시키거나 환경문제에 의한 손실을 한곳에서 다른 곳으로 옮길 뿐이라고 여긴다. 따라서 심층생태학은 인간이 인간중심주의와 기술중심주의를 포기하고, 생물중심적 평등 규범을 통해 모든 생명체가 똑같이 생존하고 번창할 권리가 있다는 것을 인정해야 한다고 주장한다. 나아가 물질적 쾌락을 추구하는 이기적 자아를 벗어나 자연과의 합일을 추구하는 영적 성숙을 지향해야 한다고 여긴다. 자연은 극복의 대상이 아니라 인간 해방의 자연섭리를 가르쳐주는 적극적 주체라는 것이다. 인간과 자연 간의 잘못된 관계를 자

7) 역자에 따라 근본생태학이라고 번역하기도 한다. 내용상 자연환경이 사회환경보다 근본적이라는 의미를 반영한 것이다.

연 우위의 관계로 보아야 문제가 해결될 수 있다고 보는 것이다.

끝으로 1980년대 초반에는 사회생태학(social ecology)이 등장했는데, 사회생태학자들은 환경문제의 원인은 인간 사회에 내재한 인간관계의 왜곡으로부터 비롯된다고 주장했다. 북친(Bookchin)은 환경문제가 인간과 인간 간의 왜곡된 관계, 즉 인간의 인간에 대한 지배와 착취가 자연에 대한 지배와 착취로 나타난다고 보았다.[8] 남성의 여성에 대한 지배와 파괴는 여성운동으로, 국가의 인간에 대한 지배와 파괴는 민주화운동으로, 인간의 자연에 대한 지배와 파괴는 생태운동으로 나타나는 것이다. 북친은 자연을 참여적 진화로서의 자연으로 보고, 종들의 자유로운 자기선택에 의한 진화 과정 자체를 변증법적 진화라 표현했다. 그리하여 그가 말한 1차 자연은 자신의 내적 동력에 의해 진화하고, 2차 자연은 인간 문화 전반(제도, 문화, 기술, 상징 언어, 신중한 식품 관리 등)에 의해 진화하며, 3차 자연은 자유 자연으로서 2차 자연의 고통을 극복한 생태사회다. 이를 일컬어 변증법적 자연주의라고 보았다. 북친의 변증법적 자연주의는 생성으로서의 자연관을 지칭하는 것으로, 존재와 생성, 과정과 목적, 변화와 발전이 연속적이며 누적적으로 이루어지면서 이분화된 세계를 통합하는 것을 의미하는 것이다. 그것은 변증법적 이성, 즉 '현재 있는 것'과 '현재 있어야 할 것'을 대비시켜 사고하는 능력을 통해 가능하다. 변증법적 이성은 도구적 이성, 즉 경험된 것들에 대한 추론만을 지향하는 것과 다르다. 그러나 북친은 이러한 도구적 이성을 다 부정하지는 않는다는 면에서 심층생태학과 다른 입장을 취하고 있다.[9]

8) 김원동 외. 2000. 『현대사회학의 이해』. 일신사, 145-151쪽.

환경(생태)운동

어떤 관점을 취하든지 환경문제는 환경(생태)운동을 통해 극복해 나가려는 시도를 하게 마련이다. 그것은 첫째, 기본적인 환경운동으로 나타난다. 기본적인 환경운동은 우선 당장의 환경오염, 즉 공기, 땅과 물의 오염을 치유하고 정화하며, 그러한 오염을 예방하여 청정한 공기, 땅과 물을 인간이 누릴 수 있도록 노력하는 민간의 사회운동이라 할 수 있겠다.

둘째, 환경운동은 자연회복운동으로 표현할 수 있다. 이것은 그동안 인간이 지구상에서 파괴하고 훼손한 자연을 복원함으로써 이 지구상에서 쾌적하게 살 수 있는 환경 용량을 회복하고 유지하는 것이다. 그것을 위해서는 물론 현재와 같은 무분별한 개발을 중지해야 한다. 중국의 쓰촨성 대지진은 지각변동이 원인이라지만, 인근의 대형 댐을 무차별적으로 지었기 때문이라는 설도 있다. 최근 중국의 환경 재앙은 상상을 초월하고 있다. 2007년 6월 후난성 둥팅 호수 주변에 20억 마리의 쥐 떼가 민가와 농작물을 덮쳤는데, 이는 주민들이 돈을 벌 목적으로 들쥐의 천적인 뱀을 모조리 잡았기 때문에 생긴 재앙이었다. 중국 정부가 발표한 자료에 따르면, 중국의 60%의 지표수는 4급 이하여서 정화한 뒤에도 마실 수가 없다. 세계은행의 보고서에 따르면, 매년 중국에서 환경오염으로 75만 명이 조기 사망하고 있다.[10] 이 모든 것은 환경이 감당할 수 있는 자기정화 능력인 환경 용량을 초과하여 무리한 건설을 추진했기 때문에 생기는 재앙이다. 따라서 자연회복운동은 민간뿐만 아니라

9) 문순홍. 2006. 『생태학의 담론』. 아르케, 119-155쪽.

10) 동아일보. 2007. 7. 14. '환경의 대역습' 신음하는 중국.

정부나 국제기구의 전폭적인 노력이 있지 않으면 안 된다.

셋째, 영성운동으로 나타난다. 환경(생태)운동은 종국적으로는 영성회복 운동이 되지 않을 수 없는 측면이 있다. 굳이 심층생태학의 관점을 빌리지 않더라도 환경오염 문제의 치유와 예방 그리고 자연의 회복, 무분별한 개발의 중지와 환경 용량을 초과하지 않는 발전을 추구하면서도 인류가 이 지구상에서 쾌적한 생존을 누릴 수 있기 위해서는 인간 스스로가 영적으로 성숙하지 않으면 안 된다. 즉, 환경(생태)문제를 예방하고 해결하기 위해서는 모든 인간이 양심적으로 지키지 않으면 안 되는 환경규제나 생활상의 규범이 있어야 한다. 환경 감시의 눈을 피하여 산에 쓰레기를 마구 버린다든가, 비가 많이 올 때 폐수를 흘려보낸다든가 하는 일이 있어서는 환경문제를 해결할 수 없다. 사회 전체가 시민의식을 성숙시켜 자연을 하나의 영적 신성성을 지닌 것으로 인식하여 자연을 두려워하고, 자연의 훼손을 마치 자신의 신체 일부를 도려내는 것과 같이 아프고 두렵게 생각할 수 있어야 한다.

지속가능성의 패러다임

❀ 지속가능성

'지속가능한 발전(sustainable development)'의 개념이 처음 사용된 것은 1980년 국제적 비정부기구(NGO)들의 세계보존전략(World Conservation Strategy) 회의에서였다. 이때는 주로 생태적 지속가능성과 생물자원의 보전에 주된 관심이 주어졌으며, 정치적, 경제적, 사회적 문제는 거의 다루지 않았다.

지속가능한 발전에 더욱 큰 사회적 의미가 주어진 것은 1987년

유엔 세계환경발전위원회(World Commission on Environment and Development: WCED)의 보고서인 「우리 공동의 미래(*Our Common Future*)」라는 일명 「브룬틀란트 보고서(*Brundtland Report*)」였다. 이 보고서는 지속가능한 발전이라는 개념을 세계적으로 유행시켰으며, 오늘날 모든 국제기관이나 기구 또는 NGO들이 이 개념을 사용하고 있다. 이 보고서는 '지속가능한 발전은 미래 세대의 욕구를 충족시킬 수 있는 능력을 손상시키지 않으면서 현 세대의 욕구를 충족시킬 수 있는 발전' 이라고 정의하고 있다. 이 정의는 두 가지 근본적인 원칙을 내세우고 있는데, 세대 내 형평성과 세대 간 형평성이다. 또한 두 개의 핵심 사항을 중시하는데, 그것은 욕구(needs)와 한계(limits)라는 개념이다. 특히 세계 빈민들의 기본적 욕구는 최우선으로 채워져야 하며, 동시에 자연환경의 한계를 인정하고 현 세대의 요구를 중화시켜서 미래 세대와의 형평을 유지해야 한다는 것이다. 또한 이 보고서는 빈곤과 자원의 불평등한 분배는 환경 파괴의 중대한 요인이 되고 있음을 밝히고 있다. 빈민은 생존을 위해 무분별한 숲의 개간과 동식물의 남획 등으로 자연환경을 훼손하기 쉬우며, 개발도상국가의 천연자원 수출은 결국 환경 파괴를 가속화시킬 가능성이 크다. 결국 이러한 문제의 해결은 부유한 국가들의 소비 패턴이 조정되어야만 가능한 것이라고 본다. 이러한 지속가능한 발전의 패러다임이 갖는 특징은 환경 보호라는 전통적 환경주의 논쟁으로부터 그 중심을 이동하여 지속가능성이라는 더욱 복합적이면서 사회경제적이고 환경복지적인 문제로 발전시켰다는 점이다.

나아가 지속가능한 발전은 규범적 개념으로서 생활의 조건을 변화시키고 평가하고자 하는 성격을 지닌 것으로, 「브룬틀란트 보고서」는 다음과 같은 네 가지 핵심 요소를 지도 노선으로 제시하고 있다. 첫째, 지속가능한 발전은 인간의 기본적 욕구와 모든 살아 있는 사람의 복지의 적정 수준을 충족시켜야 한다. 둘째, 지속가능한 발전은 지구상의 모든 인구가 형평성 있는 생활 수준을 유지할 수 있도록 되어야 한다. 셋째, 지속가능한 발전은 생물다양성과 자연의 재순환 능력을 파괴할 가능성이 있는 경우 지방 차원에서나 전 세계적 차원에서 극히 신중하게 추진되어야 한다. 넷째, 지속가능한 발전은 미래 세대의 생활 수준과 형평성의 수준을 손상시키지 않도록 추진되어야 한다. 이러한 핵심 요소 중 첫째와 둘째는 발전과 관련되는 경제사회적 원칙이라 할 수 있으며, 셋째와 넷째는 지속가능성과 관련되는 것이라 할 수 있다.[11)]

「브룬틀란트 보고서」에서 지적했듯이, 빈곤과 불평등한 자원배분이 환경 파괴의 원인이 된다는 점은 환경문제와 사회복지의 결합, 즉 환경복지라는 개념의 가능성을 확인시켜 주는 근거가 되고 있다. 가난의 극복은 곧 소외나 사회적 배제의 극복과 통하며, 이를 극복하기 위한 사회복지의 보장은 바로 환경문제의 예방이며 동시에 치유와 연결될 수 있는 것이다.

1992년 브라질의 리우데자네이루에서 개최된 지구정상(Earth Summit)회담은 이러한 지속가능한 발전의 개념을 '환경적으로 건전하고 지속가능한 발전' 이라는 개념으로 규정하면서 전 세계적

11) Carter, N. 2001. *The Politics of the Environment: Indeas, Activism, Policy*. Cambridge University Press, 195-198쪽; 양종회 외. 2002. 『아시아 · 태평양지역의 환경문제, 환경운동 및 환경정책』. 서울대학교 출판부, 14-15쪽; 이태건 외 공역. 2001. 『지속가능한 사회: 새로운 환경 패러다임의 이해』(L. W. Milbraith 저). 인간사랑, 526-527쪽.

인 확산을 가능하게 했다. 이때 만들어진 UN의 '지속가능발전위원회(Commission on Sustainable Development: CSD)'는 자연의 생태체계를 유지시키는 환경 용량의 범위 안에서 인간의 물질적 삶의 질을 향상시키는 발전이 지속가능한 발전이라는 논리와 의미를 함축하고 있다.[12] CSD는 다양한 정부 간 활동에 관련된 '의제 21'과 지역 공동체 수준에서 이행해야 할 '지방의제 21'의 실행 책임을 맡았다. 비록 법적 구속력을 지닌 것은 아니었으나, CSD는 지속가능한 발전을 위한 국제적 의제나 산림과 맑은 물, 에너지 보존, 나아가 지속가능한 발전의 지표 만들기 프로그램 등에 이르기까지 매우 중요한 회의체였음을 증명했다. 176개 국의 대표들이 만나서 서명한 지속가능한 발전은 세계의 빈곤과 환경 위기의 도전을 극복하기 위한 것이었다.[13] 이 역시 빈민의 사회복지적 기본 욕구의 수준을 충족시켜 주는 것이 환경문제의 해결과 예방에 도움이 된다는 측면을 확인시키는 것이라 할 수 있다. 지속가능성의 패러다임이 확대되면서 사회복지와의 관련성이 깊어짐을 알 수 있다.

지속가능성의 패러다임은 인간중심주의에서 생태중심주의로의 이동과 지구의 생태학적 성장의 한계를 전제로 하는 개념이다. 인간중심주의에서 한 걸음 더 나아간 생태중심주의는 모든 생물과 무생물까지도 내재적 가치를 지니는 존재로, 전 우주를 하나의 생명체로 보는 입장도 포함한다. 인간중심주의가 환경에 대한 관리적이고 기술중심적인 성격을 지니는 것이라면, 생태중심주의는

12) 정대연. 2002. 『환경사회학』. 아카넷, 250쪽.

13) Cahill, M. 2002. *The Environment and Social Welfare*. Routeledge, 19쪽.

환경과 관련된 사회적, 정치적 생활양식에서 근본적인 변화를 주장한다.[14] 지구는 유한하며, 지속적인 경제 성장만을 추구할 때 인간의 행복과 만족은 극대화되지 않는다. 그러므로 소비 중심의 사회를 지속가능성의 패러다임이 지배하는 사회로 바꾸어야 한다. 무한정의 경제 성장이란 관념 추구를 포기하거나 상당 부분 늦추는 것도 필요하며, 세계적인 차원에서 인구 증가를 통제할 필요도 있다고 본다.[15] 요약하면, 지속가능한 사회는 자원 토대의 구속을 받아들이는 사회다. 사회생물학적 토대에 맞는 정치경제 질서를 세워야 한다.[16]

❀ 불교경제학

『작은 것이 아름답다(*Small is Beautiful*)』라는 슈마허(Schumacher)의 책 제목은 불교경제학을 가장 잘 표현하는 말이다. 이 책은 미얀마와 인도에서의 삶이 슈마허에게 미친 영향을 바탕으로 작은 것이 좋은 이유에 대해 설명한다. 작은 것이 아름다운 이유는 작은 것이 가장 인간적이기 때문일 것이다. 즉, 통제가능한 작은 것은 인류의 생존을 위협하지 않는다. 그러나 통제할 수 없는 경제적, 환경적 문제는 인류의 파멸을 초래할 가능성이 높다.

일반적으로 생태론에 기여한 슈마허의 논지는 적정기술론으로 알

14) Carter, N. 2001. *The Politics of the Environment: Ideas, Activism, Policy*. Cambridge University Press, 14–18쪽.

15) 정용화 역. 1993. 『녹색정치사상』(Andrew Dobson 저). 민음사, 26–33쪽.

16) McNutt, J. G. 1995. Social Welfare Policy and Environmental Crisis. In M. D. Hoff & J. G. McNutt (Eds.), *The Global Environmental Crisis: Implications for Social Welfare and Social Work*. Avebury.

려져 있다. 그는 적정기술을 사용한 역동적 개발을 통해 환경문제에 대비하여야 한다고 주장하고 있다. 역동적 개발은 첫째, 현 세계가 가진 경제 성장에 대한 신념과 서구형 발전 정책은 불가능한 환상이라는 점, 둘째, 이러한 발전 전략에 따른 개발도상국가의 근대와 비근대라는 이분법적 논리는 현실적으로 실패했다는 점, 셋째, 대도시로의 대량 이주와 대량 실업은 상호파괴적이라는 점, 넷째, 가난한 자에게 무형의 지식(교육, 조직, 규율)을 원조하고, 지역에 적정한 기술을 활용한 정책이 필요하다는 점, 다섯째, 이를 위한 국가 단위와 초국가 단위의 행동 프로그램이 마련되어야 한다는 점 등을 시사하는 것이었다. '역동적 개발' 이라는 개념은 나중에 '경제적으로 건강하고 지속가능한 개발(Economically Sound and Sustainable Development: ESSD)' 의 기원이 되었다.

불교경제학은 애덤 스미스(Adam Smith)의 고전경제학이 경제 행위에서 자연과 단절되어 있으며, 다른 영역과도 분리된 부분적인 앎에 기반한다고 비판한다. 현대 경제학은 새로운 경제학으로 대체되어야 하는데, 이러한 경제학은 세 가지 원칙을 지켜야 한다. 첫째, 전일성의 원칙, 즉 경제학이 초경제학이라 할 정도의 통합성을 지녀야 한다는 것이다. 곧 경제학이 독립된 자율성을 가진 학문이어서는 안 되며, 인간 간 행위 영역과 동시에 인간과 자연 간 행위 영역을 다루어야 한다고 주장한다. 경제학의 목적은 인간 연구에서 도출되지만, 그 방법론의 주요 부분은 자연 연구에서 도출되어야 한다는 것이다. 둘째, 새로운 경제학이 지켜야 하는 것은 비폭력성, 즉 평화적 원칙이다. 모든 종의 평화를 중심 가치로 하고 이를 과학 기술에 적용하려면, 적정 규모의 자본, 친생태성 그리고 친문화성이라는 세 가지 조건에 기반을 둔 기술이어야 한다. 이러한 기술은 생산과 소비가 간략하고 단순할 수밖에 없다. 셋째, 새로운 대안적 경제학은 일에 대한 가치관을 변화시켜야 한다. 이 말은 노동이란 일을 통해 인간성을 실현하는 것이라는 뜻이다. 일을 통해 능력 개발의 기회를 갖고, 공동작업을 통해 자기중심성을 극복하며, 일을 통해 실존에 필요한 재화와 서비스를 생산한다는 말이다.

요약하면, 새로운 경제학은 경제 계획의 방향을 생산의 극대화나 이윤의 극대화에 맞추지 않고, 어떻게 하면 지역 구성원이 완전고용 상태를 유지할 수 있을 것인지에 맞춘다. 그러기 위하여 새 경제학은 적정 생산, 적정 소비를 기본으로 하며, 지역 자원의 사용을 선호한다. 이러한 새 경제학을 슈마허는 평화의 경제학, 예지의 경제학 그리고 불교경제학이라 불렀다.[17)]

사회복지란 무엇인가

빈곤복지

사회복지는 사회와 복지의 혼합어다. 사회라는 수식이 붙는 이유는 복지가 개인적 차원의 것이 아님을 나타내는 말이기도 하며, 설령 개인적 차원의 복지가 있다고 해도 그것이 본질적으로는 사회적임을 의미하는 것이다. '사람 인(人)' 이라는 한자가 두 사람이 서로 기대고 있는 모습을 나타낸 것을 보면, 인간은 혼자서는 존재

17) 문순홍. 2006.『생태학의 담론』. 아르케, 105-109쪽.

할 수 없으며 아무 의미도 없는 존재임을 알 수 있는 것이다. 만약 이 세상에 다른 인간이 아무도 없고 오직 자기만 있다고 생각해 보라. 그 누가 나의 존재 의미를 인간답게 할 수 있을 것인가? 사람은 사람과 더불어 존재할 때 사람일 수 있다. 그러므로 사람은 둘이 아니라(不二) 하나인 것이다. 그러므로 '사회복지는 곧 모든 인간의 복지인 것이며, 인간이 행복하게 몸과 마음의 건강과 평안을 누릴 수 있는 상호부조의 방법이자 제도' 라 할 수 있다.

인류의 사회복지 발달사를 살펴보면, 사회복지는 빈곤문제를 해결하여 복지에 이르는 길을 발견해 내는 일부터 시작되었음을 확인할 수 있다. 이는 동서양의 고대 농업사회에서 공통되는 것이다. 주로 자연재해에 따른 것이긴 했지만 이웃이 굶고 있을 때 서로 돕는 것은 인지상정이다. 이웃이 불행할 때 혼자 행복할 수는 없다. 영국의 엘리자베스 여왕 시절에 만들어진 구빈법(1601)은 이웃의 빈곤이 사회적 문제가 됨을 방치할 수 없다는 국가적 인식의 출발이었다. 물론 교구를 중심으로 하는 지방정부 차원의 구호와 구호에 따르는 낙인의 문제가 심각하기는 했지만, 이를 빈곤복지의 출발로 보아도 무방할 것이다. 우리나라는 삼국시대부터 고려와 조선을 거치는 동안에도 환과고독(鰥寡孤獨)이라 하여 홀아비, 과부, 고아, 늙은이를 불쌍히 여겨 국가가 구호하는 제도가 있었다. 오히려 우리나라에서는 낙인이 수반되지 않는 인간적인 빈곤복지가 있었다고 할 수 있다. 즉, 왕이 백성의 빈곤에 대한 책임을 스스로가 부덕한 소치로 돌리고 삼가하고 근신하며 곡간을 풀어 백성을 구호했던 것으로 빈곤이 빈민의 탓이라는 낙인이 존재하지 않았다.

산업복지

공업의 발달과 함께 찾아온 산업사회에는 도시로 몰려든 많은 사람 중에 직업을 구하지 못한 사람이나 실직한 빈곤자가 끊이지 않았다. 티트머스(Titmuss)는 이들이 인위적인 사회 발전 과정에서 낙오한 사람이거나 또는 개인의 능력과는 상관없이 자본주의 제도에 적응하지 못하는 사람이 다수 발생하게 되었으므로 이들에게는 보상의 원리(compensation principle)가 적용된다고 보고 있다.[18] 물론 개인이 게으르거나 나태하여 빈곤에 빠지는 경우도 있지만, 그러한 개인적 요인보다는 산업사회 자체의 요인이 더 크다고 보는 것이다. 산업사회의 등장으로 농촌에서 아무 문제없이 자연과 더불어 잘 살고 있던 사람들이 도시계획이나 도로의 발달, 댐의 건설 등으로 도시로 내몰리게 되는데, 그중에서 도시의 빈민으로 전락한 사람이 산업복지의 대상이 되는 것이다.

산업복지는 대체로 빈민을 대상으로 하여 국가가 이들에게 최저생활을 보장하는 방향으로 발전되었다고 할 수 있다. 공공복지의 등장이 바로 그것으로, 국가가 누진세 등으로 거두어들인 정부 예산으로 빈민의 최저생활을 보장하는 것이다. 우리나라의 경우 국민기초생활보장법이 그것이며, 여러 선진 복지국가에서 시행 중인 사회부조나 각종 수당제도가 그에 해당한다. 나아가 각종 사회보험제도의 발전도 그와 같이 일반 국민을 각종 사고나 사회적 위험으로부터 보호하여 빈곤의 나락으로 떨어지는 것을 방지하는 것을 목적으로 하고 있다. 예를 들면, 의료보험은 각종 질병으로부

18) Titmuss, R. M. 1968. *Commitment to Welfare*. Pantheon Books, 132-133쪽.

터의 보호, 산재보험은 각종 산업재해로부터 노동자를 보호하고 있는 것이었으며, 각종 노령연금도 정년퇴임에 의한 소득의 중단이 가져올 수 있는 노년의 빈곤에 대처하기 위한 것이었다. 아울러 사회적 약자들이라 할 수 있는 아동, 청소년, 노인, 장애인에 대한 정부의 각종 사회복지서비스 정책이나 민간의 복지사업도 모든 국민의 복지가 요람에서 무덤까지라는 복지국가의 근본 목적에 해당하는 것이다. 이 모든 것이 제2차세계대전 이후 1945년부터 1975년까지 발전한 '복지국가의 황금기' 동안에 이루어졌다.[19]

그러나 이러한 복지국가의 전성기는 1973~1974년, 1978~1980년 두 차례에 걸친 석유파동으로 인해 선진 복지국가의 경제 성장이 멈추게 됨에 따라 복지비용을 삭감하고 복지제도를 정비하여 비효율과 낭비를 정리하는 방향으로 복지국가의 조정기를 거치게 되었다. 이는 복지국가의 위기와 관련된 논의들로부터 새로운 복지국가의 대안을 찾는 노력으로 나타나게 되는데, 이른바 신자유주의의 등장이 그것이다. 신자유주의는 작고 효율적인 정부를 지향하여 정부의 예산을 감축하고 세금을 내리고 기업들로 하여금 자유로운 기업 활동을 보장하면서 새로운 경제 성장을 도모하는 것이다. 그런 과정에서 복지제도의 축소와 복지급여의 삭감과 조정이 이루어진다.[20]

19) 최경구. 1993.『조합주의 복지국가』. 한나래.

20) 이것은 워싱턴 컨센서스(Washington consensus)로 불리우는 것과 관련이 있는데, 미국의 경제 관료와 금융전문가 등이 모여 개발도상국가에 대한 지원 조건으로 노동시장의 유연성 보장, 관세 인하, 기업 구조조정 등의 조건을 개발도상국가에 제시하면서 나타나는 현상이다.

환경(생태)복지

환경(생태)복지는 이른바 자연환경의 오염을 막고 인간의 생존을 도모하는 일련의 가치와 활동을 지향하는 환경적 복지와, 그 방법론적 철학적 입장을 자연과 인간의 관계 복원에서 한 걸음 더 나아가 인간 간의 지배와 파괴의 관계까지를 철폐함으로써 환경문제를 심층적, 근본적으로 해결하고자 하는 사회생태학적 입장까지를 포괄하는 것이라 할 수 있다. 자연환경과 사회환경의 동시적 정화가 환경(생태)복지의 목표이며, 이를 위해 인류의 도덕적 향상이 필요하다고 보는 것이다.

이것은 빈민구제를 중심으로 하는 전통 사회의 빈곤복지 시대를 거치고, 나아가 사회적 약자와 사회적 위험에 처한 자를 보호하고자 하는 산업복지 시대를 마감하고, 진정한 복지를 위해서는 생태적 환경을 보호하고 동시에 인간의 인간에 대한 지배와 착취를 멈추어야 한다는 생태복지의 시대가 도래했음을 의미한다. 환경의 보호는 지속가능한 발전, 즉 자연의 자정 능력을 파괴하지 않는 범위 내에서 환경 용량을 초과하지 않는 발전만을 추구함으로써 가능하며, 무엇보다도 적극적으로 기존의 경제 성장 위주의 발전 전략을 수정하지 않으면 안 된다는 자각 위에서 가능한 것이다. 지역사회의 적정기술과 완전 고용 그리고 적정 수준의 지속가능한 발전만이 허용되는 새로운 사회의 경제학과 복지학이 만나는 지점이 환경(생태)복지라 할 수 있다.

또한 환경(생태)복지는 후기 정보화사회의 사회복지라 할 만하다. 20대 80의 사회, 양극화가 주요 사회문제가 된 후기 정보화사회에서 소수의 풍요와 다중의 빈곤을 넘어 모두의 생존과 번영이 화두가 되는 사회의 복지가 환경(생태)복지인 것이다. 다양성이 존중되고 인간적인 가치와 자연적인 가치가 혼연일체가 되는 사회, 컴퓨터 혁명이 더 이상 비인간적인 것을 위해 봉사하지 않는 사회의 복지가 환경(생태)복지다. 그것을 위해서는 인류가 도덕적으로 향상될 필요가 있다. 인류의 영성 회복을 통해 이타주의적 가치관이 보편화되고 모두가 양심에 따라 적정 기술에 의한 완전고용과 불교경제학에서 강조하는 줄임의 철학을 실천할 수 있어야 하는 것이다.

이러한 환경(생태)복지는 무엇보다도 객관적, 물질적 복지의 추구와는 거리가 멀다고 할 수 있다. 주관적, 정신적 복지의 추구와 오히려 더 관련이 있다고 볼 수 있다. 이미 언급했듯이, 욕망을 분모로 하고 충족을 분자로 할 때, 행복이란 욕망 분의 충족으로서 행복을 극대화하기 위해서는 분모인 욕망을 줄이는 것이 환경(생태)복지의 입장에서 볼 때 현명한 선택이 되는 것이다.

불교적 생태복지와 환경(생태)복지자본주의 국가

불교적 생태복지

앞서 언급했듯이, 불교는 깨달음의 종교, 수행의 종교, 보시의 종교이며, 생태는 사회생태학, 생태적 영성운동, 지속가능성의 패러다임 및 불교경제학을 포괄하며, 복지에 있어서는 현재 빈곤복지와 산업복지를 거쳐 환경(생태)복지 시대에 이르러 객관적 복지보다는 주관적 복지를 중시하는 시대에 이르렀다. 이러한 불교와 생태와 복지의 만남은 필연적이다. 이것은 불교와 생태와 복지의 각각의 요소들 가운데 선택적 친화력이 큰 요소들 간의 연결점을 확인함으로써 알 수 있다. 즉, 불교의 깨달음, 수행 및 보시는 사회생태학, 생태적 영성, 지속가능성, 불교경제학과 선택적 친화력이 크며, 그것은 또한 환경(생태)복지 시대의 주관적 복지와 선택적 친화력이 크다고 할 수 있다. 그리하여 좀 더 친화력이 큰 요소들 간의 인과관계를 중심으로 불교적 생태복지를 다음과 같이 정의할 수 있을 것이다. 즉, 불교적 생태복지는 깨달음과 나눔을 중심으로 자연 생명의 평화적 공존과 번영을 추구함으로써 인간의 주관적 복지, 즉 행복을 도모하는 것이라 할 수 있겠다.

'깨달음과 나눔' 은 수행의 의미를 이미 담는 것으로 간주한 것이다. '자연 생명의 평화적 공존과 번영' 은 인간의 자연에 대한 내지, 인간의 인간에 대한 파괴와 수탈이 멈추어지고 다양한 종의 삶이 평화적으로 전개될 수 있도록 함으로써 사회생태학과 생태적 영성, 지속가능성, 불교경제학의 핵심적 내용을 포괄하여 표현한 것으로 본다. 그리고 궁극적으로는 '행복' 이란 단어 속에 인간의 객관적, 물질적 복지와 주관적, 정신적 복지의 측면을 다 포함하는 것으로 보되, 인간 행복의 주관적 성격을 좀 더 강조하는 것으로 본다. 결국 생태를 중심으로 불교와 복지가 제대로 연결점을 찾을 수 있게 된 것임을 알 수 있다. 이는 다음과 같이 나타낼 수 있다.

민주복지자본주의 국가에서 환경(생태)복지자본주의 국가로

앞서 정의한 불교적 생태복지는 과연 자본주의와는 어떤 관계가 있는가? 인간이 지금껏 발명한 사회경제적 체제 중에서 자본주의

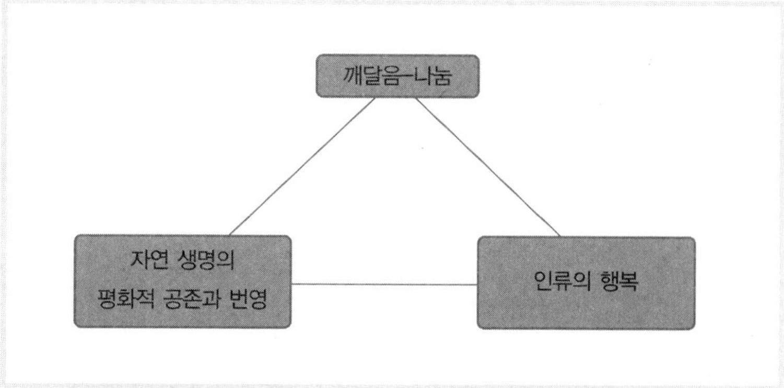

〈불교적 생태복지〉

만큼 위력이 큰 것은 없다. 왜냐하면 자본주의는 인간의 이기심을 최대한 이용하여 인간으로 하여금 무한한 성장이라는 환상을 갖게 만든 것이기 때문이다. 그러나 인간의 행위에는 여러 가지 다른 고상한 동기들도 있으며, 이타주의도 그러한 동기임에는 틀림없다. 다만 이기주의만큼 영향력이 크지는 않다. 심지어 이타주의로 행동해야 어떤 개인이 행복할 수 있다면 그런 의미에서라도 이타주의는 이기주의라고 강변할 수 있기 때문이다.

여하튼 자본주의는 이러한 인간의 이기주의에 기반하여 역사상 큰 성공을 거둔 생산체제다. 자본주의를 대표하는 주자인 자본가는 이윤이 있는 곳을 쫓아다니는 존재이며, 노동자는 노동을 제공함으로써 생산과 이윤 추구에 기여한다. 그러나 그러한 자본주의에도 한계는 있다. 자본주의적 생산은 자연이 무한하다는 가정하에 있었다. 인류는 자연이 무한하며 무한한 자기정화 능력이 있다고 믿었으나 이제는 그러한 가정이 잘못된 것이며, 지구라는 폐쇄체계에서 더 이상 지구가 소화할 수 없는 환경 파괴는 자연의 대역습을 가져오는 것이라는 사실을 경험적으로 알게 되었다. 자기정화 능력을 초과한 자연 파괴에 대하여 지구가 주는 지구온난화, 기상이변에 따른 지진과 홍수 등, 혹독한 시련을 인류는 겪게 되었으며, 이러한 환경문제를 해결하지 못한다면 인류의 파멸은 불가피한 상황이다.

이제는 자본주의를 수정할 때가 되었다. 민주-복지-자본주의 국가와 같은 단순한 수정이 아니라 자본주의의 근본을 수정하여 환경(생태)복지자본주의 국가를 만들지 않으면 안 되게 되었다. '민주'라는 용어를 '환경(생태)'으로 대체한 것은 일단 민주주의는 달성되었다고 전제하는 것이다. 즉, 의회민주주의는 기본으로 하고 이제는 환경(생태)문제를 가장 우선적으로 해결하되 자본주의적 생산체제는 환경(생태)문제를 야기시키지 않는 범위 내에서 '절제된 자본주의'가 되어야 한다고 본다. 이러한 환경복지자본주의 국가는 다음과 같이 나타낼 수 있다.

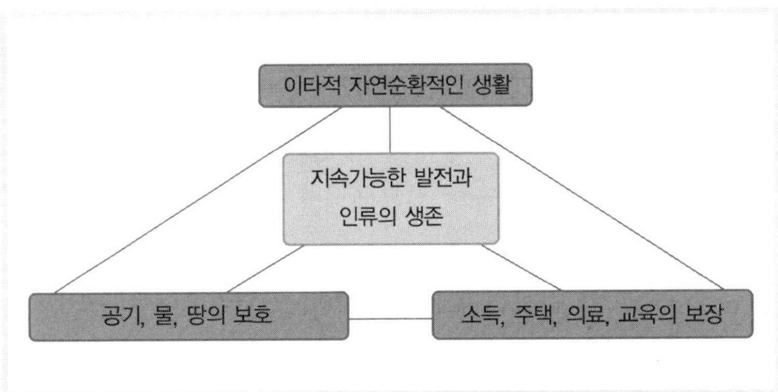

〈환경복지자본주의 국가의 모형〉

환경문제의 해결은 고도의 도덕성을 요구한다. 아무도 없는 곳에서 누가 보지 않아도 쓰레기를 버리지 않아야 하며, 비가 올 때 독성물질을 방류하지 않아야 하는 것은 국민 개개인이나 각 기업의 환경의식과 도덕성이 요구되는 것임은 아무리 강조해도 지나치지 않다. 이것은 개인의 자각이 우주론적 자아의 확장을 경험하는 영성 회복을 통해 인간과 자연이 공생, 순환, 상생하는 존재라는 것을 깨닫는 '생태주의적 개종' 을 요구하는 것이라고도 할 수 있다.[21]

또한 지난 세기의 과제인 소득과 주택, 의료와 교육의 보장 등 소외 계층에 대한 사회복지적 차원의 지원을 확실히 하는 것은 자연순환적 생활을 행복으로 생각할 수 있는 가치관의 변화가 요구된다. 무조건적으로 집합주의적인 물질적 지원을 확대하고 보장하는 것이 복지가 아니다. 주관적 복지(subjective welfare)가 객관적 복지 못지않게 더 중요해지는 가치관의 확산이 필요하다.[22]

나아가 자본주의의 이기주의적 전제도 수정되어야 한다. 자본주의는 이기적 목적으로 이윤을 추구하는 것을 기본으로 발전했다. 그러나 환경복지자본주의에서는 이기적 목적이 아닌 이타주의적 목적을 위해 생산적 효율성을 추구하는 것이 강조되어야 한다. 무한정의 생산을 지양하고 환경 용량에 맞는 정도의 생산만을 지향하기 때문에 이익이 있다고 무제한 생산하려는 욕심을 버려야 지속가능한 발전이 가능하다. 그러므로 이타주의로의 도덕적 향상

21) 정수복. 1996.『녹색대안을 찾는 생태학적 상상력』. 문학과지성사, 178쪽.

22) 주관적 복지는 주관적 안녕(subjective well-being)과 유사하게 쓰인다. 주관적 사회지표의 이론적 근거다.

이 요구된다.[23)]

동물은 본능에 따라 다람쥐 쳇바퀴 돌듯이 살 수밖에 없다. 그러나 인간만은 도덕적 악순환의 고리를 끊고 한 단계 더 높은 사회로의 진입을 가능하게 할 수 있다고 본다. 여기서 환경복지 국가로의 희망을 보게 되는 것이다. 혹자는 이런 주장을 지나치게 이상주의적이라고 보기도 한다. 그러나 과거 인류의 역사는 이상주의를 추구하는 가운데 발전되었다는 점을 소홀히 평가해서는 안 된다. 인간의 이기주의가 무한정 추구되는 자본주의는 이타주의적 가치관에 의해 변화되어야 한다. 그것은 제2차세계대전 전후에 민주복지자본주의로 나타났다. 그러나 이제는 환경복지자본주의로 거듭나게 되는 것이다.

불교적 환경(생태)복지 사회를 향하여

지금까지 전반적으로 불교란 무엇인가, 생태란 무엇인가 그리고 복지란 무엇인가를 논하고, 그 연결점을 선택적 친화력을 중심으로 찾아보면서 논리적, 인과적 맥락을 따라 그 내용을 정리하여 보

23) 혹자는 자본주의가 이기주의를 포기하고 이타주의를 지향한다면 이미 자본주의가 아니라고 말할 것이다. 물론 그런 면이 있다. 그러나 자본주의에 대한 이타주의적 수정이 이루어진 전례는 이미 사회민주주의에서 있었다. 이제 환경의 세기에 들어와서 '절제된 자본주의'를 하자는 데 반대할 이유가 없다. 물질의 극대화, 소비의 극대화가 인간을 행복하게 만드는 것은 아니기 때문이다. 자본주의의 탐욕스러운 면을 절개하여 제3의 길에서 강조하는 것처럼 인간의 얼굴을 한 자본주의를 만들자는 것이다.

았다. 그리하여 불교적 생태복지의 의미와 환경(생태)복지자본주의 국가의 모형을 정립해 보고 향후 대안복지로서의 불교 내지, 대안 불교로서의 복지에 대한 준거점으로 삼고자 했다. 복지의 대안으로서의 불교나, 불교의 대안으로서의 복지나 다 같은 내용을 지니고 있다고 하겠으나, 다만 전자의 경우는 불교를 강조한 것이고, 후자의 경우는 복지를 강조한 것으로 볼 수 있다.

이러한 노력은 불교적 생태복지의 모형과 환경복지자본주의 국가의 모형으로 나타났다. 양자는 내용적으로는 다르지만 본질적으로는 같은 것이라 할 수 있다. 불교적 생태복지 모형에서 나타나는 깨달음과 나눔은 환경복지자본주의 국가 모형의 도덕적이고 자연순환적인 생활과 맥을 같이 하며, 전자의 모형에서 자연 생명의 평화적 공존과 번영은 후자의 모형에 공기, 땅, 물의 보호와 소득, 주택, 의료, 교육의 보장과 통할 수 있다. 또한 전자의 행복은 후자의 지속가능한 발전과 인류의 생존을 의미하는 것으로 해석할 수 있다. 상황과 맥락에 따라서 양자가 함께 추구되어야 할 것이다. 그 목표를 불교적 환경(생태)복지 사회의 추구라 할 만하다.

다만 이러한 목표는 무엇보다도 정부와 시민의 노력이 있어야 하겠으나 아무래도 시민운동 쪽에서 먼저 시작되어야 할 듯하다. 왜냐하면 모든 새로운 시작은 시민운동을 통하여 나타나기가 쉽고 특히 환경(생태)운동은 '시민 전문가' 내지는 '전문적인 시민'들의 참여가 필수적인 분야이기 때문이다.[24] 시민 참여는 민주주의의 실행을 위해서도 필요하며, 정책 개발과 실천의 규범적 정당

24) Fisher, F. 2000. *Citizens, Experts, and the Environment: The Politics of Local Knowledge*. Duke University Press, 242-245쪽.

성에 기여할 수 있고, 무엇보다도 환경의 지속가능성을 보장하는 데 핵심적 역할을 할 수 있기 때문이다. 무엇보다도 불교적 환경(생태)복지운동을 하는 시민 전문가들의 분발이 기대된다.

참고문헌

김원동 외(2000). 현대사회학의 이해. 일신사.

동아일보(2007. 7. 14). '환경의 대역습' 신음하는 중국.

류성민(2000). 종교다원주의에서의 종교윤리: 뇌사와 안락사를 중심으로. 미래사회와 종교. 원광대학교.

문순홍(2006). 생태학의 담론. 아르케.

양종회, 임현진, 정수복, 박길성, 구도완, 홍성태(2002). 아시아 · 태평양 지역의 환경문제, 환경운동 및 환경정책. 서울대학교 출판부.

이태건, 노병철, 박지윤 공역(2001). 지속가능한 사회: 새로운 환경 패러다임의 이해(L. W. Milbraith 저). 인간사랑.

정대연(2002). 환경사회학. 아카넷.

정수복(1996). 녹색대안을 찾는 생태학적 상상력. 문학과지성사.

정용화 역(1993). 녹색정치사상(Andrew Dobson 저). 민음사.

조계종성전편찬회(1972). 불교성전. 동국역경원.

최경구(1993). 조합주의 복지국가. 한나래.

하상락(1993). 한국사회복지사론. 박영사.

헬레나 노르베르-호지 외(2006). 지식기반사회와 불교생태학. 아카넷.

Cahill, M. (2002). *The Environment and Social Welfare*. Routeledge.

Carter, N. (2001). *The Politics of the Environment: Ideas, Activism,*

Policy. Cambridge University Press.

Fisher, F. (2000). *Citizens, Experts, and the Environment: The Politics of Local Knowledge*. Duke University Press.

McNutt, J. G. (1995). Social Welfare Policy and Environmental Crisis. In M. D. Hoff & J. G. McNutt (Eds.), *The Global Environmental Crisis: Implications for Social Welfare and Social Work*. Avebury.

Titmuss, R. M. (1968). *Commitment to Welfare*. Pantheon Books.

9 여가와 불교복지의 만남
-중도사상을 중심으로 한 구상

대안여가에 대한 구상의 필요성

사람은 누구나 행복하고 자유스럽게 살기를 바란다. 달리 이야기하면 사람은 삶의 질을 추구하는 존재다. 그래서 동서고금을 막론하고 많은 사람들은 삶의 질을 높이고 실현할 수 있는 방법을 찾아내려고 많은 노력을 한다. 그러나 전통 사회에서 삶의 질 추구를 위한 궁리는 물질적 생활 수단의 결핍이나 부족에 따른 이상과 현실 사이에 상당한 차이를 갖게 되어 대부분의 경우 유토피아를 그리는 수준에 머물고 말았다.

현대 사회는 이른바 산업혁명 이후 고도의 공업화, 특히 생산의 자동화에 따른 생산력 향상에 의해 그 어느 시대보다도 물질적, 시

* 오세근 | 동신대학교 사회복지학과 교수

간적 여유를 가질 수 있게 되었다. 그에 따라 삶의 질을 향상시킬 수 있는 가능성 역시 커졌다. 우리나라의 경우도 주 5일제 노동의 제도적 정착 및 국민소득 2만 달러 시대와 더불어 일상생활 양식이 빠르게 변화하면서 삶의 질을 추구하기 시작했다. 이는 자본주의 사회의 무한경쟁과, 생명에 위험을 가져올 수 있을 정도의 임금노동에 지친 현대인이 새로운 일상생활 양식을 만들고자 하는 욕구를 반영한 것이기도 하다. '거대한 소유와 엄청난 속도'를 추구하는 생활을 '슬로라이프'로 바꿔 자기를 되돌아보는 성찰적 삶으로 전환하자는 것이다.[1] 즉, 현대 자본주의 사회의 욕망 추구가 부추기는 경쟁과 속도에서 한 발 비켜서서 인간성과 인격 회복, 생활의 여유를 되찾고자 하는 욕구 표현의 구체적 발현이라 할 것이다. 이러한 경향은 자연스러운 현상이다. 좀 더 행복하고 건강하며 여유 있는 삶을 추구하는 것은 사람의 공통된 바람이기 때문이다. 또한 숨 가쁘게 달려온 우리 사회가 삶의 질에 눈을 떠 새로운 생활양식이나 문화향유 패턴을 만들고 있다는 뜻이기도 하다.

삶의 질을 추구하는 이러한 사회현상의 변화 가운데 눈여겨볼 수 있는 것으로 여가에 대한 관심의 증대를 들 수 있다. 1980년대

1) 슬로라이프(slow life)라는 용어는 영어에 없는 표현이다. 그러나 이 말은 대량생산, 대량소비, 대량폐기를 특징으로 하는 현대 사회의 문제를 극복하고 대체할 새로운 이념을 담고 있는 말로 최근 널리 사용되고 있다. 비슷한 생각을 강조하는 용어로 단순한 삶(simple life), LOHAS(Lifestyle of Health and Sustainability), 문화 창조(culture creatives) 등이 쓰이고 있다. 이들 용어는 화폐관계, 이윤 추구 경쟁, 효율성, 경제 성장 등에 치우친 삶을 사소하고 당연한 즐거움, 아름다움, 편안함 등을 경험하고 창조할 수 있는 사회적 삶으로 전환하자는 생각을 바탕에 두고 있다. 구체적 내용은 김향 역. 2005. 『슬로 라이프』(쓰지 신이치 저). 디자인하우스를 참조하기 바란다.

무렵까지 주 50시간 이상이라는 세계에서 가장 긴 노동시간을 기록한 우리나라는 2000년대 들어서 주당 노동시간이 40시간대로 줄어들었다.[2)] 이에 따라 대다수 국민들은 스트레스를 풀고, 건강을 증진시키며, 취미활동을 하고, 대인관계를 조화롭게 하려는 목적에서 여가활동을 활발하게 하기 시작했다. 예를 들면, 주말 바다낚시, 흐르는 강이 보이는 팬션 숙박, 집에서 요리하기, 점심 이후 느긋한 낮잠, 텃밭 가꾸기, 식물 기르기, 일요일 산악자전거 동호회, 베를린 필하모니 오케스트라의 공연 감상, 고흐 한국전 관람, 프로야구 관전, 친구들과 수다 떨기, 오후의 산책 등의 활동을 하거나 경험해 보려는 사람이 많아지고 있다.

일상생활에 필요한 생활 자료를 얻기 위한 노동뿐 아니라, 삶의 질을 추구하는 가치 실현으로서 여가에 대한 관심이 커진다는 것은 긍정적이다. 그렇지만 그 한편에 우리 사회의 여가활동의 종류와 내용은 여전히 빈곤하다는 문제 역시 지속되고 있다. 이는 여가를 단순히 일하지 않는 휴식시간만으로 좁게 생각하는 왜곡된 여가 인식 및 이에 편승한 문화 자본의 자극적, 소비적, 향락적, 중독적인 여가상품 판매가 주요한 원인이라 할 수 있다. 그렇기 때문에 과도한 노동 중독의 한편에 도박 중독, 인터넷 중독, TV 시청 중

2) 1990년대 이후 우리나라 근로자의 노동시간은 1960~1980년대의 강축적 경제성장기에 비해서는 상대적으로 줄어들고 있는 것이 사실이다. 그러나 여전히 세계에서 가장 긴 시간 동안 일해야 생활자료 획득이 가능하다는 노동 조건은 크게 변하지 않고 있는 것 역시 사실이다. 실제로 2008년 4월 8일 발표한 『2008년 OECD 통계연보』에 따르면, 2006년 기준 우리나라의 연평균 근로시간은 2,357시간으로, OECD 평균 1,777시간보다 580시간이나 많아 2005년에 이어 세계에서 가장 긴 노동시간을 기록했다. 하루 8시간 노동을 전제로 할 때 무려 72일을 더 일하는 것이라 할 수 있다(경향신문. 2008. 4. 8).

독, 스포츠 중독, 소비 중독, 주식 중독, 알코올 중독, 니코틴 중독 등과 같은 왜곡된 여가가 자리하는 것이다.

일상생활을 하면서 열심히 일하는 것과 여유롭고 느긋하게 사는 것 모두 중요하기 때문에 어느 한쪽에 치우치는 것은 바람직하지 않다. 그렇지만 현실은 '노동' 관습을 중심으로 편성된 사회 운영 원리에 따라 실용성, 생산성, 경쟁, 개발, 효율성 등의 가치 실현자가 되거나, 과도하게 향락적이며 소비적인 여가를 수동적으로 받아들여야 하는 양극단을 강제받는 상황이라 할 수 있다. 따라서 과도한 임금노동 아니면 향락적 여가라는 양극단적 일상성을 극복하기 위해서는 이러한 사회 편성의 원리를 대체하거나 넘어설 수 있는 지혜를 찾아내는 노력이 필요하다. 그러한 지혜를 통해 우리는 노동과 여가가 우리 일상생활에서 악순환하지 않고 선순환(善循環)할 수 있는 상호교섭의 방식을 얻어 낼 수 있기 때문이다.

대안여가 구상이라는 문제 설정에 대한 답을 얻기 위해, 이 글은 이론적, 실천적 해결의 자원으로서 불교의 중도(中道)사상에 주목하고 그것을 우리 상황에 맞추어 다시 해석하고자 한다. 그리고 이와 같은 중도사상을 바탕으로 불교가 여가복지의 공급 체계의 하나로서 어떤 역할을 할 수 있는지를 제시해 보는 방법을 취하고자 한다. 이러한 작업은 다음과 같은 내용으로 수행한다. 먼저 현대 사회에서 여가의 문제 상황을 살펴본 다음, 대안여가의 방향 설정을 위한 사상적 실마리로서 불교 중도사상의 함의를 생각해 본다. 다음에는 이러한 작업을 전제로 불교여가복지의 체계를 대상, 공급 체계, 실천기술의 차원으로 나누어 시론적 수준에서 제시한다.

현대 사회 여가와 불교

사람은 일하지 않고서 살아갈 수 없듯이, 놀이나 기분 전환 없이 살아가는 것 역시 생각하기 어렵다. 그렇기 때문에 여가는 인류의 모든 역사에 걸쳐 확인할 수 있는 보편적 현상이라고 할 수 있다. 요약하면, 여가는 어떤 시대에는 일과 함께 섞여서, 또 다른 시대에는 일과 따로 떨어져 우리의 삶을 유지하는 보편적 생활 요소이지만 역사적으로 변화하는 사회경제적 구조에 따라 그 범주와 의미는 달라진다. 따라서 여가가 무엇인가에 대해 모든 사람이 동의하는 일반적 개념 규정을 확보하는 것은 어렵다.[3] 그렇지만 지금까지 여가학 관련 연구자에 의해 제기된 여가 개념을 간추려 정리하면 대체적으로 다음과 같은 세 가지 유형으로 구분할 수 있다. 노동 이외의 자유재량 시간으로서의 여가, 휴식이나 게임과 같은 특정 활동으로서의 여가, 즐거움이나 행복을 느끼는 마음 상태로서의 여가가 그것이다.

각각의 규정 역시 나름대로의 가치와 한계를 지니고 있기 때문에 그 공통 부분을 중심으로, 이 글에서는 여가를 다음과 같은 의

3) 이는 여가 연구자의 사회경제적 처지를 반영하는 철학이나 세상을 보는 입장, 자유와 향유에 대한 관점, 나아가 개인이 속한 사회 조직이나 국가의 산업화 과정의 역사적 차이에서 나타난다고 할수 있다. 또한 보다 직접적으로는 연구 대상인 '여가라는 사회적 현상의 범주'를 어느 수준으로 설정할 것인가에 따라 다른 이해방식이 도출되기도 한다. 이렇게 보면 여가에 대한 정의는 여가학자의 수만큼이나 많을 수 있지만 여가 개념의 역사적 변화를 개괄적으로 이해하는 데는 이연택, 민창기 공역. 2002. 『현대사회와 여가』(Stanley R. Parker 저). 일신사, 15-30쪽을 참조하기 바란다.

미로 규정해 사용한다.[4] 첫째, 여가는 노동의 잔여로서만 아니라 개인과 집단이 삶의 다양한 영역에서 실제 경험하는 생활과정 자체라고 할 수 있다. 둘째, 여가는 사회적 의무나 강제에 의한 특정 목적을 위해 도구적으로 수행하는 것이 아니라 스스로의 변화를 위해 자신의 선택에 따라 자유와 행복 그 자체를 추구하는 과정의 총체다. 셋째, 여가는 개인의 주관적 느낌이나 몰입과 더불어 현실 사회에 참여하는 사회적 행위의 구체적 표출이다. 이렇게 보면 진정한 여가는 어떠한 삶을 사느냐에 관한 철학적, 사상적 선택의 문제이기도 함을 알 수 있다.

여기서는 이러한 내재적 의미를 갖는 여가가 현대 사회에서 어떤 문제 상황에 처해 있으며, 그 까닭은 무엇인지 그리고 나아가 그러한 문제를 해결하거나 넘어설 수 있는 방향을 찾아보려 할 때, 실마리로 삼을 수 있는 중요한 사상적 자원을 불교가 어떻게 제공할 수 있는지를 알아보고자 한다.

4) 여가를 노동 이외의 자유재량 시간으로 파악하는 입장은 여가를 양적인 관점에서 객관적으로 접근할 수 있게 하는 장점을 지닌 반면, '무엇이 자유시간' 인가를 제대로 해명하지 못하는 한계를 갖는다. 여가를 특정 활동으로 이해하는 관점은 여가의 본질을 무시하거나 기능적 유용성만을 강조하는 한계를 지닌다. 여가를 마음의 상태로 규정하는 방식은 무엇보다 마음의 상태란 사람에 따라 다를 수밖에 없는 특수한 것이며 여가의 개인주의화(privatization) 문제를 지니고 있다. 즉, 의무나 연대를 전제로 하는 사회생활 속의 개인이 현실과 무관한 순수 사적 영역의 고립적 안락주의를 지속해 가는 것이 실제로 가능한가라는 문제다. 기존 여가론의 여가 개념 정의가 지닌 한계에 대한 상세한 내용은 권두승 외 공역. 2005. 『여가학으로 초대』(Geoffrey Godbey 저). 학지사, 25-38쪽을 참조하기 바란다.

현대 사회 여가의 문제 상황: 상품화, 주체 상실

현대는 우리가 필요로 하는 생산물을 만들어 내는 데 과학기술을 적극적으로 응용한다. 그에 따라 생산 영역의 기계화, 자동화가 이루어지고 대량생산이 가능해진다. 자본의 생산력 향상은 생산 주체인 근로자의 상대적 임금 인상에 영향을 미치고, 궁극적으로는 자본의 생산물에 대한 소비력 확대를 가져온다. 다시 말하면, 생산의 기계화와 자동화를 배경으로 노동시간과 평균 근로시간은 줄어들고 소득이 상대적으로 늘어나 생활수준이 일정 정도 향상됨으로써 여가 향유의 기회가 커져 대중여가시대가 열리는 것이다.[5)]

이런 상황 변화를 배경으로 여가의 성격 역시 '노동으로부터 자유로운 시간' 이라는 의미에서 '주체적으로 소비 가능한 시간' 이라는 보다 적극적 의미로 바뀐다. 나아가 상류층과 일부 중류층에 한정되던 여가활동이 일반 대중에게도 당연한 생활양식으로 받아들여지기 시작해 삶의 코드 역시 '어떻게 일하고 성취하느냐' 하는 것에서 '어떻게 향유하고 즐기느냐' 하는 것으로 변화한다. 노동중심사회 혹은 생산중심 생활양식에서 여가 및 소비중심 생활양식으로의 전환은 삶의 균형이라는 입장에서 볼 때 원칙적으로 바람직한 모습이다.[6)]

그러나 현대 사회 여가의 대중화나 삶의 방식 변화는 국민의 능동적이고 창조적인 활동의 결과라기보다는 자본주의 사회에서 이

5) Roberts, K. 2006. *Leisure in Contemporary Society*. CABI, 23-54쪽

6) Godbey, G. 1997. *Leisure and Leisure Services in the 21st Century*. Venture Publishing, Inc., 80-82쪽.

윤을 얻고자 하는 자본의 돈 벌기 활동과 더 밀접한 관계가 있다고 할 수 있다. 여가가 자본의 이윤 추구 활동의 한 영역으로서 자리하기 때문에 자본주의 사회에서 여가는 우리가 흔히 이야기하는 노동하지 않는 시간에 인간적 발전을 위한 자기선택적 활동이라는 본질을 상실한다. 대신에 경제적 이윤을 추구하는 자본 · 기업의 전략 하에 기획, 생산, 유통, 판매되는 문화자본 운동의 한 영역으로 포섭되는 왜곡된 성격을 갖는다.

그래서 자본은 여가를 '노동하지 않는 게으름' 이라 비난하던 것을 벗어 던지고, '반복적 일상생활에서 탈주' 혹은 '인간의 진정한 자유 실현' 이라는 새로운 관념으로 다시 꾸며 낸다. 하지만 자본이 말하는 일상성 탈출이나 진정한 자유 실현은 여가 주체 스스로가 창조하고 향유하는 것이 아닌 돈을 주고 구입해 일정 시간 즐기고 폐기해야 하는 여가다. 상품으로서 여가에 대한 구매 욕구를 불러일으키는 데는 문화자본이 소유하는 TV 방송 등의 대중매체나 광고, 디자인, 마케팅과 같은 기호화된 메시지가 작용한다.

자본의 이윤 획득에 기여하는 상품화한 여가의 가장 전형적 모습은 테마파크에서 엿볼 수 있다. 디즈니랜드나 유니버셜 스튜디오 그리고 우리나라의 에버랜드나 롯데월드와 같은 테마파크는 한편으로 일상 탈출을 의미하지만, 다른 한편에 여가 주체가 여가산업 소비시장으로 편입된 것을 전형적으로 말한다. 일상성 탈출의 대표적 행위의 하나인 여행 역시 문화자본의 한 형태인 대규모 여행사에 의해 정형화되고 규격화한 방식으로 제공되어 소비되고 있다. 여가의 이러한 상품화, 규격화 및 동질화는 여가가 자본의 이윤 추구 영역의 한 분야로 깊숙하게 포섭되었음을 경험적으로 확인할 수 있게 하는 것이다.[7] 살펴보았듯이 여가의 핵심 가치 가운데 하나인 일상생활 탈출에 의한 진정한 자유 실현이라는 목적은 자본주의 사회에서는 그 실현이 어렵다. 이는 자본주의 사회에서 여가활동 참여가 많은 경우 문화자본이 제공하는 여가상품을 화폐로 구입해 소유하지 않고서는 어렵기 때문이다. 여가활동을 위해서는 많은 돈을 들여 상품으로서 여가를 구입해야 하기 때문에 돈이 없거나 적은 사람은 여가활동 자체가 제약을 받는다는 점이 현대 사회에서 여가가 지닌 가장 두드러진 문제점이라 할 수 있다.

이 밖에 현대 사회 여가의 또 다른 문제점은 주체 상실에 있다. 현대 사회에서 여가의 주체는 자신의 의도에 들어맞는 여가활동을 경험하기 보다는 오락, 연예, 쇼, 게임, 도박과 같은 수동적이고 쾌락적인 여가에 휘둘린다.[8] 다시 말하면, 여가 주체 스스로가 여가활동에서 창조성이나 보람을 느끼지 못하고 소외되는 것이다. 우리 사회 여가문화의 실태를 보아도 여가 주체의 인간적 성숙과는 거리가 있는 화투나 포커와 같은 도박성 오락, 음주, 컴퓨터 게임, 잠자기, TV 시청 등이 중심을 이룬다. 즉, 늘어난 여가시간의 가능성은 글자 그대로 가능성에 머문 채 실제 생활에서 의미 있는 여가 경험으로 이어지고 있지 못하다. 이를 우리 사회의 구체적인 사회지표를 통해 확인해 보자. 통계청의 2005년 「사회통계조사보고서」를 보면, 주말이나 휴일의 여가 활용방식 가운데 TV 시청은 2000년 62.7%에서 2004년 56.7%로 6% 줄었지만, 이를 대신하여 컴퓨

7) 김문겸. 2002. 자본주의와 여가. 『사회연구』 가을호. 한국사회조사연구소, 23-35쪽; 김문겸. 1993. 『여가의 사회학』. 한울, 52-77쪽.

8) 18세기 후반부터 20세기까지 유럽의 관광, 여행, 박물관, 스포츠, 음주, 소비, 영화와 같은 여가문화 분석을 통해 이러한 문제에 접근한 연구로는 Koshar, R. (Ed.). 2002. *Histories of Leisure*. BERG가 있다.

터 게임과 PC 접속이 늘어났는데 12.5%에서 18.9%로 약 6%가 증가했다. 문화예술 관람, 스포츠 관전, 가족과 함께하는 여행 등 의미 있는 여가활동으로 변화를 찾아보기 어렵다. 더욱이 여가활동에 대한 만족도를 보면, 2000년 31.6%에서 2004년에는 27.3%로 낮아져 불만족이 68.4%에서 72.7%로 늘어났다. 불만족 이유로 대부분이 여가활동에 지출해야 할 경제적 부담을 지적(52%)한다.[9)]

이런 점에서 일상 탈출과 자기실현 약속으로 가득 차 있는 것처럼 보이는 현대 사회의 여가는 상품화와 주체 상실이라는 문제를 벗어나 인간의 내적 필요에 따른 자발적인 활동이자 인간적 상호작용 기회의 확대라는 방향으로 발전해야 한다는 과제를 가지고 있다고 할 수 있다.

불교 중도(中道)사상의 대안여가 사상으로서의 함의: 일과 삶의 조화

현대 자본주의 사회에서 여가가 상품화된 형태로 여가산업을 통해 구입해야 하는 왜곡된 모습을 지니고 있음을 살펴보았다. 그리고 여가활동 주체의 소외라는 문제점도 확인했다. 그럼에도 불구하고 여가는 역설적이게도 자본에 의한 지배나 속박에서 벗어나 인간다움을 추구하는 데서 반드시 확보해야 할 중요한 것이라는 것 역시 사실이다. 왜냐하면 무슨 일을 하는가와 더불어 무엇을 통해 삶의 의미를 만들어 낼 것인가도 일상생활에서 중요하기 때문이다. 그래서 노동과 여가 혹은 일과 놀이를 분리하여 그중 어느

9) 최석만. 2005. 장자의 소요유에서 본 현대의 여가 문화. 『한국학논집』 제32집.

하나의 소유와 탐닉을 강제하는 경향을 지닌 현대 여가의 양극단 상황을 극복하는 것은 일상생활의 왜곡을 바로잡는 중요한 과제다. 따라서 여기서는 여가를 둘러싼 이러한 양극단 현상을 해소하여 노동과 여가가 가진 본래의 인간적 의미를 회복할 수 있게 하는 사상적 자원을 불교에서 찾고자 한다. 아울러 그것이 현대 여가문제 해결에 기여할 수 있는 함의는 무엇인가를 살펴보도록 한다.

불교는 진리(法)에 대한 깨달음을 얻은 부처(佛)의 가르침을 따르고 실천 수행하는 사람들(僧)의 믿음체계라고 할 수 있다. 부처가 깨달은 진리는 고통스러운 삶(고해(苦海))이란 세상을 바로 보지 못함(무명(無明))에서 온 것이기 때문에 바른 지혜(法)를 가지면 해탈의 세계에 이를 수 있다는 것이다. 바른 지혜의 중요한 요체는 사성제(四聖諦), 십이인연(十二因緣), 팔정도(八正道)에 대한 깨달음이다.

사성제는 고제(苦諦), 집제(集諦), 멸제(滅諦), 도제(道諦)다. 고제란 인간이 사는 현실 세계(世間)는 생로병사와 같은 고통의 세계인데, 그 고통은 미혹의 결과임을 말한 것이다. 집제는 세간 고통을 가져오는 근원이나 미혹하게 하는 원인을 살피는 것이다. 즉, 고제와 집제는 인간의 현실 세계가 고통의 세계로 되는 까닭이나 조건을 밝힌 것이라 할 수 있다. 멸제는 인생의 괴로움이 소멸되어 해탈한 상태다. 도제는 고통을 없애고 열반을 얻기 위한 올바른 이치를 밝힌 것이다. 요약하면, 멸제와 도제는 이상 세계, 적멸 세계, 열반 세계에 이르는 방법 및 깨달음의 결과를 말한다.

십이인연은 사성제 가운데 세간 고통의 조건을 밝힌 집제의 근거인 무명(無明), 행(行), 식(識) 등을 포함한 열두 가지 집착하는 욕망의 내용과 그 관계 법칙을 상세히 전개한 것이라 할 수 있다. 이에 따르면, 12인연의 각 부분은 계속해서 결과를 낳는 원인이면서 서로의 조건이 되어 만물이 생사 유전하는 순환 고리를 형성한다. 따라서 12인연의 입장에서 보면 존재하는 모든 것은 어느 것이나 그럴만한 조건이 있음으로 말미암아 생긴 것이기 때문에 서로 의존관계(상의관계(相依關係))에 있게 된다. 상의관계의 작용이 연기(緣起)인데, 연기의 이법(理法)을 단순화하여 이야기해 보면 다음과 같다. '이것이 있으므로 저것이 있고 이것이 생하므로 저것이 생하며, 이것이 없으므로 저것이 없고 이것이 멸하므로 저것이 멸한다.' 라는 것이다. 그런데 일체 존재는 인연화합의 상호교섭에 의한다는 것은 바꾸어 말하면 그 교섭조건이 없어지면 세상에서 변하지 않는 것은 없다는 말이기도 하다. 무상이다(제행무상(諸行無常)). 이처럼 인연 따라 모였다가 인연 따라 흩어지는 존재이기 때문에 변하지 않는 자아라는 실체는 없는 것이다(제법무아(諸法無我)). 또한 모든 존재는 영원하길 바라지만 무상하기에 마음이 괴로운 것이다(일체개고(一切皆苦)).

팔정도는 사성제 가운데 고통을 소멸시키고 열반에 이르게 하는 바른 길인 도제에 대한 근본 교설이다. 팔정도의 주요 덕목 및 의미는 다음과 같다. 모든 존재를 연기적 입장에서 바로 보는 것(정견(正見)), 올바른 생각을 하는 것(정사(正思)), 올바로 말하는 것(정어(正語)), 올바른 행동(정업(正業)), 올바른 생활을 유지하는 것(정명(正命)), 바르게 부지런히 노력하는 것(정정진(正精進)), 바른 수행 목적을 기억하고 생각하는 것(정념(正念)), 올바르게 심신을 닦는 것(정정(正定))이 주요 덕목이다. 그런데 부처가 이와 같은 팔정도를 설한 이유는 무엇인가. 앞서 이야기했듯이, 부처의 가르침의 핵심은 누구나 지혜의 깨달음을 얻으면 적멸열반 세계에 이를 수 있다는 것이다. 바로 지금 부처를 이루지 못하고 있지만 그 깨달음에 이를 수 있음은 모든 사람에게 열려 있다는 것을 가르친 것이다. 이것이 부처의 자비다. 그러나 그것은 가능성이다. 대부분의 사람이 깨달음을 얻지 못하는 이유는 욕망에 대한 집착에서 오는 무명에 의해 모든 것은 서로 관계하는 방식이 변화하면 인연 따라 없어짐에도 불구하고 그를 바로 보지 못하여 고통이 있는 것이다. 그러면 이 무명을 어떻게 벗어나야 하는가. 바로 무명을 낳는 원인을 변화시키는 것이다. 근본에서 보면 고정된 실체가 없다는 상의상관(相依相關)의 연기적 입장에서 세계를 보아야 하는 것이다. 참된 진리에 접근하기 위해 사용할 수 있는 구체적 방법이 바로 팔정도다.[10)]

이 팔정도에 따라 지혜의 완성에 대한 믿음을 가지고 변화를 추구하는 과정이 수행이다. 수행을 하면서 사람은 쾌락주의나 고행주의의 양극단에 치우칠 수 있다. 부처님 스스로 이 시행착오에서 예외가 아니었음을 고백한 점에 그 인간적 위대함은 더욱 크다. 그래서 부처님은 처음 설법할 때 쾌락주의와 고행주의의 양극단을 피한 수행법을 강조한다. 바로 중도사상(中道思想)의 선언이다.

> 비구들이여, 출가한 자는 두 극단에 친근해서는 안 된다. 그 둘이란 무엇인가. 온갖 욕망에 오로지 집착함은 비열하고 천하다. 범부의 소행이어서 성스럽지 않고 또한 무익하다. 그리고 스스로 고행을

10) 유영희 역. 1989. 『불교철학개론』(方立天 저). 민족사, 87–136쪽; 해주. 1993. 『불교교리강좌』. 불광출판사, 32–52쪽; 홍사성 역. 1993. 『불교입문』(高崎直道 저). 우리출판사, 32–52쪽; 심우성 역. 2001. 『공자 노자 석가』(모로하시 테츠지 저). 동아시아 참조.

일삼는 것은 다만 괴로울 뿐 성스럽지 못하며 또한 무익하다. 비구들이여, 나는 두 가지 극단을 버리고 중도를 깨달았다. 그것은 눈을 뜨게 하고 지혜를 생기게 하며 적정과 증지(證智)와 등각(等覺)과 열반(涅槃)에 도움이 된다. 비구들이여, 그러면 내가 깨달은 바 중도(中道)란 무엇인가. 그것은 성스러운 팔지(八支)의 도(道)니라. 정견(正見), 정사(正思), 정어(正語), 정업(正業), 정명(正命), 정정진(正精進), 정념(正念), 정정(正定)이 그것이다.[11]

불교의 중도사상이란 이처럼 수행을 통해 인간의 실상을 확실히 파악하여 스스로 양극단에 빠지지 않는 것을 말한다. 탐욕과 고행의 양극을 벗어나 바른 깨달음에 도달하는 도다.[12] 그러면 현대 사회 여가의 문제 상황을 개선하거나 바꾸는 데 불교의 중도사상이 기여할 수 있는 이론적 역할을 생각해 보자. 우리의 일상생활에서는 생계를 위한 임금노동에만 치우치는 것도, 상품화한 소비적 여가에 탐닉하는 것도 양극단이다.

이 양극단을 넘어선 중도는 바로 일과 삶의 조화다. 일과 삶이 조화를 이룰 수 있는 여가형식을 찾아내 실행하는 것이 바로 현대의 대안여가다. 일과 삶의 조화란 일 이외의 영역인 가족, 사회관

11) 해주. 1993. 『불교교리강좌』. 불광출판사, 33쪽.

12) 불교에서 중도사상의 기원, 의미, 해석 맥락의 차이, 사상의 발전과 영향 등에 대한 상세한 논의는 최일범. 1992. 중도사상과 중용사상의 세계관과 인식방법에 대한 고찰. 『종교연구』 Vol. 16. 한국종교학회; 성본. 2001. 선불교와 중도사상. 『한국불교학』 Vol. 30; 박인성. 2004. 중변분별론의 중도 개념. 『한국불교학』 Vol. 38; 윤종갑. 2004. 지눌의 중도 공부론. 『동서철학연구』 제31호; 박치완. 2006. J. 데리다와 G. 들뢰즈의 차이와 용수의 중도. 『동서철학연구』 제40호를 참조하기 바란다.

계, 사회 참여, 자기 계발 등에 시간과 심리적, 신체적 에너지를 적절히 분배함으로써 삶을 스스로 통제하고 조절하여 만족감을 높이는 것을 의미한다. 일과 삶의 조화라는 개념은 1972년 국제노동관계 컨퍼런스에서 도입된 '노동환경의 질(Quality of Work Life)' 에 대한 관심에서 비롯한다. 그러나 노동환경의 질이라는 개념은 근로자가 직장에서 쾌적하게 일할 수 있는 근로환경 조성이라는 제한적 의미만을 지닌다. 다시 말하면, 노동환경의 질이라는 개념은 쾌적한 작업환경 마련에 주로 초점을 맞추기 때문에 일 이외의 영역 역시 중요하다는 것을 간과하는 한계를 지닌다. 그에 따라 노동환경의 질 개념은 일 이외의 삶의 영역, 특히 가족의 중요성을 포함하는 '일과 가족의 균형' 이라는 개념으로 넓어진다. 여기서 더 발전한 개념이 '일과 삶의 조화' 라는 개념이다. 즉, 삶의 영역은 일하는 것과 더불어 가족과 대화하고 가족사에 참여하는 등 가족을 위한 시간을 확보하는 것만으로는 부족하다는 것이다. 거기서 더 나아가 자신의 성장을 위한 시간을 확보하고 취미 활동을 하는 것 역시 삶의 중요한 영역으로 포함해야 함을 강조하는 것이다.[13)]결국 일과 삶의 조화를 통해 궁극적으로 얻고자 하는 것은 삶의 모든 측면에서 만족감을 높이고 통제력을 확보하는 것인데, 이러한 것을 구체적으로 실현할 수 있게 하는 제도나 활동으로서 주요 역할을 하는 것이 바로 여가다.

13) 김영순 외. 2006. 『여가와 문화』. 역락.

불교여가복지의 체계 구상

현대 여가의 문제 상황을 넘어설 수 있는 대안으로 불교 중도(中道)사상의 맥락 및 그 내재적 함의인 삶의 질에 대해 살펴보았다. 그런데 현대 여가의 방향 전환을 위한 대안적 명제로서 삶의 질에 대한 추구는 실제로 여가제도나 정책을 만들어 서비스로 제공하지 않으면 공허한 관념의 구성물에 머물고 만다. 따라서 여기서는 불교가 여가복지의 대안 공급 주체로 기여하기 위해서 어떤 체계를 마련해야 하는지에 대해 생각해 보고자 한다. 그러나 우리 학계에서는 아직 여가복지라는 기본 범주에 대한 개념 정립마저 안 된 상태이기 때문에 우선 여가복지가 무엇인지에 관해 개략적으로 알아보고자 한다. 이어서 여가복지와 불교의 상호교섭 방식의 체계에 관한 기본 구상을 제시하려 한다.

불교여가복지에 대한 개략적 이해

우리의 실제 생활에서 사회복지와 여가는 서로 밀접하게 연관되기 때문에 분리하기 어려운 문제이면서도, '여가문제' 와 '사회복지 문제' 라는 분석 틀 설정에 의해 마치 고립적이고 개별적 문제인 양 다루고 있다. 실제 자본주의 사회에서 여가와 사회복지는 다음과 같은 성격 차이를 지니고 있음도 사실이기는 하다. 여가는 노동하는 사람이 자본주의 사회 임금노동에 의한 인격의 상품화와 소외감에서 벗어나 자신을 다시 추스릴 수 있는 시간과 활동의 주체적 향유에 대한 욕구를 본질로 한다. 이에 비해, 사회복지는 자본주의 사회의 기본 운영원리인 시장경쟁 체제에 의한 삶의 안정성 파괴, 혹은 상실에 대한 회복과 지원 수단으로서의 성격을 지니고 있는 것이다. 자본주의 사회에서 사회복지와 여가의 이런 기능 차이에도 불구하고, 여가는 스스로의 선택과 결정에 근거하여 만족할 만한 삶을 창조하고 향유하는 것을 본질로 하기 때문에, 존재(being)의 안녕과 행복을 목적으로 하는 사회적 노력인 복지와 그 맥락을 공유한다고 할 수 있다. 무엇보다 자본주의 사회 성립 이래 여가와 사회복지는 모두 임금노동자의 생명의 위협, 노동력 재생산 곤란, 생활상 장애 등을 포함한 삶의 위험을 배경으로 나타난 것이라는 공통점을 지니고 있다.[14)]

특히 현대 사회복지는 모든 사람의 풍요롭고 여유로운 생활 실현을 지원하는 것을 과제로 하기 때문에 자연스럽게 본래 여가가 추구하는 목적이나 방향과 일치하게 됨으로써 양자가 결합할 수 있는 가능성을 갖는다. 사회복지와 여가 사이의 상호 불가분한 측면의 주요 내용은 다음과 같다. 우선 시민의 일상생활에서 여가 실현이 어느 정도 가능한가는 현대 사회복지의 충실도를 나타낸다. 때문에 여가는 사회복지의 수준이나 질을 평가하는 지표 역할을 할 수 있다. 말하자면, 여가는 사회복지의 내용과 형식 재편에 부응할 수 있는 새로운 영역에 다름 아니다. 다음으로 여가는 사회복지의 핵심 가치 가운데 하나인 정상화 이념의 구현을 확인할 수 있게 하는 근거 역할을 한다. 예를 들면, 특정 사회에서 여가가 노동의 반대급부로서 특정 계층만 향유하는 것이 아니라 모든 사회 성원이 사람다운 삶을 누리는 데 필수적으로 보장해야 할 권리의 하

14) 김종일. 1995. 여가와 사회복지: 통합적인 접근. 『사회과학』 Vol. 34.

나로 자리하고 있다면, 사회복지의 보편화가 일정 실현된 것으로 판단할 수 있을 것이기 때문이다.

그래서 사회복지의 중요 이념이라 할 수 있는 정상화 원리에 근거해 여가복지 영역에서 불교계가 수행할 수 있는 역할이라 할 수 있는 불교여가복지가 지닌 의미를 탐색적 수준에서 생각해 보면 다음과 같다.[15] 불교여가복지는 여가의 상품화에 의해 여가에 대한 접근이나 참여가 어려운 장애인, 노인, 경제적 빈곤자와 같은 사회계층의 여가 향유가 가능하도록 불교계가 제공하는 실천 활동의 총체를 말한다. 요약하면, 자립과 자기 결정의 바탕 위에 이들이 다양한 문화, 스포츠, 레크리에이션을 자발적으로 즐기고 한층 더 사회 참여가 가능하도록 여가 환경 정비, 여가 관련 프로그램이나 기자재 개발, 여가 인재 육성을 지원하는 것을 말한다.[16]

15) 불교여가복지의 체계를 논의하기 위해서는 당연히 현대 사회복지와 종교의 관계를 먼저 살피고, 불교와 사회복지가 상호 접합하는 형식과 내용을 검토한 다음, 불교사회복지실천의 영역 확장 배경 및 그 현황을 알아보는 것이 논리적으로 당연한 순서다. 그러나 검토해야 할 각각의 논의 영역이 개별 논문의 양을 필요로 하기 때문에 여기서는 글의 주제에 부합하는 개념 정의에만 한정하기로 한다. 즉, 이 글은 불교사회복지를 불교라는 종교 이념에 따라 중생의 생활 안정과 행복 실현을 위해 종단, 사찰, 신도가 조직적으로 수행하는 복지실천이라고 정의한다. 불교사회복지에 대한 다양한 개념 정의, 내포, 외연, 정체성 이해와 관련해서는 이혜숙. 1991. 불교 사회복지사업의 전문성에 대하여. 『한국불교학』 Vol. 16; 권경임. 2001. 불교사회복지의 정체성에 관한 일고찰. 『한국불교학』 제29집; 고수현. 2004. 불교의 사회복지 사상에 관한 연구. 『복지행정논총』 제14집, 제2권; 임해영. 2005. 사회복지 욕구이론과 중도사상 일고찰. 『불교연구』 제21집을 참조하기 바란다.

16) 이러한 점을 사회권 입장에서 최초로 명확히 한 국제 선언은 「세계인권선언」(1948)이다. 「세계인권선언」 24조는 "모든 사람은 노동시간의 합리적인 제한 및 정기적 유급휴가를 포함한 휴식과 여가를 가질 권리를 지닌다."라고 강조한

불교여가복지의 대상

여가복지의 대상 규정은 여가가 사회복지의 독자적 영역임을 확인하고, 실천적으로 사회복지의 다른 영역과 혼란을 일으키지 않도록 하는 데 중요한 의미를 지닌다. 이러한 전제하에 불교여가복지의 대상 혹은 불교여가복지의 객체 규정은 일상 용어로 표현하면 불교여가복지의 이용자와 그가 이용할 수 있는 서비스 범위를 어떻게 설정할 것인가라는 문제다. 다시 말하면, 불교여가복지 서비스를 이용할 수 있는 사람은 왜, 어떤 자격에서, 무슨 서비스를 제공받을 수 있는가를 명확히 하는 것이고, 나아가 불교여가복지의 이용자와 그 서비스 내용을 결정하는 것은 누구이며, 어떤 기준에 근거해 그 범위를 설정하는가를 포함하는 것이다.

일반적으로 사회복지의 대상에 관한 논의는 사회문제론(생활문제)적 입장에서 접근하는 시각과 복지욕구론 입장에서 파악하는 두 계보가 큰 흐름을 이루고 있다. 두 입장 모두 여가복지의 대상을 범

다. 또 1970년 세계레크리에이션협회(현 세계레저 · 레크리에이션협회)가 채택한 「레저헌장」은 레저에 대한 권리 실현을 위해 자원 활용, 참가, 교육 그리고 지방자치단체나 전문가의 역할 등을 구체적으로 강조한다. 그리고 1970년대부터 활발하게 전개된 미국의 장애인자립생활운동도 사회복지 가운데서 여가의 의미를 생각한 것에서 중요하다. 여기서는 '노동=자립'이라는 종래의 생각을 넘어 일하는 것의 유무와 상관없이 인간으로서 자립생활을 즐길 수 있는 권리를 지니고 있음을 강조한다. 그래서 1990년 모든 생활 영역에서 참가와 평등을 보장하는 「장애를 지닌 미국인 법(ADA)」이 성립한다. 이 법률에 의해 미술관, 박물관 등의 문화시설, 공원, 지역사회 스포츠 시설 등을 자유롭게 이용할 수 있는 환경이 마련되고, 또한 스포츠나 레크리에이션을 포함한 여가 관련 복지지기의 개량이나 개발, 프로그램 개발이 이루어진다(薗田碩哉 외, 2002: 43-91; 小林博 외. 1997: 31-47 참조).

주화하는 데 이론적 제한성을 지니고 있으므로 이 글은 양자의 절충에 의한 새로운 대상 규정 방식을 제기한다. 요약하면, 여가복지를 필요로 하는 현대 사회 생활의 문제 상황을 명확하게 하는 사회문제론과 여가에 대한 현재적 욕구 상태를 파악할 수 있도록 하는 복지욕구론은 각각 독자적 의미를 지니는 것이 사실이다. 그렇지만 양자는 여가 현상을 구성하는 양 측면으로서 원인론과 상태론이라 할 수 있다. 때문에 실제 생활 과정에서는 서로 분리되어 존재할 수 없는 것이다. 이러한 입장을 전제로 불교여가복지의 대상을 구상 수준에서 다음과 같은 범주로 설정할 수 있을 것이다.

불교계에 의한 여가복지서비스 제공의 사회적 필요성은 시민의 일상생활의 장애나 곤란 가운데서도 생활환경의 장애, 특히 사회문화적 환경의 장애나 곤란에 그 기원을 둔다고 할 수 있다. 즉, 현대 생활양식 변화에 따라 생성되는 다양한 욕구 가운데서 정신적·신체적 휴식, 놀이, 취미나 교양활동, 스포츠, 여행, 사회적 교제활동 등의 여가 욕구 충족은 인간적 능력 개발과 인간성을 고양시키는 것이다. 하지만 실제 사회 생활 과정은 사회경제적 위치, 성, 연령, 건강, 교육, 직업 활동과 같은 조건에 따라 여가에 대한 참여가 배제되거나 제한되어 여가 향유가 어려운 경우가 많다. 따라서 우리나라를 포함해 많은 나라는 헌법에 국민의 행복추구권, 사회문화 활동에서 차별받지 않을 권리, 인간다운 생활권, 건강하고 쾌적한 환경에서 살 권리 등을 명시하고 있다. 나아가 일반시민에 대한 지원뿐 아니라 특정한 문제 상황에 처한 계층, 즉 빈곤자, 불우 아동 및 청소년, 모부자 가정, 노인, 장애인 등에 대한 문화와 여가활동 지원을 위해 「아동복지법」, 「모부자복지법」, 「노인복지법」, 「장애인복지법」 등의 법과 제도 정비에 나서는 것이다.

불교계는 이런 법과 제도 범위 내에서 독자적인 시각과 방식으로 사회 성원의 여가 향유 지원서비스를 제공할 수 있다. 무엇보다 불교여가복지의 대상은 사회문화적 환경 장애나 곤란함에 따라 정신적 · 신체적 휴식, 놀이, 취미나 교양활동, 스포츠, 여행, 사회적 교제활동 등의 여가 욕구 충족에서 배제되어 인간성 함양에 어려움을 가지는 모든 중생(衆生)이라 할 수 있다.

불교여가복지의 주요 대상이 지니고 있는 욕구 유형과 그 구체적 발현 형태를 에바시(江橋)와 캐프란(Kaplan) 등을 원용하여 정리하면 다음과 같다.[17]

- 취미, 교양활동 욕구: 독서, 회화, 악기 연주, 문학 창작, 목공, 원예, 문화 유적 답사, 공작 등
- 감상활동 욕구: 영화 감상, 미술 감상, 음악회, 스포츠 관전, 연극 관람 등
- 오락활동 욕구: 바둑, 장기, 화투, 경마, 경륜 등
- 체육활동 욕구: 볼링, 골프, 스키, 수영, 자동차 경주 등
- 사회적 교제활동 욕구: 음주, 친구 및 친지 방문, 자원봉사, 한담, 파티, 온라인 및 오프라인 동호회 등
- 관광활동 욕구: 여행 등
- 일상활동 욕구: 수면, 휴식, 명상, TV 시청, 라디오 청취, 산책, 드라이브, 외식 등

17) 이광진. 1995. 여가의 개념정립에 관한 소고. 『관광지리학』 제5호. 한국관광연구학회, 235-247쪽; 이연택, 민창기 공역. 2002. 『현대사회와 여가』(Stanley R. Parker 저). 일신사, 46-63쪽.

불교여가복지의 공급체계

여가복지 공급체계에서 중요한 것은 사회복지의 공적 책임을 전제로 한 기존의 일원적 서비스 제공 방식이 다양한 공급 주체에 의한 다원적 서비스 제공방식으로 전환하고 있는 추세에 대한 이해다. 여가복지 공급체계의 이러한 변화는 여가 욕구의 일반화, 보편화에 따라 서비스 제공 대상이 시민 일반으로 확대된 점, 그리고 시민 스스로 여가활동 과정에 참여하여 그 결과물을 향유하려는 욕구가 높아진 점을 주요 배경으로 한다. 여가복지 대상자의 욕구 충족을 위한 서비스 제공방식의 이런 변화를 전제로 하면서 여가복지서비스 공급의 전달체제를 미우라(三浦文夫)가 제기하는 유형화 방식에 의거해 분류해 보면 다음과 같다.[18)]

- 공공 여가복지 공급체계: 행정형 공급조직, 인가형 공급조직
- 비공공 여가복지 공급체계: 시장형 공급조직, 참가형 공급조직

이 가운데 행정형 공급조직으로서 국가는 여가복지서비스의 종류와 규모, 이용 결정의 기준, 시설과 설비, 지원방법에 대한 최저기준 혹은 지침 설정, 재원 확보와 배분 방식 등에 관한 내셔널 미니멈(national minimum)을 마련하는 것이 주요 역할이다. 그리고 또 다른 행정형 공급조직인 광역지방자치단체는 구체적 지역사회복지계획 안에 지역 여건에 맞는 여가복지서비스의 종류와 규모를 전망하고, 이용 결정의 기준, 시설과 설비, 서비스 제공방식 등

18) 三浦文夫. 1987. 『增補 社會福祉政策硏究』. 全國社會福祉協議會, 229쪽.

에 관한 최저 기준 설정, 여가복지시설의 적정 배치, 여가복지 서비스 관련 인력 확보 방안, 기초자치단체에 대한 행정과 재정 지원 방안을 제시하는 기능을 해야 한다.

아울러 비공공 여가복지 공급조직의 하나로서 시장형 공급조직은 시장원리에 따라 영리 목적으로 여가 관련 서비스를 제공하는 것이다. 그리고 참가형 공급조직은 특정 집단의 목적이나 종교적 이념 혹은 이타주의나 상호 연대 등에 근거하여 비영리 여가복지 서비스를 지원하는 조직이다. 불교계의 여가복지서비스 제공은 이런 유형화에 비추어 보면 비공공 여가복지 공급체계의 참가형 공급조직에 해당한다고 할 수 있을 것이다.

여가복지서비스 공급에 직간접적으로 활용할 수 있는 불교계 자원을 조계종단에 한정해 살펴보자. 조계종단에 소속된 사회복지시설은 사회복지법인 조계종사회복지재단 운영 시설과 재단법인 중앙교원 운영 시설로 크게 나눌 수 있다. 조계종사회복지재단 운영 시설은 2008년 5월 기준, 청소년 수련 시설, 지역사회복지관 등을 포함 84개이고, 대한불교조계종유지재단 운영 시설은 청소년 수련 시설, 청소년 독서실 등 13개 시설이 있다. 합계 97개 사회복지서비스 제공 시설이 있다. 이 시설과 더불어 2007년 기준 25교구 소속의 2,444개의 사찰은 앞서 살펴본 여가복지 대상자의 주요 욕구인 악기 연주 · 문학 창작 · 목공 · 원예 · 문화 유적 답사와 같은 취미 교양활동 욕구, 영화 감상 · 미술 감상 · 음악회 관람과 같은 감상활동 욕구, 관광활동 욕구, 휴식 · 명상 · 산보와 같은 일상활동 욕구를 충족하도록 하는 서비스 공간 역할을 할 수 있을 것이다.[19]

불교여가복지의 실천기술

일반적으로 미국형 사회사업체계 혹은 기술론은 사회복지실천 방법의 중요성을 강조하지만, 그것은 사실 사회적 기관의 하나인 사회복지사 혹은 사회사업가가 직무 과정에서 발휘하는 단순 기능을 말하는 것이다. 그러므로 여기서는 사회복지서비스 기술 혹은 실천방법을 사회복지사업의 목적 실현을 위한 사업 대상에 대해 공급시스템이 작용할 때 사용하는 사회적 수단의 총체라는 의미로 확장하여 사용한다.

지금까지 사회복지실천방법은 크게 개인, 가족, 집단 등에 대해서 직접 서비스를 하는 케이스 워크(casework)나 그룹 워크(group work)와 같은 방법, 그리고 사람에 대한 직접 서비스는 아니지만 지역사회의 자원을 활성화하거나 지역 욕구 조사 혹은 서비스 기관의 운영기법을 향상시킴으로써 간접적으로 사람을 원조하는 방법으로 구분해 왔다. 그러나 개인, 가족, 집단, 지역사회의 욕구 중복화 경향 및 그에 따른 서비스 공급체계의 다양화 현상이 나타남으로써 앞서 말한 실천방법을 조합해서 적용해야 할 필요성이 커지고 있다. 이러한 상황 변화를 고려하면서 불교여가복지가 서비스 제공 과정에서 고려해야 할 실천방법 혹은 기술의 주요한 내용을 생각해 본다.

여가복지의 실제적 활동은 놀이나 체험을 통해 심신을 새롭게 해서 활기찬 일상생활을 유지하고 지속하려는 것을 목표로 한다. 앞서도 언급했듯이, 불교여가복지는 여가활동이 사부대중(四部大

19) http://www.mahayana.or.kr.

衆)의 일상생활에서 제한이나 배제 없이 실현되어 사회 통합과 인간성 발현이 가능하도록 하는 사회적 지원의 총체다. 아울러 현대 여가복지는 국민 일반의 권리 보장 영역으로 자리 잡아가고 있는 상황 역시 이미 언급했다. 하지만 아직도 우리 사회에서는 생활 과정의 기반 장애, 생활 능력 장애, 생활관계 장애, 생활환경 장애 등에 따라 여가에 대한 참가나 향유에 어려움을 겪거나 배제되고 있는 사회층이 상당히 존재한다. 특히 빈곤, 고령, 신체적 · 정신적 장애를 가진 사람은 여가를 즐기고 향유하기 어려운 중생이다. 그렇지만 그들 역시 여가활동에 참여하여 자립적 인격의 가능성을 확인하려는 욕구가 크다. 불교여가복지 실천은 무엇보다 이러한 중생에게 삶의 다양한 영역을 경험하게 함으로써 생의 즐거움을 스스로 발견할 수 있도록 자비 실천의 기술을 활용하는 활동이기도 하다.

불교여가복지의 실천 과정에서 가장 중심에 두어야 할 사항은 여가 대상자인 중생이 자기 결정에 근거해 즐길 수 있도록 하고, 나아가 사회 통합을 확인하도록 하는 방법을 적극 개발하여 활용해야 한다는 점이다. 불교여가복지의 실천방법은 그 법적 근거, 대상, 공간, 영역, 대상 성격에 따라 다음과 같은 형태로 나눌 수 있을 것이다.

- 여가복지서비스 제공 대상에 따른 방법: 대인적 방법, 대환경적 방법
- 여가복지서비스 제공 공간 형태에 따른 방법: 시설형 방법, 사찰형 방법, 재가형 방법
- 여가복지서비스 제공 영역에 따른 방법: 물질적 방법, 정신적 방법

• 여가복지서비스 제공 대상의 성질에 따른 방법: 개별적 방법, 집단적 방법, 협동 및 조정 방법

또한 불교여가복지가 실제 삶의 터전에서 전달되는 과정에서 활용할 수 있는 프로그램을 그 기능이나 목적에 따라 유형화하면 다음과 같다.

• 자유시간 활용형 여가복지 프로그램: 템플스테이
• 학습형 여가복지 프로그램: 수련법회
• 치료 및 재활형 여가복지 프로그램: 다도, 참선

불교여가복지, 어떻게 발전시켜 가야 하나

이 글은 자본의 이윤 축적을 중심으로 편성된 사회 운영방식에 따라 과도한 임금노동 아니면 향락적이며 소비적인 여가의 탐닉이라는, 양극단적 일상생활 양식이 지닌 문제를 넘어설 수 있는 지혜를 찾아보려는 문제의식에서 출발했다. 대안적 일상성 확보라는 문제 설정에 대한 답을 얻기 위해 그 이론적, 실천적 해결에 원용할 수 있는 자원으로서 불교의 중도(中道)사상에 주목하고, 그것을 현재 상황에 맞추어 그 의미를 확장해 다시 해석해 보고자 했다.

일상생활의 양극단을 넘어선 중도는 바로 일과 삶의 조화이고, 일과 삶의 조화를 통해 궁극적으로 얻고자 하는 것은 삶의 모든 측면에서 만족감을 높이고 통제력을 확보하는 것임을 이미 지적했다. 그리고 이러한 것을 구체적으로 실현할 수 있게 하는 제도나

활동이 바로 여가에 다름 아님을 확인했다. 그런데 삶의 질의 추구와 현대 여가의 방향 전환은 제도나 정책을 마련하여 경험적 서비스를 실제로 제공하지 않으면 공허한 관념의 구성물에 머물고 만다. 그래서 불교가 여가복지의 대안체계로서 어떤 체계를 가지고 그 역할을 수행할 수 있는지를 대상, 공급체계, 실천기술이라는 세 차원으로 나누어 시론적 수준에서 생각해 보았다.

중도사상을 원용한 이러한 작업 결과는 중생이 실제 생활에서 일과 삶의 조화인 여가를 내실 있게 향유하는 것을 어렵게 하는 구체적 제약 요인은 무엇이며, 불교여가복지는 변화된 사회 상황에 대응해 어떤 내용을 새롭게 채워야 하고, 여가활동 지원의 구체적 프로그램은 어떤 방향으로 발전시켜 가야 할 것인지에 대한 궁리를 통해 더욱 진전되어야 한다. 여기서 불교계가 여가 관련 제도나 정책을 구상하거나, 프로그램을 기획해 실천하는 과정에서 신경 써야 할 사항 몇 가지를 이념적 수준에서 제시해 본다.

첫째, 현대 사회 여가의 방향을 설정할 때 가장 중요하게 생각해야 할 이념은 '자유'다. 말하자면, 현대 사회의 여가는 시간 개념으로는 자유시간의 확대이고, 활동 개념으로는 자유 선택에 의한 인간의 사회성 실천이며, 의식 개념으로는 자유의지에 의한 해방감 경험이라는 생각을 구현하는 것이어야 한다.

둘째, 현대 사회 여가 구상의 바탕에 자리해야 할 또 다른 이념적 지향으로 '행복 추구'라는 가치관을 지적할 수 있다. 인간은 생리적 욕구, 사회적 관계성에 대한 욕구를 가지고 있다. 여가는 이러한 욕구 실현의 역사적 형태 가운데 하나이고, 그 욕구 충족이 최적의 상태로 이루어져 즐거움, 행복, 기쁨을 느낄 수 있도록 해야 한다.

셋째, 현대 사회 여가의 방향 설정에서 '창조성'의 중요함을 인식해야 한다. 여가는 자유, 행복 추구라는 인간다움의 실현을 위한 중요한 계기이기도 하지만, 자본주의 사회의 여가는 상업화, 여가 경험 기회의 불평등, 과시와 구별 짓기, 쾌락 추구 및 향락화와 같은 소외 현상도 내재하고 있다. 따라서 여가를 통해 자신의 삶을 스스로 디자인하고 꾸려 가는 창조성을 발휘하여 인격 도야와 자기 연마의 경험을 축적함으로써 소외된 여가를 극복하는 데 있어 불교가 중요한 역할을 해야 할 것이다. 이렇게 함으로써 소유형 여가를 벗어나 진정한 자아실현, 더 나아가 자기초월을 통한 여유로움을 체감할 수 있는 존재형 여가로 전환해 가야 한다.

참고문헌

경향신문(2008. 4. 8). 우리나라 근로자 최장 노동 · 최고 교육비 · 최악 삶의 질.

고수현(2004). 불교의 사회복지 사상에 관한 연구. 복지행정논총, 제14집, 제2권.

권경임(2001). 불교사회복지의 정체성에 관한 일고찰. 한국불교학, 제29집.

권두승, 권문배, 김정명, 오세숙, 조아미 공역(2005). 여가학으로 초대(Geoffrey Godbey 저). 학지사.

김문겸(1993). 여가의 사회학. 한울.

김문겸(2002). 자본주의와 여가. 사회연구, 가을호. 한국사회조사연구소.

김영순, 이철원 외(2006). 여가와 문화. 역락.

김종일(1995). 여가와 사회복지: 통합적인 접근. 사회과학, Vol. 34.

김향 역(2005). 슬로 라이프(쓰지 신이치 저). 디자인하우스.

박인성(2004). 중변분별론의 중도 개념. 한국불교학, Vol. 38.

박치완(2006). J. 데리다와 G. 들뢰즈의 차이와 용수의 중도. 동서철학연구, 제

40호.
성본(2001). 선불교와 중도사상. 한국불교학, Vol. 30.
심우성 역(2001). 공자 노자 석가(모로하시 테츠지 저). 동아시아.
유영희 역(1989). 불교철학개론(方立天 저). 민족사.
윤종갑(2004). 지눌의 중도 공부론. 동서철학연구, 제31호.
이광진(1995). 여가의 개념정립에 관한 소고. 관광지리학, 제5호. 한국관광연구학회.
이연택, 민창기 공역(2002). 현대사회와 여가(Stanley R. Parker 저). 일신사.
이혜숙(1991). 불교 사회복지사업의 전문성에 대하여. 한국불교학, Vol. 16.
임해영(2005). 사회복지 욕구이론과 중도사상 일고찰. 불교연구, 제21집.
최석만(2005). 장자의 소요유에서 본 현대의 여가 문화. 한국학논집, 제32집.
최일범(1992). 중도사상과 중용사상의 세계관과 인식방법에 대한 고찰. 종교연구, Vol. 16. 한국종교학회.
해주(1993). 불교교리강좌. 불광출판사.
홍사성 역(1993). 불교입문(高崎直道 저). 우리출판사.

Godbey, G. (1997). *Leisure and Leisure Services in the 21st Century*. Venture Publishing, Inc.
Koshar, R. (Ed.) (2002). *Histories of Leisure*. BERG.
Roberts, K. (2006). *Leisure in Contemporary Society*. CABI.

三浦文夫. (1987). 增補 社會福祉政策硏究. 全國社會福祉協議會.
小林博, 河畠修, 薗田碩哉. (1997). 福祉文化論. 有斐閣.
薗田碩哉, 井上俊, 中藤保則. (2002). 餘暇學を學ぶ人のために. 世界思想社.

http://www.mahayana.or.kr.

찾아보기

인 명

내용

저자 소개(가나다순)

오세근

히로시마대학교 대학원 사회과학연구과 박사
현 동신대학교 사회복지학과 교수

주요 저서

유교와 페미니즘(공저), 탈현대와 유교(공저), 지역사회와 복지문제(공저) 등

유승무

한양대학교 대학원 사회학과 박사
현 중앙승가대학교 포교사회학과 교수

주요 저서

불교지도자론(공저), 시민사회와 종교사회복지(공저) 등

이병욱

고려대학교 대학원 철학과 박사
현 고려대학교 · 중앙승가대학교 · 안동대학교 강사

주요 저서

천태사상연구, 고려시대의 불교사상, 에세이 불교철학, 인도철학사 등

이정호

전 인드라망생명공동체 사무처장
현 불교생협연합회 운영위원장

주요 논문

「생명운동과 불교생태학의 소통을 위한 제안」(불교평론, 31호), 「불교생명운동의 맥락과 천성산 살리기 그리고 비판적 성찰」(불교평론, 26호), 「불교생명운동 입장에서 본 유전자 조작」(불교문예, 2006년 봄호) 등

임승택

동국대학교 대학원 인도철학과 박사
현 경북대학교 철학과 교수

주요 저서

불교의 이해(공저), 대념처경의 수행이론과 실제(공저), 수행법 연구(공저) 등

최경구

고려대학교 대학원 사회학과 박사
현 경기대학교 사회복지학과 교수

주요 저서

조합주의 복지국가 등

허우성

하와이 대학교 대학원 철학과 박사
현 경희대학교 철학과 교수, 비폭력연구소 소장

주요 저서

근대일본의 두 얼굴: 니시다 철학, 간디의 진리 실험 이야기, 욕망론(공저) 등

불교복지, 행복과 대화하다

2009년 7월 13일 1판 1쇄 인쇄
2009년 7월 18일 1판 1쇄 발행

엮은이 • 대한불교조계종사회복지재단 편
펴낸이 • 김진환
펴낸곳 • (주) 학지사
121-837 서울시 마포구 서교동 352-29 마인드월드빌딩 5층
대표전화 • (02)330-5114 / 팩스 • (02)324-2345
등록 • 제313-2006-000265호
홈페이지 • www.hakjisa.co.kr

ISBN 978-89-6330-150-1 93330
가격 13,000원